COLLAGE

COLLAGE 5ᵉ
ÉDITION

VARIÉTÉS CULTURELLES

LUCIA F. BAKER
Professor Emeritus/University of Colorado, Boulder

RUTH ALLEN BLEUZÉ
Prudential Relocation Intercultural Services

LAURA L. B. BORDER
University of Colorado, Boulder

CARMEN GRACE
University of Colorado, Boulder

JANICE BERTRAND OWEN
University of Colorado, Boulder

ANN WILLIAMS-GASCON
Metropolitan State College, Denver

Boston   Burr Ridge, IL   Dubuque, IA   Madison, WI   New York   San Francisco   St. Louis
Bangkok   Bogotá   Caracas   Lisbon   London   Madrid
Mexico City   Milan   New Delhi   Seoul   Singapore   Sydney   Taipei   Toronto

McGraw-Hill Higher Education

*A Division of The **McGraw-Hill** Companies*

This is an ⊡ book.

Collage: Variétés culturelles

Published by McGraw-Hill Higher Education, an imprint of The McGraw-Hill Companies, Inc., 1221 Avenue of the Americas, New York, NY 10020. Copyright © 2001, 1996, 1990, 1985, 1981 by The McGraw-Hill Companies, Inc. All rights reserved. No part of this publication may be reproduced or distributed in any form or by any means, or stored in a database or retrieval system, without the prior written consent of The McGraw-Hill Companies, Inc., including, but not limited to, in any network or other electronic storage or transmission, or broadcast for distance learning.

This book is printed on acid-free paper.

1 2 3 4 5 6 7 8 9 0 DOC DOC 0 9 8 7 6 5 4 3 2 1

ISBN 0-07-234401-6

Editor-in-chief: *Thalia Dorwick*
Senior sponsoring editor: *Leslie Hines*
Development editor: *Eileen LeVan*
Senior marketing manager: *Nick Agnew*
Project manager: *David M. Staloch*
Senior production supervisor: *Pam Augspurger*
Coordinator of freelance design: *Michelle D. Whitaker*
Freelance cover designer: *Amanda Kavanagh/Ark Design*
Freelance interior designer: *Andrew Ogus/Ogus Design*
Cover image: *© 2000 Succession H. Matisse, Paris / Artists Rights Society (ARS), New York*
Art editor: *Nora Agbayani*
Photo researcher: *Judy Mason*
Compositor: *York Graphic Services, Inc.*
Supplements coordinator: *Louis Swaim*
Typeface: *10.75/12 Adobe Garamond*
Printer and binder: *RR Donnelly & Sons*

Because this page cannot legibly accommodate all the copyright notices, credits are listed after the *Lexique* section and constitute an extension of the copyright page.

Library of Congress Cataloging-in-Publication Data

Collage: Variétés culturelles / Lucia F. Baker ... [et al.].—5th ed.
    p. cm
  ISBN 0-07-234401-6
  1. French language—Readers—France—Civilization. 2. French language—Textbooks for foreign speakers—English. 3. French—Civilization. I. Title: Variétés culturelles. II. Baker, Lucia F.

PC2117.F7 59 2001
468.6'421—dc21

00-064755

http://www.mhhe.com

Table des matières

General Preface to the Fifth Edition

THE *COLLAGE* SERIES

The *Collage* series is intended for use in second-year French programs. The three books of the series—a core grammar textbook, a literary reader, and a cultural reader—share a grammatical and thematic organization. Across all three components, a given chapter emphasizes the same structures and related lexical items and has a similar thematic focus. The component structure of the series offers instructors a program with greater coherence and clarity—and with more flexibility and variety—than are possible with a single textbook (whether or not it is supplemented by a reader).

The *Collage* series aims to help students develop communicative language ability while strengthening their skills in each of the four traditional areas: listening, speaking, reading, and writing. It is sufficiently flexible to allow the instructors to express their individuality and creativity in the classroom. Each book in the series can be used alone; however, used together, the three books give students diverse models of language use, ranging from colloquial to literary, and expose students to varying points of view on culture and civilization.

The series consists of:

Révision de grammaire   The pivotal element of the program, this 12-chapter all-French textbook reviews essential first-year grammar, introduces structures and vocabulary that will be new for second-year students, and encourages students to express their own ideas while using new material. Used with the *Cahier d'exercices oraux et écrits,* it provides many opportunities for speaking and writing in real-life contexts.

Each chapter contains:

- an opening photo or work of art accompanied by a "springboard" communicative activity;
- a list of communicative functions and related grammar structures (**Nous allons...** and **Points de repère**) covered in the chapter;
- intermediate-level vocabulary (**Mots et expressions**), with exercises that help students use the new words quickly and meaningfully. A short student-centered activity/discussion question (**Discutons...**) encourages self-expression and promotes critical thinking in French;

- **Que savez-vous déjà?,** brief activities designed to reactivate knowledge of first-year structures;
- **Structures,** grammar sections that teach students how to form and use grammatical structures according to intermediate-level functions (describing, comparing, evaluating, narrating, etc.);
- **Mise au point,** oral and written single-answer exercises that aim for accuracy and prepare students for communication;
- **Mise en pratique,** open-ended activities that encourage communication and self-expression. Icons identify activities designed for pair or various types of group interaction.

 Pairs/Partners

 Small group

 Sondage Student surveys and discussion

 Jeu d'équipe Skill reinforcement through games

 Trouvez quelqu'un qui... Matching classmates to given criteria;

- **Pour vous aider,** marginal inserts and sidebars that highlight important grammatical details and give tips to increase understanding of intermediate grammar;
- **Reprise,** a variety of review activities designed to reinforce chapter vocabulary and structures;
- **Le français au bout des doigts,** a World Wide Web–based activity at the end of each chapter to guide students in using French and Francophone Websites related to the chapter theme for classroom discussion.

Lectures littéraires   Created with the abilities of the intermediate French student in mind, this anthology presents poetry, short stories, and excerpts from dramatic works taken from a variety of periods and French and Francophone regions. In the fifth edition, six of the readings are new. All were chosen in the hope that students will find them thought-provoking and enjoyable.

Each chapter contains:

- two literary texts (Chapter 12 has a single selection);
- a section devoted to reading skills, called **Lire en français,** in Chapters 1-6; in Chapters 7-12 this section is devoted to understanding literary conventions and is called **Lire la littérature**;
- a list of key words and expressions from the readings (**Mots et expressions**) with reinforcement activities;

- brief pre-reading tasks (**Mise en route**) designed to link an aspect of the reading to students' own experiences;
- comprehension and discussion questions in **Avez-vous compris?** and **Commentaire du texte;**
- **De la littérature à la vie,** topics to help students discuss or write about the chapter themes and ideas;
- a World Wide Web–based enrichment activity (**Le français au bout des doigts**) that accompanies each literary text.

Variétés culturelles   A rich collection of authentic readings from magazines, newspapers, and books, *Variétés culturelles* invites students to explore the culture, history, and traditions of France and the Francophone world. In the fifth edition, fourteen of the readings are new.

Each chapter contains:

- two authentic culture-based readings of varying levels of difficulty (Chapter 12 contains a single selection); if one reading is challenging, the other will usually be slightly easier;
- pre-reading sections (**Mise en route**) devoted to building the skills students need to read authentic texts;
- a list of key words and expressions for each reading (**Mots et expressions**), with reinforcement activities;
- post-reading activities (**Avez-vous compris?, A discuter, Echos**) designed to promote interaction among students and serve as the basis for written activities;
- a creative World Wide Web–based activity (**Le français au bout des doigts**) that extends the study of culture and provides links to information in the chapter readings.

New FEATURES IN THE FIFTH EDITION

- In all texts, three of the 12 chapters have new themes (**L'individu et la société, Les médias et la technologie, Le temps de vivre**).
- In *Révision de grammaire,* in response to suggestions from many instructors, the sequence of grammar structures has been modified, and the presentation of important grammar details has been clarified and enhanced.
- A **Que savez-vous déjà?** activity previews each grammar structure and helps students reactivate knowledge they already have about that structure.
- Fourteen of the selections in *Variétés culturelles* are new.
- Six of the texts in *Lectures littéraires* are new; the anthology now features more poetry, as requested by reviewers. The new authors include Guillaume Apollinaire, Alexandre Dumas, *père,* Anne Hébert, Victor Hugo, and Jean Tardieu.
- In *Révision de grammaire,* helpful tips and additional information about the chapter grammar are presented in marginal **Pour vous aider** boxes.

- In *Lectures littéraires,* **Rappel** boxes help students talk about literature by presenting useful and relevant literary definitions and vocabulary.
- In *Variétés culturelles,* **En savoir plus** boxes provide additional cultural information to help students discuss and write about each text.
- Developed for all three components, guided Internet activities (**Le français au bout des doigts**) in each chapter help students increase their skills in French via the Web. Students are directed to the McGraw-Hill Website (**www.mhhe.com/collage**), where they find questions and activities related to the chapter themes. Each activity is accompanied by links to Websites in the French and Francophone world.
- All-new listening activities (**A l'écoute**) and guided writing exercises (**Pour écrire en français**) have been integrated into each chapter of the workbook/laboratory manual (*Cahier d'exercices oraux et écrits*).

PROGRAM COMPONENTS

Cahier d'exercices oraux et écrits   This combined workbook and laboratory manual is coordinated with the thematic and grammatical content of the grammar textbook. The **exercices écrits** provide practice in vocabulary, grammar, syntax, and guided writing. Most exercises are self-correcting; sketches, realia, and personalized questions enliven the activities. The new edition has been revised to match the revised grammar sequence, and this section includes all-new guided writing activities (**Pour écrire en français**).

The laboratory (oral) section of the *Cahier d'exercices oraux et écrits* promotes the development of speaking and listening comprehension skills, using a variety of exercises and activities. These include focused, single-answer grammar and vocabulary review (coordinated with the presentation in *Révision de grammaire*), pronunciation practice, poetry selections, and dialogue-based activities. New to each chapter are recorded **A l'écoute** dramatizations, based on practical, "slice-of-life" settings. These are preceded by listening strategies and pre-listening tasks.

Audio Program   Available on either audiocassettes or audio CDs, the *Collage* audio program to accompany the *Cahier d'exercices oraux et écrits* is free to adopting institutions. An audioscript for the use of instructors accompanies each set of the audio program. Individual copies of the audio program may be ordered for purchase by students through university and college bookstores.

Instructor's Manual   This manual offers instructors suggestions for using the *Collage* series in a variety of teaching situations. Coordinated with each of the three main volumes in the series, it provides general background information about language learning, a set of guidelines for developing a syllabus, guidance for helping students build discrete language skills, a revised section on evaluation and testing, a set of chapter-by-chapter comments on using the materials in the classroom, and an answer key to the majority of the questions and exercises in the student texts. (The *Cahier d'exercices oraux et écrits* has its own answer key.)

McGraw-Hill Electronic Language Tutor (MHELT 2.0)   A computer-based tutorial containing all the single-answer exercises from the grammar textbook is available on a dual platform CD-ROM for use with *Collage: Révision de grammaire.*

Sans-faute   An interactive writing environment that offers students a high-performance search engine (on a dual platform CD-ROM), a simple word processor, a comprehensive French-English dictionary (*Ultra Lingua*), and convenient grammar resources to help them create accurate, meaningful French compositions in beginning or intermediate French courses, *Sans-faute* can be purchased as a stand-alone product or packaged with any components of the *Collage* series.

Ultra Lingua   A thorough, yet compact French-English dictionary available on a dual platform CD-ROM, *Ultra Lingua* contains nearly 250,000 indexed terms, complete with hints for usage, thousands of sample phrases, technical terms, slang words and phrases, and proverbs. It also contains complete on-line references for French and English grammar, sample letters for correspondence in French and English, and a reference for the expression of numbers, dates, etc. Designed to serve the needs of writers at varying levels of proficiency, *Ultra Lingua* provides a quick and complete reference for beginners and advanced writers alike.

Videos   A variety of McGraw-Hill videotapes are available to instructors who wish to offer their students additional perspectives on the French language and French-speaking cultures and civilization. Instructors may request a list of the videos and order the tapes through their McGraw-Hill sales representative.

***Collage* Website**   Designed to bring France and the Francophone world to your students, this text-specific Website offers exercises and activities based on chapter themes.

ACKNOWLEDGMENTS

The authors would like to thank all of the instructors who participated in the development of previous editions of *Collage*. We are also indebted to the following instructors who completed a number of surveys that were indispensable to the development of the fifth edition. (The appearance of their names here does not constitute endorsement of these texts and their methodology.)

Marie-Jo Arey
Gettysburg College

Renée Arnold
Kapiolani Community
College

Ed Benson
University of Connecticut

Carolyn P. Bilby
Bellevue Community
College

Sarah Bonnefoi
Chestnut Hill College

Ruth L. Caldwell
Luther College

Evelyne Charvier-Berman
El Camino College

Martha Christians
Iowa Central Community
College

Robert L. A. Clark
Kansas State University

Peter V. Conroy, Jr.
University of Illinois at
Chicago

Marie-José Fassiotto
University of Hawaii

Scott Fish
Augustana College

Jeffrey H. Fox
College of DuPage

Judith Gabriele
The Evergreen State College

Hollie Harder
Brandeis University

Michele H. Jones
St. John's University

Paschal Kyoore
Gustavus Adolphus College

Amanda Leamon
Union College

Bénédicte Mauguière
University of Southwest
Louisiana

David Orlando
University of California,
Santa Cruz

Wayne Reingold
Lee College

Bianca Rosenthal
California Polytechnic State
University, San Luis Obispo

Françoise Santore
University of California,
San Diego

Carole Verhelle
Wayne State University

Thomas Vosteen
Eastern Michigan University

Elizabeth Dolly Weber
University of Illinois at
Chicago

Lisa Wolffe
Northwestern State
University

The authors extend their warmest thanks to Nicole Dicop-Hineline, Marilyne Baboux, Christian Roche, Melissa Gruzs, Marie Deer, and Maria Del Cioppo, our native-speaking readers and our copyeditors, and to Judy Mason, our creative photo researcher. We are grateful to the indispensable McGraw-Hill production department, with our project manager David Staloch, and editors and designers Nora Agbayani, Michelle Whitaker, Veronica Oliva, Pam Augspurger, Louis Swaim, Darcy Steinfeld, and Holly Rudelitsch.

The McGraw-Hill editorial department has offered us continued support and encouragement. Special thanks to Rachèle Lamontagne, Lindsay Eufusia, and Jennifer Chow.

We sincerely thank Leslie Hines for her excellent direction of *Collage* and Thalia Dorwick for her longtime support of this project. We also wish to remember fondly the late Gregory Trauth, whose guidance in the early stages of this edition can be seen in the final product. He is sorely missed.

Finally, it is difficult to express in words our gratitude to two exceptional editors, Eileen LeVan and Myrna Bell Rochester, for their tireless support and skilled professionalism. For their patience and insight, their questions and answers, and especially their kindness, we offer our most profound thanks.

Variétés culturelles:
To the Student

Culture

The word *culture* has a variety of meanings. It can refer to the patterns of life, the values, and the beliefs that characterize a society as a whole. It can also refer to a society's finest intellectual and artistic achievements.

Variétés culturelles introduces you to some of the traditions, everyday attitudes, and ways of life in French-speaking societies. As you learn about them, reflect on your own customs and values. When you read about today's French family, for example, think about the place of the family in your own culture. What exactly is a family? What are the roles of each member? Is the concept of family supported or undermined by films made in your country? by TV shows? by political groups? by the press?

As you discuss the ideas in *Variétés culturelles*, you will see how one-dimensional most stereotypes are and how your understanding of important current issues grows when you examine them from different cultural vantage points. Imagine, for example, how much you would know about educational systems if you were familiar with the schools of at least two different cultures, what works and what doesn't work in each country. As you learn about the French-speaking world this year, open your mind as much as you can. You will discover what most travelers to foreign countries know—that learning about another culture usually teaches you almost as much about yourself and your own world.

Reading Successfully

Reading in French is exciting, but it can also be challenging. You are still learning French, so don't be discouraged if you're a bit lost or confused the first time you read a piece taken from a real French publication. That's completely normal. It usually takes two or more readings before the main ideas of a text become clear. Follow the steps below, and you will read more easily and understand more of what you read in each succeeding chapter.

Before reading

- Good readers have a very general idea about the content of a text before they start it. Read the brief introduction that begins each chapter to understand the main idea of each reading.
- Think about what the title means and what you expect the text to be about. Even if your guesses aren't exactly on target, you'll still understand more than the reader who dives right into a text without a clue as to what's going on.
- Look at the visuals accompanying the text. Guess what they are showing you about the text you'll read.
- Do the **Mise en route** and practice the reading strategy presented to prepare you for the reading.
- Learn the **Mots et expressions.** They present key vocabulary terms essential to understanding what you will read.

Reading

- Read the text once to form a general idea of what it is about, using the dictionary as little as possible. Check the footnotes on each page to understand unfamiliar expressions, and try to guess the meaning of new words that seem important to you. After finishing, summarize for yourself two or three ideas you understood from the text. For example, is the text about a person, place, or an event? What did you learn about this topic?
- Use *everything* in a text to understand it. Study charts and photos, and read all captions carefully. Notice the use of headings, bold face lettering, italics, and different fonts; these will help you to understand an author's ideas.
- Read the **Avez-vous compris?** questions following the text. These cover the key ideas presented in the reading and will serve as a kind of an outline of what you should be looking for as you reread the text.
- Read the text again, more carefully this time. Try to understand the gist of one sentence or one idea at a time, not one word at a time. You won't recognize every word, but you don't need to in order to grasp the main ideas presented. Your goal should be to understand enough to answer the **Avez-vous compris?** questions following each text.

After reading

- Answer the **Avez-vous compris?** questions. If you are able to answer most of them, you have a good understanding of the text. If not, reread the text a third time or a fourth time.
- Close your book. Summarize what you have read in you own words, in French, orally or in writing.
- Prepare the **A discuter** questions assigned for class discussions and rehearse your answers aloud at home. It will take some of the pressure off when you are presenting these ideas in class if you're not saying everything for the very first time in French.

WRITING COMPOSITIONS

You will soon be writing in French about subjects related to the *Collage* readings. The following suggestions will help you write clearly and correctly.

Find your main idea   Good writers brainstorm a few different ideas before they begin to write. Don't start writing without a plan, hoping you'll have said something worthwhile by the end of the paper. Decide what it is you'd like to say in your paper, and write that main idea in one clear, precise sentence. If you can't write it, you don't have an idea.

Write simply and clearly   Your writing style in your native language may be sophisticated, but you must be content in the beginning with simpler sentences in French. If an idea is too complex for you to express in French, break it down into several parts. Always use the vocabulary and grammar you're studying in each lesson, and your French will grow at a steady rate, chapter by chapter.

Make a rough draft   Do not try to produce a finished composition in one sitting. Put your rough draft aside and come back to it later to correct and revise. This will make many wording and development problems easier to resolve.

Check your paper for errors   Many errors are avoidable. Take the time to make sure:

- All words are spelled correctly.
- All accent marks are correct.
- The gender of all nouns is accurate.
- Every article and adjective agrees in number and gender with its noun.
- Each sentence contains a verb conjugated to agree with its subject.
- Use of the past, present or future tense of verbs is logical and consistent.
- The paper has a title, an introduction, a body, and a conclusion.

See **"Pour écrire en français"** at the end of each chapter in the *Cahier d'exercices* for more practice in writing good compositions in French. *Et maintenant, bon courage et bon travail!*

CHAPITRE 1

LA VIE DE TOUS LES JOURS

Dans les rues de Paris

Nos études puis notre profession dictent notre emploi du temps quotidien. Notre attitude et nos sentiments face à ces activités influencent considérablement notre perception du monde qui nous entoure. Dans de bonnes conditions nous y apprenons à nous exprimer et à atteindre les buts que nous nous sommes fixés. Au contraire, les études et le travail sont parfois synonymes d'ennui, aliénation et impuissance.

Dans ce chapitre vous allez rencontrer trois personnes aux professions très différentes. Les deux premières, une sage-femme et un contrôleur aérien, ont des responsabilités importantes. Malgré les difficultés, ils se passionnent pour leur travail. La troisième personne est professeur dans un lycée de banlieue défavorisée. Il doit faire preuve de beaucoup d'imagination et de patience pour pouvoir stimuler ses élèves et les aider à trouver leur place dans le système scolaire et la société.

Les textes des pages suivantes vont vous aider à analyser l'attitude des Français envers leur monde professionnel. Vous pourrez ensuite mieux comprendre et comparer la vie quotidienne en France et dans votre pays. A quoi vous attendez-vous? A quelles similarités et à quelles différences?

Les métiers de l'avenir

Mise en route

Guessing meaning based on context. The first time you read a text, your aim should not be to understand every word you read. Try instead to skip over words that don't seem essential to the main ideas. Even when you encounter unfamiliar words that you think are important, try to guess what they might mean based on their context rather than using a dictionary. (Sometimes you might need to read ahead a sentence or two to expand the context.) If you learn to make educated guesses about meaning and use the dictionary sparingly, you'll find that reading is much more pleasurable, and in the long run you'll become a better reader.

Jeu de contexte. Lisez les phrases suivantes et servez-vous du contexte pour deviner le sens des mots indiqués, tirés des deux premiers textes de ce chapitre.

1. «Laurence prend son petit déjeuner en 5 minutes; elle **avale** un café et du pain.» **Avaler** veut dire:

   a. valider   b. manger rapidement   c. parler à son valet

La vie de tous les jours ■

2. «A 17 h, les cours terminés, je fais **une pause-thé** avec mes copines.» **Une pause-thé** est:

a. une pièce de théâtre

b. un passe-temps

c. une brève interruption du travail pour prendre le thé

3. «Je me suis rendu compte que le pilote du deuxième avion ne respectait pas le **palier** indiqué et qu'il continuait de descendre.» Le **palier** est synonyme du (d'):

a. palais

b. altitude

c. page

4. «L'accident, c'est la **hantise** des contrôleurs aériens.» La **hantise** signifie:

a. une obsession

b. une hallucination

c. un hangar

5. «Notre travail, c'est d'assurer la régularité du trafic, c'est-à-dire son bon **écoulement**.» **Ecoulement** veut dire:

a. le mouvement

b. l'économie

c. la couleur

Mots et expressions

l'accouchement (*m.*) (child)birth, delivery

chômer to be unemployed; (*here*) to be idle

le contrôleur aérien / la contrôleuse aérienne air traffic controller

craindre to fear

l'écran (*m.*) screen

enceinte pregnant

l'équipe (*f.*) team

être de garde to be on call

la grossesse pregnancy

s'occuper (de) to take care (of)

la sage-femme midwife

le vol flight

APPLICATIONS

A. Synonymes. Trouvez l'équivalent des expressions suivantes.

1. qui attend un bébé, qui est en état de grossesse
2. la personne qui guide les avions en vol
3. les 9 mois de la conception à l'accouchement
4. la surface sur laquelle se projette une image
5. qui aide une femme à mettre un enfant au monde

B. Antonymes. Donnez le contraire des expressions suivantes.

1. désirer
2. une seule personne; un individu
3. travailler

C. Famille de mots. Trouvez les deux expressions dans chaque groupe qui sont dans la même famille de mots.

1. voilà
   voler
   vol

2. garde
   garer
   gardien

3. le cou
   l'accouchement
   accoucher

4. occupant
   occulte
   s'occuper

24 heures de la vie d'une femme

CELIBATAIRE, 30 ANS, SIX ACCOUCHEMENTS PAR JOUR, HUIT ANS DE METIER, ET TOUJOURS UNE PETITE LARME[1] LORSQUE L'ENFANT PARAIT. POUR GARDER SON PEP, ELLE FAIT DE LA MUSCU ET ENGLOUTIT[2] DES BOCAUX D'OLIVES.[3]

Mon premier geste au réveil, à 7 h 45, est de mettre de la musique. Complètement indispensable! Après m'être péniblement levée,[4] je prends une douche et je m'habille. Puis, direction la cuisine pour avaler un café et une tartine.[5] A 8 h 30, je me rends à l'hôpital Louis-Mourier de Colombes, où je travaille depuis huit ans dans le service du Pr Engelmann. Quinze minutes de voiture, et j'arrive à temps pour commencer mes consultations à 9 h. Je reçois chaque matin une douzaine de femmes, enceintes de quatre à neuf mois. Uniquement des femmes dont la grossesse se déroule «normalement[6]» (dès qu'il y a un petit problème, les médecins prennent le relais[7]). En plus de l'examen médical, je discute beaucoup avec elles. Il faut les rassurer et les mettre en confiance, surtout si c'est leur première grossesse. Tous les trois mois j'abandonne les consultations pour pratiquer les accouchements. Mes horaires changent alors totalement. Je suis de garde[8] avec une collègue, pendant vingt-quatre heures, un jour sur quatre. Avec une moyenne[9] de six accouchements par vingt-quatre heures («Courage, courage!» nous répète toujours notre patron au début des opérations), nous n'avons pas le temps de chômer! C'est vraiment émouvant,[10] surtout lorsque je m'occupe de copines.[11] Après huit ans de métier, je me surprends encore à verser une larme au moment où paraît l'enfant. A 13 h, je vais déjeuner avec les autres sages-femmes. Nous sommes une vingtaine, d'une moyenne d'âge de 35 ans, et formons une super équipe. A 14 h 30, après un repas copieux et un bon café, je continue la journée en donnant des cours (théoriques et pratiques) aux femmes qui vont bientôt accoucher.[12] Relaxation,

---

[1] tear [2] devours [3] des… olives by the jarful [4] Après… After getting up with much difficulty [5] slice of bread (with butter, jelly, etc.)
[6] dont… whose pregnancy is normal [7] prennent… take over [8] de… on call [9] average [10] moving [11] amies [12] to have a baby

respiration, etc. Les maris y assistent s'ils le désirent. A 17 h, les cours terminés, je fais une pause-thé avec mes copines. Puis, à 17 h 30, je quitte l'hôpital et, si je ne suis pas trop crevée,[13] je file au Gymnase Club de Neuilly.[14] Je ne pourrais pas vivre sans sport. Trois quarts d'heure de musculation (ou de footing[15] s'il fait beau), un sauna, et je suis de retour chez moi vers 19 h 30. Bien que je passe rarement mes soirées à la maison, je me sens bien dans mon appartement. Par chance, maman, qui en est la propriétaire,[16] me fait cadeau du loyer, ce qui me permet de vivre un peu plus aisément. Je gagne 9 000 F net par mois, ce n'est pas énorme. Si je passe la soirée à la maison, je regarde le J T[17] de 20 h en dînant d'une salade, d'un yaourt et d'une pomme. Je ne connais rien à la cuisine! J'espère que l'homme de ma vie, que je n'ai pas encore trouvé, aura des talents culinaires. Mais il y a toujours une chose dans mon frigidaire: des bocaux d'olives. Je peux en manger des quantités industrielles.[18] Et de toutes sortes! Après le J T, bouquin[19] ou peinture (de l'aquarelle). C'est idéal pour se relaxer. Je vais souvent dîner chez mes vrais amis, que je connais depuis des années. Nous aimons aussi nous retrouver dans des restaurants exotiques (thaïlandais, tex-mex…). Et je ne manquerais pour rien au monde une soirée «radio-potins[20]» avec ma copine Babeth. Un peu dur pour la santé, puisque je me couche rarement avant 1 h du matin. ▨

SOURCE: abrégé d'*Elle*

---

[13]fatiguée   [14][*Paris suburb*]   [15]*jogging*   [16]*owner*   [17]journal télévisé   [18]très grandes   [19]livre   [20]*of gossiping*

Contrôleur aérien

Guider en toute sécurité les avions en vol, c'est le métier du contrôleur aérien. Michel Hourquesquos raconte son expérience de onze ans dans la profession. Une bonne dose de *concentration* et pas mal de *stress* pour éviter[1] le crash.

Dans une immense salle, Michel occupe un des vingt postes de contrôle. Sur son écran rond, l'avion AP 307 n'est qu'un point au milieu de beaucoup d'autres qui s'illumine à chaque passage du radar. Les écouteurs rivés[2] sur la tête, il donne sans hésiter le cadre[3] de ses compétences: «Notre boulot,[4] c'est d'assurer la sécurité des personnes en l'air et la régularité du trafic, c'est-à-dire son bon écoulement. Pour y arriver, nous indiquons aux pilotes la route à suivre. Quand ils sont dans notre secteur, ces derniers ne doivent rien faire sans notre autorisation.»

LA CRAINTE DU PIRE

L'accident, c'est la hantise des contrôleurs aériens. D'ailleurs, tous les films qui mettent en scène un crash ont su exploiter le filon,[5] celui de l'écho radar d'un ou plusieurs appareils qui disparaît[6] de l'écran. Une situation qui n'a rien d'imaginaire: «Il faut toujours rester très attentif pour éviter que[7] deux avions se trouvent sur un même palier[8] en même temps.» Sans donner d'exemples, Michel reconnaît que le contrôleur aérien peut être à l'origine de la faute. C'est pour cette raison que le travail se fait toujours à deux. A côté du contrôleur radar qui dialogue avec les pilotes, il y a un autre contrôleur aérien (appelé pour l'occasion «organique») qui l'assiste, l'aide à prendre ses décisions pour une meilleure gestion[9] du trafic. Une aide précieuse quand on sait qu'il faut parfois gérer[10] une vingtaine ou une trentaine de vols. Après une heure au plus de

---

[1]*to avoid*   [2]*firmly attached*   [3]*scope*   [4]travail   [5]*scene*   [6]*disappears*   [7]*pour… to prevent a situation where*   [8]*level*   [9]*management*   [10]*to handle*

Un contrôleur aérien à l'aéroport de Roissy, près de Paris

surveillance, les rôles peuvent s'inverser[11] ou le duo fait une pause.

«La peur est notre quotidien.[12] Aucun[13] de nous n'oublie que, derrière chaque point lumineux sur l'écran, ce sont des centaines de personnes dans une carlingue.[14] Mais cette peur est indispensable, elle nous rappelle que le contrôle aérien n'est pas un jeu vidéo.» En réagissant[15] bien au stress, le contrôleur aérien doit savoir anticiper pour mieux gérer les problèmes en cas de nécessité.

UN TRAVAIL D'ÉQUIPE

Autre atout[16] indispensable pour ce métier: le sens de l'équipe. Concrètement, un avion, en passant de secteur en secteur, va passer d'un contrôleur à un autre. «Il est important de ne pas envoyer au collègue, qui prend le relais,[17] une situation difficile. On bosse[18] seul devant l'écran, mais le bon déroulement d'un vol est un travail d'équipe.» Une équipe sur laquelle on doit pouvoir compter. Bien sûr, l'anglais est indispensable. La règle veut[19]

que cette langue soit utilisée avec tous les pilotes étrangers, «mais la tradition fait qu'ils vous disent toujours "bonjour" et "au revoir" en français», relève Michel. «Un dernier point d'importance. Notre titre officiel, c'est ingénieur du contrôle de la navigation aérienne. Beaucoup choisissent cette formation en pensant qu'ils deviendront[20] ingénieur. C'est faux. Mais même ceux qui se sont trompés[21] ne regrettent pas leur choix.» ▨

JEAN-CHRISTOPHE CHATTON
SOURCE: Adapté de *l'Etudiant*

[11] *be reversed* [12] *constant companion* [13] *None* [14] *cabin* [15] *En… By reacting* [16] *asset* [17] *prend… takes over* [18] *travaille* [19] *La… It is a general rule that* [20] *en… thinking that they will become* [21] *ceux… those who mistakenly assumed they were studying to become engineers*

A. Laurence Pollet: Sage-femme. Dites si les affirmations suivantes sont vraies ou fausses, et soulignez dans le premier texte les phrases qui justifient vos réponses.

1. Laurence Pollet est sage-femme depuis peu de temps.
2. Ses patientes ont souvent des problèmes médicaux sérieux.
3. Elle ne peut jamais prendre le temps de discuter avec ses patientes.
4. Elle ne réagit (*reacts*) pas quand l'enfant naît.
5. Elle enseigne à ses patientes comment se relaxer et respirer.
6. Elle adore faire du sport.
7. Quand elle sort avec ses amis, ils vont souvent au cinéma.

B. Les contrôleurs aériens. Répondez brièvement.

1. Qui est Michel Hourquesquos? Depuis quand fait-il ce métier?
2. Comment est la salle où il travaille? Qui travaille dans la même salle? Quel équipement y a-t-il?
3. Pourquoi est-ce que les contrôleurs travaillent à deux? Quelle est la différence entre un contrôleur aérien radar et un contrôleur aérien «organique»?
4. De combien de vols est-ce que chaque paire de contrôleurs s'occupe en même temps? Que font-ils après une heure de surveillance?
5. Michel Hourquesquos trouve que la peur est une partie nécessaire de son travail. Pourquoi?
6. Dans quel sens est-ce que ce métier est un travail d'équipe?
7. Quelle langue les contrôleurs aériens français parlent-ils avec tous les pilotes étrangers? Pourquoi?

A. Professions. Quand on choisit sa profession, on doit penser à beaucoup de facteurs. Lesquels vous semblent importants? Avec un(e) partenaire, répondez aux questions suivantes.

1. Comment allez-vous choisir une profession? En fonction du salaire? du prestige? de la créativité? des responsabilités? d'autre chose? Est-il important que le travail vous donne beaucoup de satisfaction? Quelle sorte de satisfaction? Justifiez vos réponses.
2. Qui est très bien payé dans votre pays? Combien gagnent-ils? Que pensez-vous de ces salaires? Pourquoi?
3. Quelles professions ne sont pas assez bien payées? Pourquoi?

En savoir plus:
Les professions
Combien gagnent-ils par mois? En moyenne, les femmes médecins gagnent 19 980 francs (3 075 euros), les contrôleurs

B. Le pour et le contre. Chaque métier a des aspects positifs et négatifs. Etudiez les professions suivantes et donnez un avantage et un inconvénient pour chacune. Ensuite, comparez vos idées avec celles d'un(e) autre étudiant(e).

MODELE: sages-femmes: → *avantage:*
Les sages-femmes savent qu'elles aident beaucoup leurs patientes.
inconvénient:
Les sages-femmes doivent parfois être de garde pendant vingt-quatre heures sans dormir.

1. dentistes
2. journalistes
3. acteurs/actrices
4. professeurs
5. contrôleurs/contrôleuses aériens
6. hommes/femmes politiques
7. ?

aériens, 25 000 francs (3 850 euros), les hommes médecins 27 000 francs (4 150 euros), et les athlètes vedettes 300 000 francs (46 150 euros).

Scènes ordinaires de la vie d'un LEP

Mise en route

Anticipating content. When you read a magazine, you are influenced by much more than just the words on the page. You start to form opinions about the content of a piece based on the accompanying photos and drawings, the title, the highlighted sections of text, and what you know about the magazine itself. Studies show that this method of reading is helpful—that readers who form hypotheses about content before they begin to read understand more, and more quickly, than those who read passively, line by line, waiting for everything to become clear to them.

Whenever you read, use every available clue to guess what the passage is about, and to anticipate what comes next. Keep thinking and revising your guesses based on new information presented.

Anticipation. Regardez le titre et les images avant de lire cet article qui parle d'un professeur et de ses élèves dans un «lycée difficile» en France. Lesquels des thèmes suivants va-t-on discuter dans ce texte? Comparez vos réponses avec celles d'un(e) autre étudiant(e).

les amis	l'argent	l'indécision
le Louvre	la musique	la télévision
les vacances	les vêtements	les voitures

Mots et expressions

l'amour-propre (*m.*) self-esteem
la banlieue suburbs; (*here*) difficult neighborhood like those in the inner city, with housing projects and problems like violence and drugs
le bâtiment building
la cité housing project

l'endroit (*m.*) place
l'étudiant(e) university student
la **formation** training, education
le **lycéen** / la **lycéenne** high school
   student

le **métier** profession
les **vêtements** (*m.*) **de marque**
   (*f.*) designer clothes
la **vie active** / **scolaire** professional/
   school life

APPLICATIONS   **A.** Synonymes. Trouvez l'équivalent des expressions suivantes.

1. le lieu, la place déterminée
2. la vie professionnelle
3. personne qui fait des études universitaires
4. le sentiment de la dignité et de la valeur personnelle
5. la profession, la carrière

B. Associations. Quels termes de **Mots et expressions** associez-vous avec les expressions suivantes?

1. la vie scolaire   2. Lacoste, Reebok, Nike, etc.   3. la banlieue

C. Familles de mots. Trouvez les deux expressions dans chaque série qui sont dans la même famille de mots.

1. le lycée
   la lessive
   la lycéenne

2. la déformation
   la formation
   formidable

3. le bâtiment
   battre
   bâtir

4. vestimentaire
   le vestibule
   le vêtement

Scènes ordinaires de la vie d'un LEP

AVANT-PROPOS

Je m'appelle Nicolas Revol. J'ai trente-six ans et j'enseigne les «arts appliqués» en LEP (lycée d'enseignement professionnel).*

En juin, 1998, j'étais nommé à Eugène Sue, le lycée d'enseignement professionnel de Saint-Rémy-sur-Seine. Ce livre est le récit de cette expérience.

---

*Dans un LEP, on prépare le *baccalauréat (le «bac») professionnel*. Ce bac permet d'exercer une profession telle que plombier ou électricien dès la sortie du lycée. Il ne permet pas de faire des études universitaires.

Septembre 1998

Situé en assez proche banlieue parisienne. Saint-Rémy-sur-Seine n'a rien d'extraordinaire; c'est un exemple assez typique de ces cités-dortoirs construites dans les années soixante pour les travailleurs immigrés. C'est fonctionnel—et c'est moche,[1] très moche. À vue d'œil, la population est composée à 50% de Maghrébins,[2] 20% d'Africains, 20% de Portugais, de Turcs, et 10% de Français «de souche[3]» auxquels on peut ajouter quelques Asiatiques disséminés ici et là.

L'état des bâtiments varie selon les cités mais, en règle générale, mieux vaut les regarder de loin. Ça efface[4] les tags, les fissures et les carreaux cassés.[5] Les coins sympas sont rares et, à la tombée de la nuit, certains endroits sont à éviter.[6]

Mes élèves vivent entre le lycée, la cité et le supermarché. Ils errent[7] entre ces trois pôles qui sont leur monde. Ils galèrent,[8] comme ils disent, ils souffrent, ils s'ennuient. Les vacances? Pour la grande majorité, c'est un long moment de galère.

Le lycée structure leurs journées. Ça les oblige à se lever, à s'habiller, à sortir de leur HLM. Ça leur donne parfois une raison de se réjouir,[9] plus souvent de se révolter.

Comme ils se sentent piégés,[10] ils se conduisent[11] n'importe comment. Ils sont hyperturbulents. Leur modèle et leur monde, c'est la télévision. Ils passent des heures à la regarder. Ils adorent les poursuites de voitures, les coups de feu,[12] les casses.

En discutant avec mon ami Nicolas, qui enseigne l'histoire-géographie dans un collège de la «jolie banlieue» parisienne, nous avons fini par comprendre pourquoi un certain nombre d'élèves ne font absolument rien en classe: s'ils travaillent, ils risquent gros. Si l'un d'entre eux montre un peu d'intérêt, il est «grillé[13]» jusqu'à la fin de l'année auprès de ses copains. «C'est naze[14]» d'aimer le lycée et donc de se démarquer.[15] Il faut avant tout former un groupe, être solidaire, ne faire qu'un. «Comme les trois mousquetons du livre, m'sieu!»

Octobre 1998

Je réalise soudain que je parle surtout des garçons: c'est parce que les filles sont très peu nombreuses au lycée. Je dois avoir une vingtaine de filles réparties sur quinze classes. Elles ont un mal fou à trouver leur place, sans doute à cause de ce qu'elles représentent pour ces garçons, bien plus nombreux qu'elles, qui n'ont pas de respect pour «le sexe faible». Le lot[16] quotidien des filles, c'est de se faire allègrement insulter, siffler, huer.

Lorsque les garçons parlent des filles, c'est toujours à propos du sexe. Ils sont intarissables[17] sur ce sujet. Chacun raconte ce qu'il sait sur Samira, Jennifer, Myriam et les autres.

Pour certains, le sexe est un véritable hobby. IIs sont prêts à croire n'importe quoi, à dire n'importe quoi. Ma présence ne les gêne[18] absolument pas. Pour eux, c'est naturel de magnifier ses expériences sexuelles.

—Mais c'est la vie ça, m'sieu. Hé, ho, réveillez-vous! C'est trop bon. Faut pas s'en priver![19]

Mes élèves sont très à cheval[20] sur l'étiquette vestimentaire. Paraître avant toute chose. «Si t'as pas d'la marque, t'es rien. A peine d'la merde!» «La marque» permet d'exister et donne du prestige à celui qui en porte. C'est un signe d'appartenance[21] au groupe. Il faut des sweat-shirts, des casquettes, des chaussures, des sacs à dos, des survêtements, des chaussettes, des blousons, des jeans, mais rien que du Levis, du Caterpillar, du Puma, du Adidas, du Kookaï, du Nike, du Ralph Lauren, du Fila, du Lacoste et du Reebok! Sans ces «estampilles», on n'est qu'un «naze», ou un «bouffon».

---

[1]laid [2]Nord-Africains [3]de... issus de familles françaises [4]fait oublier [5]carreaux... *broken windows* [6]à... dangereux [7]vont ça et là à l'aventure [8]*struggle* [9]se... *rejoice* [10]*trapped* [11]se... agissent [12]coups... *gun shots* [13]exclu [14]idiot, imbécile [15]se... se faire remarquer comme différent des autres [16]destin [17]*inexhaustible* [18]dérange, influence [19]s'en... vivre sans lui [20]à... fermes, inflexibles [21]*membership*

La marque pose cependant un sérieux problème: au quotidien elle revient «vachement[22] cher». Mes élèves n'ayant pas un rond[23] mais étant tous «top classe» et «cool», ils doivent se débrouiller.[24]

Décembre 1998

Avec ma collègue Sophie, qui enseigne l'histoire-géographie, nous avons décidé il y a un mois d'emmener une de nos classes communes au Louvre. Quand je leur ai demandé qui était déjà allé dans un musée, aucune main ne s'est levée:

—Les musées m'sieu! C'est pas drôle.

—C'est vachement trop grand, on a mal aux jambes dedans.

—C'est plein de vieux trucs usés[25] qui ne servent plus à rien.

—C'est cher, non?

Le jour dit, j'ai directement rendez-vous au Louvre avec Sophie et les élèves. On se retrouve comme convenu à 10 heures à la sortie de métro rue de Rivoli.

Nous nous dirigeons vers le musée. Les élèves semblent contents d'être là. Ils sont à la fois excités et détendus.[26] Nous déposons nos affaires à la consigne.

En entrant dans la première salle, ils découvrent de très grandes toiles[27] sur les murs. *L'Enlèvement des Sabines. Le Radeau de la Méduse. Dante et Virgile aux Enfers.* Quel choc! Ils sont comme des fous. Les questions fusent:

—C'est des vrais tableaux, peints par des gens connus?

—C'est des trucs dessinés à la main ça, vraiment?

—Comment ils ont fait pour fabriquer des machins[28] aussi grands.

—Ce serait trop beau d'avoir ça chez soi.

—C'est qui qu'a peint ça?

—C'est beau, m'sieu. C'est géant. Qu'est-ce que c'est bien peint les champs,[29] la nuit et la mer!

—Imagine, cette salle vide[30] pour faire du roller![31]

---

[22]très [23]n'ayant… sans argent [24]se… *manage somehow* [25]vieux… *old worn-out stuff* [26]calmes [27]peintures [28]choses [29]*fields*
[30]*empty* [31]patinage

Les tours d'une cité dans la région parisienne.

—On peut aller voir «Lamonalisa»?

Je n'en reviens pas. Ils en redemandent.

—La Joconde?

—Mais non! «Lamonalisa»!

Je leur explique qu'il s'agit de[32] la même œuvre. Mousse me prend par la manche:

—C'est Leonardo qui a peint *La Joconde*. Pas vrai? Il vivait en même temps que Raphaelo, Michel Angelo et l'autre en «O». C'est bien ça?...

Je suis sidéré.[33]

—Comment sais-tu tout ça, toi?

—Les Tortues Ninja!

L'heure de retrouver les autres approche. Après un crochet par *La Victoire de Samothrace*, Hassan, Alexandre, Nuno, Mousse, Karim, Toufik, Yvan et Wilfried sont épuisés,[34] mais heureux. Ils sont apaisés, calmes, presque muets. Ils flottent, perdus, dans leur bulle.[35] Leurs sourires sont pour nous le plus beau cadeau.

En général, les gens n'aiment pas être dérangés.[36] Alors, quand ils croisent des élèves comme les nôtres, a priori, ils sont sur la défensive. Même moi, j'en souffre souvent. Quand je suis en sortie avec mes élèves, comme par exemple au Louvre, je peux lire dans le regard des passants toute sorte de pensées déplaisantes à l'égard du[37] groupe: ils semblent se demander ce que je fais avec eux dans cet endroit.

Suite à cette mémorable sortie, nombreuses ont été les classes à me demander:

—C'est quand que nous aussi on s'arrache[38] du lycée?

Mon expérience de prof lambda[39] dans un lycée difficile m'a permis de tirer un certain nombre de conclusions simples que je voudrais faire partager à mes lecteurs: même dans les situations les plus pénibles, les plus désespérantes,[40] il suffit de pas grand-chose—un peu de volonté, de détermination, trois sous[41] de compassion et de compréhension— pour obtenir des résultats. ❉

abrégé de *sale prof!* par Nicolas Revol
Paris, le 26 juillet 1999

[32]il... il est question de   [33]stupéfié   [34]très fatigués   [35]*bubble*   [36]*bothered*   [37]à... en ce qui concerne   [38]part   [39]*average*   [40]sans espoir
[41]*an ounce*

A. **Vrai ou faux?** Soulignez dans le texte précédent les phrases qui justifient vos réponses.

1. Le lycée décrit dans le texte se situe dans un beau quartier de Strasbourg.
2. En général, les lycéens présentés dans le texte trouvent la vie amusante.
3. Selon le texte, de nombreux lycéens ne font rien en classe de peur que leurs amis me se moquent d'eux.
4. Les garçons et les filles se respectent au lycée Eugène-Sue.
5. Les élèves de Nicolas Revol ont beaucoup aimé leur visite au Louvre.

B. **Répondez brièvement.**

1. Qui est Nicolas Revol? Quel métier fait-il? Où travaille-t-il?
2. Qui habite dans le quartier où il travaille? Comment sont les bâtiments?
3. Nommez les trois endroits où les lycéens de Nicolas Revol passent leur temps. Ces élèves aiment-ils les vacances? Pourquoi (pas)?
4. Quel rôle est-ce que la télévision joue dans la vie de ces lycéens? Quelles sortes d'émissions regardent-ils?
5. Combien de filles Nicolas Revol enseigne-t-il? Comment sont les rapports entre ces filles et les garçons dans ce lycée?
6. Au lycée Eugène-Sue, quels vêtements est-ce que tout le monde porte? Donnez-en des exemples. Pourquoi porte-t-on ces vêtements? Quel problème est-ce que ces vêtements posent aux lycéens?
7. Où Nicolas Revol et ses élèves vont-ils en sortie? Que pensent les élèves de la première salle de peintures? Que savent-ils à propos de Léonardo da Vinci? Quel tableau est-ce que tout le monde veut voir?
8. Quelle est la réaction des passants qui rencontrent les élèves de Nicolas Revol en sortie? Qu'est-ce que ces gens semblent se demander?
9. Nicolas Revol est-il optimiste ou pessimiste en ce qui concerne ses élèves? Selon lui, qu'est-ce qu'il faut pour résoudre les problèmes des lycées comme Eugène-Sue?

En savoir plus:
Le bac
- **Bac professionnel:** métiers manuels après le lycée (eléctricien(ne), mécanicien(ne), etc.)
- **Bac technologique:** métiers à compétence technologique (infirmier(-ère), informaticien(ne), etc.); études supérieures courtes
- **Bac général:** études supérieures longues, scientifiques ou littéraires

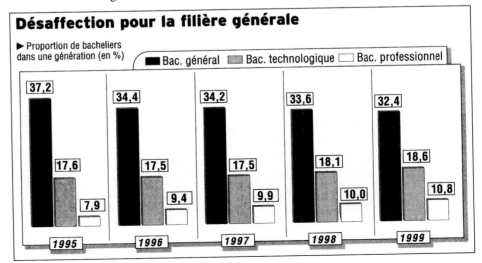

Désaffection pour la filière générale

▶ Proportion de bacheliers dans une génération (en %)

■ Bac. général ▨ Bac. technologique ☐ Bac. professionnel

	1995	1996	1997	1998	1999
Bac. général	37,2	34,4	34,2	33,6	32,4
Bac. technologique	17,6	17,5	17,5	18,1	18,6
Bac. professionnel	7,9	9,4	9,9	10,0	10,8

A. La vie scolaire. Choisissez les meilleures réponses et discutez vos idées avec un(e) autre étudiant(e). Donnez des raisons pour expliquer ce que vous dites.

1. Au lycée dans mon pays, les gens vous admirent si vous _____.
   a. portez des vêtements de marque
   b. (n')avez (pas) de bonnes notes
   c. êtes athlète
   d. possédez une belle voiture
   e. ?

2. Si un(e) lycéen(ne) ne fait rien en classe, c'est souvent parce qu'il/elle _____.
   a. ne comprend rien
   b. a peur de la réaction des autres si on s'intéresse au cours
   c. s'ennuie
   d. ?

3. A l'université, si on ne travaille pas en cours, c'est parce que l'on _____.
   a. ne comprend rien
   b. a peur de la réaction des autres si on s'intéresse au cours
   c. s'ennuie
   d. ?

4. Le diplôme de fin d'études secondaires _____.
   a. marque le moment où l'adolescent devient adulte
   b. prouve que l'on a certaines compétences et connaissances
   c. n'est pas important
   d. est important parce qu'il est nécessaire pour aller à l'université
   e. ?

5. Les élèves défavorisés comme ceux du lycée Eugène Sue ont besoin de (d') _____.
   a. charité
   b. sévérité
   c. tolérance
   d. amour-propre
   e. ?

6. Dans les lycées/universités que je connais, les garçons et les filles de mon âge _____.
   a. (ne) se respectent (pas)
   b. (ne) se comprennent (pas)
   c. (ne) sont (pas) égaux
   d. (ne) se connaissent (pas) vraiment bien
   e. ?

7. Quand je ne suis pas en cours, je suis _____.
   a. avec mes amis
   b. au centre commercial
   c. au travail
   d. dehors
   e. chez moi
   f. ?

8. _____ nous prépare(nt) le mieux pour notre vie d'adulte.
   a. La famille
   b. L'école
   c. Les amis
   d. La télévision
   e. ?

9. Le système d'éducation dans mon pays _____.
   a. marche bien
   b. est inutile et coûteux
   c. a beaucoup de problèmes
   d. garantit l'égalité des chances
   e. (ne) réduit (pas) les inégalités sociales
   f. ?

10. L'université est surtout une formation _____.
    a. intellectuelle
    b. professionnelle
    c. sociale
    d. culturelle
    e. ?

**En savoir plus:
Les professions**
44% des Francais
pratiquent un
métier qui ne
correspond pas à
leur formation
initiale. La bonne
nouvelle: 64% des
gens qui ont
changé de
direction
considèrent que
«leur formation a
été utile».

B. La vie active. Posez les questions suivantes à plusieurs étudiants afin de savoir quels sont leurs rêves professionnels.

Demandez à chaque personne…

1. s'il/elle sait ce qu'il/elle veut faire dans sa vie professionnelle et si oui, depuis quand.
2. s'il/elle va choisir le même métier qu'un de ses parents. Pourquoi (pas)?
3. combien de métiers différents il/elle pense exercer pendant sa vie active.
4. à quels métiers il/elle s'intéresse le plus et pourquoi.
5. à quels métiers il/elle ne s'intéresse pas du tout et pourquoi.
6. ce qu'il/elle fait à l'université pour trouver un bon emploi à la fin de ses études.
7. s'il/elle veut obtenir un diplôme universitaire pour des raisons personnelles, professionnelles, ou les deux, et pourquoi.

Echos

A. Qu'en pensez-vous? Traitez par oral ou par écrit l'un des sujets suivants.

1. **Le chômage.** Dans la société actuelle, un certain niveau de chômage est inévitable (environ 4% selon les experts). Le tableau ci-dessous montre le taux de chômage parmi les jeunes de moins de 25 ans dans plusieurs pays au début du siècle. Qui a peur du chômage dans votre pays? Quel groupe est le plus touché? Faut-il faire des sacrifices pour réussir une carrière aujourd'hui? Lesquels? Etes-vous prêt(e) à quitter votre ville pour trouver un emploi? à quitter votre famille? votre pays? à faire autre chose? Expliquez.

2. **Satisfactions.** Selon un sondage récent, les Français sont très satisfaits de leur vie individuelle (famille, amis, logement, santé), assez contents de leur travail et de leurs revenus, mais très préoccupés par le climat politique, social et économique en France et dans le monde. Qu'est-ce qui vous rend heureux/heureuse en ce moment? Votre vie sociale? vos activités de loisir? votre travail? Qu'est-ce qui vous inquiète? Les problèmes de la jeunesse? l'environnement? les maladies graves? le stress de tous les jours? Etes-vous optimiste ou pessimiste en ce qui concerne votre avenir? Justifiez vos réponses.

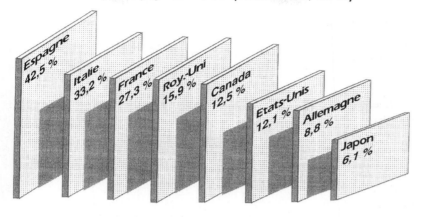

Le chômage des jeunes

Proportion de chômeurs de moins de 25 ans dans la population active de certains pays en 1999 (estimations, en %)

Espagne 42,5 %
Italie 33,2 %
France 27,3 %
Roy.-Uni 15,9 %
Canada 12,5 %
Etats-Unis 12,1 %
Allemagne 8,8 %
Japon 6,1 %

B. **Etes-vous d'accord?** Discutez des idées suivantes avec un(e) camarade de classe. Justifiez votre opinion.

1. Chaque métier a des avantages et des inconvénients.
2. Certains métiers sont plus importants que d'autres.
3. Le diplôme universitaire garantit la réussite professionnelle.
4. La réussite professionnelle demande toujours des sacrifices.
5. L'université doit être ouverte à tout le monde.

Le français au bout des doigts

Cette section va vous faire connaître des sites Internet de différents pays francophones. Allez directement au site Web de Collage à **www.mhhe.com/collage**. Vous y trouverez des liens utiles, ainsi que des questions de recherche et de discussion.

Les métiers et la vie professionnelle

Une des utilisations actuelles d'Internet est la recherche d'un travail. Exemples? Un cadre cherche à améliorer sa situation, les étudiants cherchent des stages pour compléter leurs études, et les chômeurs essaient de sortir de la difficulté posée par le manque de postes disponibles. Que trouve-t-on en ligne? Allons voir.

Les liens et les activités se trouvent à **www.mhhe.com/collage**.

CHAPITRE

2

LA FAMILLE ET LES AMIS

Le repas en famille

> «*Connais-toi toi-même*», c'est bien,
> connaître les autres est mieux.

[handwritten: "Know thyself is good, to know others is better"]

Mûrir, devenir adulte, vivre sa vie et ses rapports avec les autres d'une façon responsable. Voici certains des thèmes traités dans ce chapitre.

Pour nous faire une idée juste de questions aussi importantes et subjectives, nous avons fait appel à des personnes capables de nous faire voir différents aspects du sujet: des jeunes adultes et des parents très pris par leur travail.

A vous maintenant de lire entre les lignes, de distinguer entre l'objectif et le subjectif, entre les faits et les impressions. A vous aussi de comparer l'éducation, la famille et le rôle des parents et des enfants en France et dans votre pays.

Génération kangourou

Mise en route

Reading for the gist. Good readers generally read a passage in stages. First, read quickly through the text to get the main ideas, without pausing over unfamiliar words. In this first general reading, you should be able to answer such questions as whether the text is about a person, a place, or an event. During later readings, refine your general understanding, turning to the dictionary only as a last resort.

Impressions générales. Regardez le titre qui précède chacun des quatre textes (sur Emmanuel, Eric, Françoise Sand et Patrice Huerre) aux pages qui suivent, et lisez rapidement les textes. Puis choisissez l'expression qui complète le mieux la phrase.

1. Emmanuel *fait des études universitaires / gagne sa vie.*
2. Eric mène une vie *heureuse / orageuse* chez ses parents.
3. Françoise Sand a une réaction *favorable / hostile* aux enfants qui ont 20–30 ans et qui vivent toujours chez leurs parents.
4. Patrice Huerre est *content du / troublé par le* phénomène des parents et des jeunes adultes qui habitent le même logement.

Mots et expressions

se débrouiller to manage,
   to get along
dehors out; outside
économiser (de l'argent) to save
   (money)
exigeant(e) demanding
le foyer home

gagner de l'argent to earn,
   to make money
gâter (quelqu'un) to spoil (someone)
s'isoler to be alone, to isolate oneself
pousser to push
protecteur/trice protective
réussir to succeed, to do well
vide empty

A. Synonymes. Trouvez l'équivalent des expressions suivantes.

1. sans occupant, inoccupé
2. lieu où habite la famille
3. à l'extérieur
4. qui protège, qui défend les pauvres, les faibles, etc.
5. se séparer des autres
6. difficile, qui demande beaucoup
7. obtenir un bon résultat

B. Associations. Complétez les phrases suivantes avec le verbe qui convient le mieux.

1. Les grands-parents typiques _____ leurs petits-enfants en ne leur refusant rien.
2. Les parents exigeants _____ leurs enfants à réussir en tout.
3. On travaille tout d'abord pour _____.
4. Il faut _____ afin de pouvoir s'acheter une maison.
5. Pour réussir dans un nouveau travail, on doit parfois _____ tout seul, sans l'aide des autres.

Génération kangourou

**Etudes à rallonge,[1] parents-copains, précarité et chômage[2]...
pourquoi sont-ils si nombreux à rester lovés dans le nid familial?[3]
L'Express a poussé les portes**

20–30 ans et toujours chez leurs parents

AGNÈS BAUMIER ET MARIE-LAURE DE LÉOTARD

On trouve encore souvent sur leurs étagères[4] une peluche[5] adorée ou une vieille maquette.[6] Aux murs sont punaisés les posters de leurs années lycée. Ils dorment dans leur lit d'enfant, mais ils n'ont plus 20 ans, parfois depuis longtemps. Génération kangourou. Au chaud chez papa-maman, à l'âge où Rimbaud avait achevé son œuvre... Selon une enquête de l'institut Louis Harris (novembre 1997), un jeune sur deux entre 21 et 24 ans, un sur cinq entre 25 et 29 ans reste toujours scotché chez ses parents.

---

[1]à... *extended* [2]*unemployment* [3]lovés... *curled up in the family nest* [4]*shelves* [5]*cuddly toy* [6]*model*

En l'espace d'une génération, le calendrier d'entrée dans la vie adulte a été totalement bouleversé.[7] Dans les années 60 et 70, ceux qui sont aujourd'hui parents quittaient leur famille très tôt. Au temps de la pilule et des minijupes, on faisait ses valises[8] pour conquérir sa liberté. Et, très vite, on décrochait[9] son premier job.

Aujourd'hui, les «grands enfants» des soixante-huitards[10] accumulent les diplômes, collectionnent les jobs sans lendemain,[11] les amours à l'essai,[12] et restent sous le toit[13] familial. Si confortable, quand il fait froid dehors.

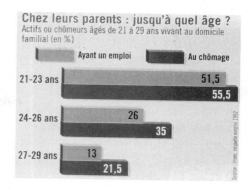

Chez leurs parents : jusqu'à quel âge ?
Actifs ou chômeurs âgés de 21 à 29 ans vivant au domicile familial (en %)

	Ayant un emploi	Au chômage
21-23 ans	51,5	55,5
24-26 ans	26	35
27-29 ans	13	21,5

Source: Insee, enquête emploi 1992

Emmanuel, 28 ans

«Prendre le temps de préparer son avenir.»

On comprend mal pourquoi Emmanuel vit encore chez ses parents. A 28 ans, il gagne chaque année 180 000 francs, soit 15 000 francs brut par mois. Etrange? Non, Emmanuel est un garçon «sérieux». Déjà dans ses études, il a brillé en math sup, math spé, avant de réussir le concours[14] de l'Estaca (Ecole supérieure technique de l'aéronautique et de l'automobile) et d'être embauché[15] en CDI comme ingénieur d'essais dans l'industrie automobile. Il a alors 26 ans. «Dès que j'ai commencé à travailler, j'ai tout planifié. Je voulais économiser pour m'acheter un deux-pièces.[16] Régulièrement, je rencontrais ma banquière pour lui demander conseil.[17] Pendant deux ans, en vivant chez mes parents, j'ai pu mettre de côté les deux tiers de mon salaire.»

Décidé à tout agencer[18] selon sa volonté,[19] de son plan de carrière aux travaux de rénovation de l'appartement qu'il vient d'acquérir,[20]

Emmanuel trouve naturel de rester chez papa et maman. Il compte d'ailleurs continuer «à mi-temps» chez ses parents. «Pour que la coupure ne se fasse pas trop brusquement», explique sa mère. Une situation qui peut durer[21] longtemps.

SANDRINE MARTINEZ

[7]*a… has drastically changed* [8]*faisait… people packed up and left* [9]*obtenait* [10]*lit. sixty-eighters [those who participated in huge demonstrations in May 1968 against the established order in France]* [11]*sans… without a future* [12]*à… on a trial basis* [13]*roof* [14]*entrance exam* [15]*hired* [16]*un appartement de deux pièces* [17]*advice* [18]*organiser* [19]*intention* [20]*acheter* [21]*last*

Eric, 25 ans

«Juste un bout de chemin supplémentaire ensemble.»

A 25 ans, Eric vit «avec bonheur et harmonie» chez ses parents. Concepteur[22] média dans une agence de publicité, il partage son temps entre son métier, sa famille et son amie, qu'il retrouve chaque week-end. Comblé[23] par ce mode de vie, il n'envisage pas d'abandonner le foyer parental avant deux ans: «En général, l'enfant quitte sa famille vers 20 ans. Mes parents et moi faisons simplement un bout de chemin supplémentaire»,[24] précise-t-il.

Dans leur vaste appartement du XVe arrondissement parisien, tous trois «vivent des moments forts.» «Nous avons des passions communes, comme le cinéma, explique Eric. Avec mon père, nous parlons beaucoup de sport et ma mère reste ma meilleure confidente.» Eric aime cette vie où, «fils unique dans une famille pied-noir[25]», il est «toujours très chouchouté[26].» Les soucis[27] matériels n'ont pas leur place dans son quotidien.[28] «Je viens de commencer dans la vie active et je me fais à peine 7 000 francs par mois. Si je devais financer un appartement, il ne me resterait que les yeux pour pleurer», avoue-t-il. Eric ne se sent pas pour autant redevable à ses parents parce qu'ils l'hébergent, mais il «aime les inviter de temps en temps au restaurant ou au concert.»

Fort de ses valeurs, Eric sait qu'il déménagera lorsqu'il fondera son propre foyer. Il reproduira alors le modèle familial qu'il a connu.

CATHERINE MALISZEWSKI

Françoise Sand, conseillère familiale
«Parents, vous devez les pousser dehors!»

«Ces 20–30 ans qui habitent encore chez leurs parents ne sont que des préadultes. On ne devient réellement adulte qu'en acquérant[29] une véritable autonomie financière et en ne se croyant plus obligé de suivre la voie prévue[30] par les parents ou de faire le contraire. Il arrive un moment où ces préadultes

Françoise Sand, conseillère familiale et conjugale, dénonce la famille piédestal.

---

[22]*Designer*   [23]*Fulfilled*   [24]faisons… *are just staying together a little while longer*   [25]française d'Algérie   [26]*spoiled*   [27]préoccupations
[28]son… sa vie de tous les jours   [29]*acquiring*   [30]la… le passage imaginé

doivent se lancer hors du cocon[31] familial. Il faut que les parents les aident à franchir cette étape,[32] qu'ils les poussent dehors, quitte à[33] les assister financièrement pendant un certain temps. Cependant, trop soutenir[34] ses enfants matériellement peut avoir des effets pervers:[35] c'est une façon de les maintenir dans l'infantile, de les empêcher de grandir,[36] de sous-entendre[37] qu'ils ne peuvent pas se débrouiller seuls.

Propos recueillis par Marie-Laure de Léotard

Interview: Patrice Huerre «*Les jeunes sont maltraités[38] par la société*»

Patrice Huerre, psychiatre et psychanalyste, est directeur médical de la clinique médico-universitaire Georges-Heuyer, à Paris. Il a publié L'adolescence n'existe pas (*Odile Jacob, coll. Opus, 1997*).

L'EXPRESS: Comment expliquez-vous que les jeunes restent aujourd' hui si longtemps chez leurs parents?

PATRICE HUERRE: En réalité, leurs parents n'ont pas la moindre[39] envie qu'ils deviennent adultes. La génération des soixante-huitards s'était promis[40] une jeunesse éternelle. Ils voulaient changer le monde. Les résultats n'ont pas toujours été à la hauteur de[41] leurs espérances. Mais, à 50 ans, ils continuent aujourd'hui à vouloir rester jeunes. Et, pour y parvenir,[42] il faut que leurs enfants restent des enfants. En empêchant[43] les jeunes d'accéder à la maturité, inconsciemment, ils se protègent contre la concurrence.[44]

SOURCE: Adapté de *L'Express*

---

[31]se... *leave the cocoon* [32]franchir... *get through this stage* [33]quitte... *even if it means* [34]aider [35]mauvais [36]de les... *to keep them from growing up* [37]*imply* [38]*mistreated* [39]*slightest* [40]s'était... *had promised itself* [41]n'ont... *didn't always rise to* [42]réussir [43]En... *By preventing* [44]*competition*

A. D'après qui? Identifiez l'auteur de chaque idée suivante: c'est Emmanuel, Eric, Françoise Sand ou Patrice Huerre? Justifiez vos réponses en soulignant les phrases correspondantes du texte.

1. On devient adulte quand on est financièrement indépendant de ses parents.
2. Je vis chez mes parents pour pouvoir économiser de l'argent afin d'acheter un appartement.
3. Généralement, quand on a 20 ans, on quitte sa famille.
4. Les parents d'aujourd'hui ne veulent pas couper le cordon ombilical.
5. La communication entre mes parents et moi est très bonne.
6. Garder les enfants longtemps à la maison est une manière de retenir sa jeunesse.
7. Il est risqué pour tous les jeunes de devenir adulte.
8. Trop aider les enfants financièrement peut avoir de mauvaises conséquences.

B. En résumé. Relisez les quatre textes et trouvez des adjectifs qui complètent les phrases suivantes.

1. Emmanuel est un garçon _____ qui a brillé en maths.
2. Eric, fils unique, est toujours _____ par ses parents et n'a pas de soucis matériels.
3. Françoise Sand trouve que les 20–30 ans qui habitent encore chez leurs parents ne sont pas réellement _____. Il y a un moment où chaque enfant a besoin de quitter le cocon _____.
4. Selon Patrice Huerre, les parents qui ont 50 ans aujourd'hui comptaient sur une jeunesse _____. Ils continuent à avoir envie de rester _____.

A DISCUTER

A. Analyse. Que pensez-vous de cette génération kangourou? Est-ce que c'est un phénomène positif? Négatif? Avec un(e) partenaire, faites un tableau comme celui-ci et complétez-le. Ensuite discutez-en avec le reste de la classe.

**En savoir plus:
Valeurs actuelles
en France**
Les meilleurs symboles de la réussite person-nelle selon les Français:
1) habiter un grand logement (26%)
2) faire souvent des voyages (14%)
3) avoir un portefeuille d'actions (*stocks*) (12%)
4) posséder des œuvres d'art (10%)
5) acheter un bateau (10%)
6) avoir une résidence secon-daire (8%)
7) avoir un employé de maison (8%)
8) avoir une piscine (2%)
9) acheter des bijoux (2%)

SYSTEME KANGOUROU		
	Avantages	Inconvénients
Du point de vue des 20–30 ans	1. 2. 3. 4.	1. Les parents sont toujours là. 2. 3. 4.
Du point de vue des parents	1. La maison n'est pas vide. 2. 3. 4.	1. 2. 3. 4.

B. Votre ligne de temps. Faites le ligne de temps des grands moments de votre vie—n'oubliez pas vos rêves et projets futurs! Ensuite, comparez vos idées avec celles de deux partenaires. Puis décrivez oralement ou par écrit deux ou trois périodes de votre vie particulièrement intéressantes.

MOMENTS
ma naissance
la fin de mes études (secondaires, universitaires)
le commencement de ma carrière

mon premier amour
un voyage inoubliable
une réussite personnelle
mes enfants, petits-enfants
un succès financier
?

ADJECTIFS
turbulent
stimulant
ambitieux

satisfaisant
joyeux
calme

créateur
?

ma naissance	naissance de ma petite sœur	accident de ski	fin des études secondaires	fin des études universitaires	voyage au Maroc	marathon	prix Nobel de la paix	réunion avec père disparu	Corps de la Paix	j'écris mon premier roman!
1984	1992	1998	2002	2007	2010	2014	2020	2032	2044	2056

MODELE: A l'âge de 60 ans, je compte travailler pour Le Corps de la Paix et cette période va être difficile et extraordinaire en même temps.

«Je me sens toujours coupable d'être absent»

> Sur les défauts d'autrui, l'homme a des yeux perçants.

Mise en route

Anticipating content. You are about to read the comments of four working parents about how they and their children cope with the parents' frequent absences from home. Before you begin, think about what you expect them to say about the following topics. As you read, confirm or adjust your expectations.

Travail et vie de famille. Les parents qui travaillent sont souvent absents de la maison. Quelles sont les conséquences de cette absence sur les enfants? et sur les parents eux-mêmes? Faites une liste des avantages et des inconvénients pour les parents et les enfants.

Mots et expressions

coupable guilty
la crèche day-care center
davantage more
emmener to take (*someone somewhere*)
faire un effort to make an effort

fier/fière proud
occupé(e) busy
s'occuper de to take care of (*someone or something*)
partager to share

APPLICATIONS

A. Antonymes. Trouvez le contraire des mots suivants.

1. inactif
2. moins
3. innocent(e)
4. humble

B. Synonymes. Trouvez l'équivalent des expressions suivantes.

1. diviser en éléments que l'on peut distribuer
2. prendre soin de quelqu'un
3. un établissement pour la garde de jeunes enfants
4. mener quelqu'un d'un lieu dans un autre
5. mobiliser ses forces pour vaincre une résistance

«Je me sens toujours coupable d'être absent»

Ils sont rarement chez eux. Comment font-ils avec leurs enfants?

AGNES B.

«La télé-maman»

J'ai deux garçons de 30 ans et trois filles de 18, 13 et 9 ans. Je rentre souvent à 19 heures et je ne vais jamais dans les dîners mondains,[1] ce qui me donne le temps de m'occuper d'eux. Mais, bien sûr, je travaille beaucoup et ma dernière fille comble mes absences[2] en regardant la télévision, que j'appelle d'ailleurs la «télé-maman». Après chaque absence, il faut renouer,[3] renouveler[4] sans cesse le dialogue avec les enfants. Ce n'est pas la quantité du temps passé avec eux qui prime,[5] c'est la qualité… Cela dit, je ne veux pas être le personnage central de mes enfants: je préfère qu'ils partagent leur affection avec d'autres personnes.

Styliste.[6]

---

[1]dîners… *dinner parties* [2]comble… *spends the time I'm gone* [3]*reestablish* [4]*renew* [5]*matters the most* [6]*Fashion designer*

JACQUES MAILLOT

«Je pourrais faire un effort»

J'ai quatre enfants et je n'ai pas beaucoup de temps pour m'occuper d'eux. Avec les deux garçons cela n'a jamais été un problème. Les filles (des jumelles de 13 ans et demi) me font, elles, souvent comprendre qu'elles aimeraient bien que je sois plus présent. Elles me reprochent de ne pas leur consacrer quinze jours pour les emmener en vacances. Tant qu'elles étaient petites, cela ne semblait pas trop les déranger, mais aujourd'hui je sens qu'elles regrettent que leur père soit si occupé. Je leur explique que Nouvelles Frontières s'est beaucoup développé, que je ne peux pas prendre de vacances aussi longues… Evidemment, je pourrais faire un effort et leur dire oui, mais je crains de mettre le doigt dans un engrenage.[7]

PDG[8] de Nouvelles Frontières.

EVELYNE PISIER

«Après tout, ils sont heureux»

J'ai cinq enfants et j'ai toujours travaillé. D'abord comme professeur à l'université, aujourd'hui au ministère de la Culture. Autrefois j'avais davantage de temps libre. Aujourd'hui mon travail m'accapare[9] entièrement. Le matin est sacré: j'en profite pour emmener mes enfants à l'école. Le soir, même si je dois sortir, je repasse

toujours à la maison pour les voir. En fait, je me consacre totalement à eux durant le week-end. J'ai toujours eu un sentiment de culpabilité de ne pas pouvoir m'en occuper davantage mais, lorsque je les vois souriants, le visage rond et les joues pleines,[10] je me dis qu'après tout ils semblent heureux et en pleine santé.

Directrice du Livre au ministère de la Culture.

ANNY COURTADE

«Heureusement, ma secrétaire est là»

Je suis PDG de Lecasud, la cinquième entreprise de Provence-Alpes-Côte d'Azur. J'ai 50 ans, un fils de 19 et une fille de 16. Mes journées sont évidemment très chargées:[11] je me lève le matin tôt, à 6 heures, et j'accompagne moi-même ma fille à l'école. Je ne rentre pas le soir avant 20 h 30. Comme je ne suis pas chez moi, j'ai employé durant plus de dix-huit ans une nourrice[12] à plein temps. D'autre part, ma secrétaire de direction est toujours là pour résoudre les problèmes familiaux qui pourraient survenir[13] durant mes absences. Je ne pense pas que cette situation a été

préjudiciable pour[14] l'éducation de mes enfants: en rencontrant des gens très différents à la maison, ils ont acquis une grande ouverture d'esprit.[15] De plus, ils sont fiers lorsqu'ils voient leur mère dans la presse ou entendent parler d'elle.[16] J'ai néanmoins un gros regret: celui de n'avoir jamais passé de vraies vacances avec eux. Je n'ai pas le temps, alors je compense[17] en organisant le plus souvent possible de petites escapades familiales à New York, Vienne.

Chef d'entreprise.

SOURCE: Tiré du *Nouvel Observateur*

[7]mettre… *get my finger caught in the gears (create a problem)*   [8]*CEO*   [9]*monopolizes my time*   [10]lorsque… *when I see their smiling faces and their rosy cheeks*   [11]*full, busy*   [12]*nanny*   [13]*come up*   [14]préjudiciable… *detrimental to*   [15]*mind*   [16]entendent… *hear her being talked about*   [17]*make up for it*

Agnès B.

1. A quelle heure rentre-t-elle? Que fait-elle le soir?
2. Pourquoi appelle-t-elle la télévision «la télé-maman»?
3. Que doit-elle faire après ses absences?

Jacques Maillot

1. Quelle différence voit-il entre ses garçons et ses filles?
2. Qu'est-ce que ses filles reprochent à leur père?
3. Pourquoi ne fait-il pas ce qu'elles souhaitent?

Evelyne Pisier

1. Que fait-elle avec ses enfants chaque matin? Et le week-end?
2. Pourquoi pense-t-elle que ses enfants sont heureux?

Anny Courtade

1. A quelle heure rentre-t-elle le soir? Qui s'occupe de ses enfants quand elle n'est pas là?
2. Quels sont les avantages de son travail pour ses enfants?
3. Qu'est-ce qu'elle regrette? Quelle solution a-t-elle trouvée?

A DISCUTER

A. Conséquences. Quand les parents travaillent, que se passe-t-il dans la famille? Lisez les phrases suivantes et dites si les situations décrites vous semblent positives, négatives ou sans conséquences. Expliquez vos réactions, puis discutez-en avec trois camarades de classe.

1. Les parents rentrent à 7 heures du soir.
2. Il y a une excellente nourrice à plein temps à la maison.
3. Les enfants regardent la télévision cinq ou six heures par jour.
4. Dès l'âge de 2 mois les enfants passent leur journée dans une crèche.
5. Les enfants partagent leur affection avec des personnes autres que leurs parents.
6. Les parents qui travaillent peuvent offrir des voyages exotiques et des expériences diverses à leurs enfants.

B. Quelques conseils. Choisissez un des quatre passages que vous venez de lire et imaginez que vous êtes psychanalyste. Répondez au parent concerné en lui disant ce que vous pensez de sa façon d'éduquer ses enfants. Mentionnez les côtés positifs ainsi que les points qui, selon vous, posent des problèmes.

chos

A. Qu'en pensez-vous? Traitez par oral ou par écrit de l'un de sujets suivants.

1. **Les modèles de vie.** Certains parents semblent offrir un seul modèle de vie à leurs enfants: la réussite par le travail. Quelles autres types de succès

trouvez-vous importants? La réussite sociale? personnelle? familiale? athlétique? Qu'est-ce qui crée un adulte stable, équilibré, heureux? Avoir des parents disponibles? des règles de conduite claires? beaucoup d'indépendance? autre chose? Expliquez.

2. **Les parents et les jeunes.** Trouvez plusieurs caractéristiques qui décrivent les meilleurs parents: compréhensifs? protecteurs? exigeants? Que pensez-vous des «parents-copains» qui paient tout sans juger, qui protègent et qui ne sont jamais autoritaires envers leurs enfants? Expliquez.

3. **La vie adulte.** Selon vous, à quel âge doit-on quitter la maison familiale? décider où aller et que manger tout seul? finir ses études universitaires? devenir financièrement indépendant de sa famille? commencer sa carrière? acheter un appartement ou une maison? commencer une vie en couple? avoir des enfants? Expliquez. Qui influence le plus vos réponses, votre famille ou vos amis? Pourquoi?

B. Etes-vous d'accord? Dites si vous êtes d'accord ou non avec les idées suivantes. Justifiez vos réponses.

1. Quand on a 21 ans, on est adulte.
2. En général, les parents passent assez de temps avec leurs jeunes enfants aujourd'hui.
3. Pour réussir sa vie, il faut prendre des risques.
4. Le premier devoir des parents, c'est de pousser leurs enfants à être indépendants.
5. On devrait se marier une seule fois dans la vie.
6. Certaines personnes ne devraient pas avoir d'enfants.

Le français au bout des doigts

La famille, les amis et les fêtes

Même si beaucoup de jeunes vivent avec leurs parents, il y a bon nombre de familles en France et dans le monde francophone qui se voit surtout pour les fêtes, et même les parents qui travaillent beaucoup ne manquent pas d'être chez eux pour ces jours importants.

Les liens et les activités se trouvent à **www.mhhe.com/collage**.

CHAPITRE 3

LA FRANCE D'AUTREFOIS

Sous l'œil du maître, les paysans transportent gerbes et sacs de blé.
Miniature du XVIe siècle. Bibliothèque nationale, Paris.

> *Ceux qui ne peuvent pas se rappeler le passé sont condamnés à le répéter.*
>
> Georges Santayana,
> *Vie de raison*

Le règne de Louis XIV, le «Roi-Soleil», est l'une des périodes les plus glorieuses de l'histoire de France. Sous les ordres du Roi, les arts et les lettres fleurissent et l'influence politique de la France devient plus forte que jamais. Pourtant, le Grand Siècle est une époque de contrastes dramatiques. Tandis que le roi et ses courtisans vivent dans la splendeur, les classes paysannes ont à peine de quoi gagner leur pain et sont pourtant obligées de payer les impôts pour payer les dépenses du Roi, du clergé et de la noblesse qui vivent plus qu'aisément.

Dans ce chapitre, vous allez lire deux textes qui décrivent des aspects très différents de la vie quotidienne pendant le règne (1643–1715) du Roi-Soleil. Le premier traite de la vie du petit paysan au XVIIe siècle. Le deuxième dépeint une journée typique dans la vie de Louis XIV. A vous de juger si les rôles des différentes classes sociales il y a 300 ans et plus ont influencé la structure sociale des pays occidentaux au début du XXIe siècle.

Les paysans français au XVIIe siècle

Mise en route

How to read challenging texts. Because you are now reading authentic texts in French, from time to time you will encounter passages that seem especially difficult. No one expects you to understand every line you read. In *Collage: Variétés culturelles,* your goal should be to understand enough to complete the activities in the **Avez-vous compris?** section. These questions cover the main ideas presented in each text. After your first quick reading of the text, read over the questions immediately following it to see which ideas you have already understood and which ones you should try to understand as you reread the text a second and third time.

During your first reading of a passage, focus on the main ideas, skipping over words you don't know as much as possible. Your goal should be to understand one idea at a time, not one word at a time. Try to find the subject and verb of each sentence. That, together with vocabulary you recognize, will often be enough to help you get the gist of a sentence. Your second and third reading will help you appreciate some of the details that illustrate and flesh out the main ideas.

Titres. Parcourez (*Skim*) la lecture une première fois et, en utilisant les suggestions ci-dessous, intitulez chaque partie du passage (I–IV). Ecrivez chaque titre à droite des chiffres romains.

TITRES

Activités secondaires: tissage (*weaving*), boisillage (*woodcutting*)…
Un homme de journées
Un paysan
Un destin heureux?

Mots et expressions

l'impôt (*m.*) tax
la laine wool
(au) loin far (away)
le/la manouvrier/ière laborer
la moisson harvest
quotidien(ne) daily

le seigneur lord (*of the largest manor in the village, a member of either the nobility, the clergy, or the bourgeoisie*)
le sou cent (*Can., U.S.*)
soutenir to support

APPLICATIONS

A. Synonymes. Trouvez l'équivalent des expressions suivantes.

1. tous les jours
2. une taxe que le paysan devait payer au roi, à l'église et au seigneur chaque année
3. à une distance considérée comme grande
4. aider financièrement
5. le centième d'un dollar canadien ou américain

B. Familles de mots. Trouvez les deux expressions dans chaque groupe qui sont dans la même famille de mots.

1.	moisson	2.	laine	3.	main	4.	seigneur
	maison		délai		manouvrier		signaleur
	moissonneur		délainer		mangeur		seigneurial

Manouvriers au travail au XVIIe siècle

I. _____

«Manouvrier» veut dire celui qui œuvre, qui travaille de ses mains; travaille sans bête de labour: pas de cheval, si cher et si fragile; pas de paire de bœufs,[1] pour à peu près les mêmes raisons (et puis où les nourrir[2]).

[1]*oxen* [2]*les… to feed them*

Manouvrier, tout pareillement, c'est celui qui n'a aucune[3] aptitude particulière, ce qui ne peut étonner[4] en un temps et des lieux où l'idée de spécialisation n'avait pas de sens.[5] Aucune spécialisation précise certes, mais quantité d'aptitudes, d'adresses appliquées,[6] de petits talents; quelque chose comme un «multi-bricolage»[7] rural.

Dans sa communauté rurale, le manouvrier, «tient»[8] une maisonnette, un jardin, un lopin de terre[9]—quelques perches[10] ou ares—le tout généralement loué pour quelques livres[11] à[12] plus riche que lui.

Il semble bien qu'il se soit trouvé[13] toujours dans la cour,[14] une demi-douzaine de poules[15] plus le coq, qui suffisait largement à la tâche.[16]

L'animal du pauvre et du médiocre,[17] c'est bien souvent la brebis,[18] ou la paire de brebis. Peu exigeante,[19] elle peut brouter sur les bords des chemins[20] pour quelques sous par an. Elle donne toujours sa laine, tondue,[21] lavée, filée,[22] ou travaillée à la maison; elle donnera régulièrement son agneau,[23] régulièrement vendu, ou son agnelle,[24] plus souvent gardée.[25] Peu bu, ou réservé aux petits enfants, le lait procure[26] surtout du fromage, plus souvent vendu, comme les œufs et les poulets.

[3]tout... *likewise, is someone who has no* [4]ce... *which is not surprising* [5]*meaning* [6]adresses... *applied skills* [7]*handyman* [8]*keeps* [9]lopin... *plot of land* [10]*hundredths of an acre* [11]1 livre = *20 sous* [12][here] *from somebody* [13]Il... *There were probably* [14]*yard* [15]*hens* [16]qui... *which was plenty for the job* [17]du pauvre... *of poor or average households* [18]*sheep* [19]*demanding* [20]brouter... *graze on the roadsides* [21]*sheared* [22]*spun* [23](male) lamb [24]*female lamb* [25]*kept* [26]procure... *is made into*

Louis Le Nain: Les Paysans

Donc, six poules et deux moutons, qu'on ne mangera jamais, quelques paniers[27] de pommes, des raves,[28] des fèves,[29] des pois, des choux,[30] quelques sous, cela ne suffisait pas à sustenter[31] une famille de cinq personnes, grosse mangeuse[32] de pain, de bouillie,[33] de galette.[34] Pour le reste, il revient à notre homme de déployer toute la gamme[35] de ses efforts et de ses talents.

II. _____

«Journalier»[36] autant que «manouvrier» (les deux termes sont quasiment interchangeables en leur temps), il accomplit[37] donc des journées chez autrui;[38] des journées, ce qui signifie de l'aube au crépuscule,[39] avec, surtout l'été, une courte halte méridienne; des journées chez le seigneur, ou son fermier;[40] chez quelque grand propriétaire ecclésiastique,[41] ou son fermier. A cette époque d'agriculture sans aucune machine, il se trouvait[42] des saisons en un sens privilégiées[43] où l'urgence d'un travail énorme imposait l'abondance des bras, et leur rapidité:[44] partout, la moisson, la vendange[45] bien souvent, et la fenaison[46] aussi. De fin mai à octobre, de toute la campagne et même de la ville convergeaient sur les récoltes hommes, femmes, enfants. Journées épuisantes[47] et bénéfiques,[48] où chacun, courbé[49] durant des heures, scie, coupe, lie, entasse[50] les récoltes. Longues journées coupées de brèves mais solides collations,[51] pain et fromage bien rassis,[52] plats de tripes et d'abats,[53] _buvande_ légère ou piquette,[54] vin presque jamais; en fin de tâche[55] quelquefois, un rustique souper.

Au manouvrier est ainsi apporté,[56] outre[57] la nourriture toujours bienvenue, un «salaire». Salaire, c'était la compensation, pas forcément en argent, presque jamais en argent intégralement.[58] Pour le moissonneur, souvent, un léger pourcentage des gerbes abattues,[59] pour la provision d'hiver et la future semence;[60] des reconnaissances de dettes[61] qui sont rendues;[62] tout de même aussi[63] quelques piécettes.[64] Chaque journée peut équivaloir,[65] selon l'âge, le sexe (les femmes n'ont guère droit qu'à demi-salaire) et la région (les plus éloignées des villes paient beaucoup moins), à 5 ou 10 sous quotidiens, qui permettraient d'acheter, en année normale, autant de[66] kilogrammes de pain. En admettant[67] soixante à soixante-dix journées de ces rudes travaux durant les mois d'été, elles procureraient l'équivalent de 20 à 30 livres-tournois qui suffiraient largement à régler[68] toutes les impositions.[69]

Quel qu'ait été l'intérêt[70] de ces pénibles et indispensables travaux estivaux,[71] il ne semble pas qu'ils aient généralement suffi[72] à soutenir le minimum vital d'une famille manouvrière, surtout si elle était nombreuse (cas assez rare, nous le

[27]_baskets_ [28]_turnips_ [29]_beans_ [30]_cabbages_ [31]_sustain_ [32]grosse… _which eats a huge amount_ [33]_porridge_ [34]_pancakes_ [35]il… _the laborer has to make the most of the whole range_ [36]_Day laborer_ [37]_spent_ [38]chez… _working for somebody else_ [39]de l'aube… _from dawn to dusk_ [40]_farmer_ [41]propriétaire… _landowner from the clergy_ [42]il… _there were_ [43]en… _when farmwork had a kind of precedence_ [44]imposait… _required a large amount of manual labor working rapidly_ [45]_grape harvest_ [46]_haymaking_ [47]_exhausting_ [48]_rewarding_ [49]_stooped_ [50]scie… _scythes, cuts, binds, collects_ [51]_repas_ [52]_stale_ [53]_giblets_ [54]buvande… _thin or vinegary drink_ [55]travail [56]_donné_ [57]_aside from_ [58]_entirely_ [59]gerbes… _harvested grain_ [60]pour… _to provide food for the winter and seed for the next spring_ [61]reconnaissances… _IOUs_ [62]_paid back_ [63]tout… _and in addition_ [64]_small coins_ [65]_be the equivalent_ [66]autant… _the same number_ [67]En… _Assuming_ [68]_payer_ [69]_impôts_ [70]Quel… _Whatever the financial benefits were_ [71]_of the summer_ [72]il… _they do not seem to have been sufficient_

savons) et plus encore si elle comptait des infirmes, des malades et des faibles, cas plus fréquent. D'autres ressources s'avéraient[73] souvent nécessaires.

III. _____

Les ruraux qui un peu partout cultivaient du chanvre,[74] du lin, et élevaient quelques moutons, avaient depuis fort longtemps pris l'habitude de travailler la laine. La plus grande partie de la famille, même des enfants de sept ou huit ans, s'employait volontiers à filer, dévider, voire à tisser.[75] Ce travail à domicile du soir et de l'hiver du paysan-tisserand[76] apportait[77] au ménage[78] des manouvriers courageux et bien portants le médiocre supplément indispensable pour boucler[79] leur budget.

En d'autres régions, le travail du bois et même du métal jouait le même rôle, et bien malheureuse était la province du royaume où les petits paysans ne pouvaient exercer un second métier, voire un troisième ou un quatrième. En effet, on rencontre un peu partout des manouvriers qui se transforment, le cas échéant,[80] ici en tailleurs de haies[81] et là en cureurs de fossés, voire de rivière,[82] tâche d'ailleurs indispensable et pénible.

IV. _____

Alors, heureux? malheureux? ces manouvriers du Grand Siècle? Outre que[83] le bonheur est, comme disait quelqu'un, un état d'âme,[84] on a presque honte[85] de se croire obligé de poser la question. Riches, sûrement jamais. Hommes et femmes courageux, presque toujours ingénieux, faisant feu des quatre fers[86] pour «attraper le bout[87] de l'an», mais l'attrapant combien de fois?

Etait-il possible de sortir de la condition du manouvrier? Au XVIIe siècle, et même au XVIIIe, il ne semble pas. Une promotion par l'instruction? Impensable dans un groupe généralement analphabète.[88] Alors, monter dans l'échelle[89] sociale par l'intermédiaire du second métier, tissage ou travail du bois ou du métal? Impossible, petits et grands marchands détenant seuls[90] l'argent, les débouchés,[91] et bien souvent l'outillage[92] et la matière première.[93]

N'empêche que[94] toutes ces petites gens, dans leur relatif dénuement,[95] constituaient (ils l'ignoraient!) l'un des piliers[96] de cette fortune française si jalousée[97] dans le reste de l'Europe. Chacun pouvait payer, en moyenne,[98] quelque 10 livres d'impôts, soit, à eux tous,[99] une vingtaine de millions, qui représentent entre le quart et le cinquième du budget de Colbert[100] dans les années 1661–1670. Ajoutons[101] qu'en droits[102] seigneuriaux et en dîme[103] ecclésiastique, ils versaient certainement moins, une petite moitié peut-être.[104] Ainsi, par leur travail à la fois agricole et industriel comme par leur ingéniosité et

---

[73]étaient [74]hemp [75]à filer… spinning, winding into balls, and even weaving [76]peasant weaver [77]donnait [78]household [79]pour… to meet [80]le… if needed [81]tailleurs… hedge-trimmers [82]cureurs… ditch-cleaners, even stream-cleaners [83]Outre… Apart from the fact that [84]d'… of mind [85]a… is almost ashamed [86]faisant… making the most of their resources [87]attraper… to make it until the end [88]illiterate [89]ladder [90]détenant… given that… alone controlled [91]outlets [92]tools [93]raw [94]N'empêche… Nevertheless, [95]pauvreté [96]pillars [97]envied [98]average [99]soit… which comes, for all of them together, to [100]chef de Finances de Louis XIV [101]Add to this [102]dues [103]tithes [104]versaient… paid out half as much again

leur courage, ces gens infiniment modestes soutenaient sérieusement la puissance de la plus riche monarchie d'Europe, commes les revenus fonciers fondamentaux[105] des classes les plus opulentes de France, la noblesse et le clergé, à qui ils permettaient de briller,[106] de servir, ou de ne rien faire.[107]

SOURCE: adapté de *Les paysans français au XVIIe siècle* de Pierre Goubert

---

[105]comme… *and provided the basic income*   [106]*to shine*   [107]de ne… *to do nothing at all*

AVEZ-VOUS COMPRIS?

A. Le paysan au travail au XVIIe siècle. Choisissez l'expression ou les expressions qui complète(nt) le mieux chaque phrase. Ensuite, discutez vos réponses avec un(e) partenaire.

1. Au XVIIe siècle, le paysan utilise surtout *son corps* / *ses animaux* pour travailler.
2. Le paysan *possède* / *loue* une maison où vivre.
3. Le paysan typique a six poules et *deux chevaux* / *deux moutons*.
4. *La moisson* / *L'été* commence au mois de mai et finit au mois d'octobre.
5. *Tout le monde (hommes, femmes, enfants)* / *Les hommes seuls* font la moisson.
6. Le salaire du paysan au XVIIe siècle consiste en *argent* / *nourriture* / *mules*.
7. La femme qui fait la moisson au XVIIe siècle gagne *autant* / *moins* que l'homme.
8. Pour survivre au XVIIe siècle, le paysan est obligé d'avoir un deuxième ou un troisième *travail* / *enfant*.
9. Grâce aux paysans, la monarchie française est *la plus riche* / *la plus petite* d'Europe.

B. Analyse. Répondez brièvement.

1. Pourquoi le paysan travaille-t-il sans bête de labour au XVIIe siècle?
2. Où habite le paysan typique? Que possède-t-il? Que mange-t-il?
3. Pour qui le paysan travaille-t-il en été? Quel travail fait-il? Combien d'heures travaille-t-il par jour?
4. Décrivez une journée typique pendant la moisson. Comment est-elle? Que fait-on?
5. Combien de travaux le paysan au XVIIe siècle a-t-il en même temps? Pourquoi?
6. Au XVIIe siècle, que peut faire le paysan pour améliorer son destin? Pourquoi?
7. Quel rôle financier important le paysan joue-t-il dans la société française à cette époque? Quel pays européen a le budget le plus impressionnant?
8. Quelles classes en France sont plus riches que les paysans? Ces deux autres classes travaillent-elles autant que les paysans?

A. Devises (*Mottoes*). A travers les époques historiques, certaines devises ont résumé en très peu de mots les préoccupations de la culture française: «Travail-Famille-Patrie», «Liberté, Egalité, Fraternité», et plus récemment, «Métro, Boulot, Dodo». Quelles idées se répètent dans ces trois devises et pourquoi, selon vous? Quelle est l'idée la plus récente? la plus importante? Expliquez. Trouvez-vous que ces devises décrivent bien les intérêts de la vie moderne? Commentez. Quelles devises existent dans votre culture? Avec un(e) partenaire, trouvez la devise ou écrivez une devise qui décrit bien les phénomènes les plus importants de votre culture aujourd'hui. Ensuite, chaque groupe d'étudiants va présenter cette devise au reste de la classe qui va choisir la meilleure parmi toutes les possibilités données.

B. Le travail. Le travail que représentait-il pour le paysan au XVIIe siècle? Une priorité? une nécessité? un bien? un mal? une inquiétude? Expliquez. Selon vous, qu'est-ce que le travail représente aujourd'hui? Quelque chose de positif? de négatif? Commentez. Est-ce qu'il y a des gens dans votre pays qui travaillent autant que les paysans au XVIIe siècle? Qui? Pourquoi travaillent-ils tant? Par ambition? nécessité? goût de l'argent? puritanisme? autre chose? Commentez. Vous et vos amis, travaillez-vous trop? Pourquoi (pas)? Selon vous, qu'est-ce qui est plus important, la réussite professionnelle ou d'apprécier la vie? Expliquez.

A DISCUTER

En savoir plus: La classe paysanne
A la fin du XVIIe siècle, 75% de la population active travaillait dans l'agriculture et 25% travaillait dans les activités de service (scribes, barbiers, commerçants, etc.). Aujourd'hui, 3% de la population active est paysanne. 70% des emplois concernent les services.

A la cour de Versailles: La journée du roi

Mise en route

Scanning for specific information. Scanning is another helpful technique for approaching an unfamiliar text. This approach is particularly useful when you know you are searching for specific information. Readers often scan newspaper articles for essential facts, for example, or encyclopedia entries for dates. As you will see, the text you are about to read describes moments in a typical day in the life of Louis XIV, **le Roi-Soleil.** The following activity will help you scan for those moments during your first reading of *La journée du roi*.

Journée royale. Nous avons indiqué ci-dessous le début de «La journée du roi». Dans le texte, mettez un cercle autour des autres moments importants liés aux activités quotidiennes royales et faites-en une liste. (Ces renseignements se trouvent très souvent au commencement ou à la fin des paragraphes.) Ensuite comparez vos choix avec ceux d'un(e) partenaire. Combien en avez-vous trouvés?

7 h du matin _____   _____   _____   _____   _____

Mots et expressions

assister à to attend
le coucher going to bed
le courtisan courtier
égal(e) equal
faire partie de to be part of
la journée day(time)

le lever rising, getting up
la matinée morning
privé(e) private
puissant(e) powerful
la soirée evening
veiller to watch, be on the lookout

APPLICATIONS

A. Antonymes. Trouvez le contraire des expressions suivantes.

1. faible
2. inégal(e)
3. public/publique
4. la matinée
5. ne pas être présent(e) à

B. L'intrus. Trouvez une expression dans chaque groupe de mots qui ne va pas avec les autres. Justifiez votre choix.

MODELE: le lever du roi / le coucher du roi / le travail / le cinéma →
Le cinéma ne se réfère pas à la journée typique du roi.

1. la chambre / se déshabiller / se mettre au lit / le cou
2. le matin / sortir du lit / se réveiller / danser
3. vieil(le) / veiller / veilleur / la nuit
4. le courtisan / courir / le roi / la cour
5. matrimonial(e) / matinal(e) / le matin / la matinée
6. faire partie de / appartenir à / être parmi (*among*) / partir

A la cour de Versailles: La journée du roi

Louis XIV règne de 1643 à 1715. Le pays vit dans une grande misère, les seuls privilégiés étant les nobles admis à sa splendide cour de Versailles. Ils sont obligés d'être à la cour tous les jours parce que Louis XIV remarque tout le monde, même les absents, qui tombent immédiatement en disgrâce. En maintenant la noblesse dans cette servitude, Louis XIV peut plus facilement contrôler les puissants de son royaume.

En 1682, Louis XIV règne depuis quarante ans. Il a remporté[1] sur ses adversaires les plus belles victoires.

La France est le pays le plus puissant d'Europe. Dans le monde civilisé, tous les yeux sont tournés vers ce palais qui occupe dans l'esprit du roi une place prépondérante et constitue son souci essentiel.[2]

Grouper autour de lui les plus puissants représentants de la noblesse française a été le dessein[3] de Louis XIV. Le roi veille personnellement à déterminer la position de chacun, à créer les rites qui entourent sa personne.[4] Jusqu'à la fin du règne, il s'intéresse à ces questions.

LE LEVER

A sept heures du matin, le premier valet de chambre se lève. Un quart d'heure plus tard, habillé, paré,[5] le premier valet introduit silencieusement les serviteurs chargés d'allumer le feu, les feutiers. Puis un autre ouvre les volets[6] de la chambre, un troisième fait disparaître le lit de veille[7] sur lequel le premier valet a couché.

Louis XIV, le Roi-Soleil

Il est alors sept heures et demie. Le premier valet s'approche du lit royal et, sans toucher aux rideaux[8] qui l'entourent,[9] murmure: «Sire, voilà l'heure.» Puis il va ouvrir la porte au premier médecin et au premier chirurgien. Le premier médecin examine son patient, prescrit quelque remède. Le premier chirurgien l'assiste.

A huit heures un quart, le premier gentilhomme de la chambre du roi ouvre les rideaux du lit, car c'est à lui seul que revient ce devoir. L'intimité du roi a pris fin. Il va désormais[10] vivre en public, devant les témoins accoutumés[11] de ses actes. Comme sous l'effet d'une baguette magique,[12] le palais de Versailles s'éveille,[13] et déjà les courtisans, par ordre hiérarchisé, emplissent[14] les antichambres.

---

[1]a... *has won*   [2]souci... *main concern*   [3]*plan*   [4]rites... *rituals of which he is the center*   [5]*coiffed*   [6]*shutters*
[7]fait... *folds up and removes the cot*   [8]*curtains*   [9]l'... *surround him*   [10]*from then on*   [11]témoins... *usual witnesses*   [12]baguette... *magic wand*   [13]s'... *comes alive*   [14]*fill*

*Versailles: les
appartements
du Roi*

Dans la chambre du roi on introduit le barbier. Le roi choisit sa perruque.[15] Jusqu'ici, à l'exception de la famille royale, seuls les officiers de la chambre ont été introduits près de Louis. C'est maintenant le tour[16] des «gens de qualité»[17] qui vont assister au grand lever.

Le roi demande alors son déjeuner. Il est neuf heures et quelques minutes. Le déjeuner, que nous appellerions le «petit déjeuner», est peu substantiel. Il se compose habituellement de deux tasses de tisane[18] ou de bouillon.

Après quoi, Louis XIV termine sa toilette. Il n'est rasé, par le barbier, que tous les deux jours.[19] Puis on va l'habiller. Tout se déroule[20] lentement. L'habillement se poursuit[21] sans que le roi quitte son fauteuil. Mais il a l'habitude et «faisait presque tout lui-même avec adresse et grâce». Le roi est prêt. Il fait ses prières,[22] les secondes de la journée.

Le cortège se reforme pour se rendre à la chapelle. Louis entend la messe[23] dès dix heures, puis revient dans son cabinet pour y tenir conseil[24] ou audience jusqu'au moment du dîner.

[15]*wig*   [16]*turn*   [17]gens... *favored aristocrats*   [18]*herbal tea*   [19]tous... *every other day*   [20]se... *unfolds*   [21]se... *proceeds*   [22]*prayers*   [23]*Mass*   [24]tenir... *to hold counsel*

LE TRAVAIL DU ROI

Depuis trois heures qu'il est réveillé, Louis ne s'est consacré qu'[25] au cérémonial du lever et aux prières. Dieu servi, il va maintenant se livrer[26] à son métier de roi dans son cabinet.

Les matinées sont consacrées aux réunions des conseils. Le plus important de tous, le conseil d'Etat, se tient[27] habituellement le dimanche et se poursuit souvent le lundi quand les affaires n'ont pas été toutes examinées. Nouveau conseil d'Etat le mercredi. Le mardi et le samedi se tient le conseil des Finances. Certains jours, il n'y a ni conseil ni audiences. Le roi, le vendredi, reçoit son confesseur.

Le travail n'absorbe pas tout le temps. Sans quitter son cabinet, le roi se distrait[28] et se délasse.[29] Il lui arrive de convoquer ses musiciens, ses écrivains et ceux-ci sont toujours à la disposition du maître.

L'audience terminée, Louis se lève. Il est une heure. Il se dirige de nouveau vers sa chambre. C'est alors qu'il convient[30] de se pousser habilement[31] pour être remarqué du roi. Maintes[32] anecdotes montrent l'importance de cet instant aux yeux de tous les gentilshommes qui, depuis le matin, attendent ce moment.

Le roi est revenu en sa chambre. Le dîner commence.

---

[25]ne... *has devoted himself only* [26]se... *to give some time* [27]se... *is held* [28]se... *s'amuse* [29]se... *se repose* [30]*is fitting* [31]se... *to maneuver oneself skillfully* [32]*Many*

Versailles: la bibliothèque

LE DÎNER

Aucun convive n'a[33] le droit de partager le dîner du roi. Cette règle s'est maintenue[34] pendant tout le règne. Les membres de la famille royale, les princes du sang peuvent bien y assister. Ils n'y participent pas.

Le dîner est d'ailleurs servi avec une lenteur, une pompe rituelle qui exaspérerait tout autre que[35] le roi. Chaque service donne lieu à[36] une véritable mise en scène.[37] Ainsi, il faut trois personnes et sept à huit minutes pour servir au roi un verre de vin coupé d'eau! On ne s'étonnera pas de constater qu'il ait fallu utiliser quatre cent quatre-vingt-dix-huit personnes pour la seule bouche du roi!

L'APRÈS-MIDI

Dès que le roi a revêtu son habit, il quitte son cabinet et part pour la chasse[38] ou pour la promenade. Le retour s'effectue à des heures variables, rarement après cinq heures de l'après-midi.

LA FIN DE LA JOURNÉE

Toute la fin de la journée, le roi reste en représentation.[39] En rentrant de la chasse, il commence par changer d'habit (pour la troisième fois depuis le lever). Une ou deux fois par semaine, il assiste au salut[40] dans la chapelle. La cérémonie a lieu à cinq heures en hiver, à six heures en été.

[33]Aucun… *No guest has*   [34]s'est… *was observed*   [35]tout… *anybody but*   [36]donne… *becomes*
[37]mise… *production*   [38]*hunting*   [39]reste… continue à se montrer   [40]bénédiction

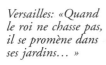

Versailles: «Quand le roi ne chasse pas, il se promène dans ses jardins… »

Après le salut, voici le moment attendu avec le plus d'impatience par toute la figuration[41] qui se bouscule[42] depuis le matin dans les antichambres et les salons: celui de «l'appartement».

Il y a «appartement» trois jours par semaine. Les plaisirs de l'appartement sont de différentes natures: jeu, billard, danse, concert, parfois représentation.[43] Des buffets sont dressés[44] et permettent de se gaver[45] de pâtisseries ou de glaces pendant la soirée. Le bal qui termine l'appartement s'achève à dix heures par une contredanse. Après quoi a lieu le souper en «grand couvert».

LE COUCHER

Après le souper, le roi donne le bonsoir à la masse des courtisans qui se retirent. Lui-même revient dans sa chambre à coucher, accompagné seulement de ceux qui ont participé le matin aux grandes et aux secondes entrées. On assiste en effet au même cérémonial, mais dans le sens inverse.

Demain le soleil se lèvera sur une journée toute semblable[46] à celle-ci. Les figurants reprendront leur place. On comprend que le roi lui-même ait été las[47] de cette perpétuelle représentation![48] Heureusement, il y a les distractions qui permettent de desserrer[49] un peu cette étiquette étouffante,[50] et les événements imprévus.[51]

SOURCE: adapté de *La Vie quotidienne au temps de Louis XIV*

---

[41]*crowd* [42]*se… have been jostling one another* [43]*performance of a play* [44]*préparés* [45]*se… manger trop*
[46]*comparable* [47]*fatigué* [48]*public display* [49]*to relax* [50]*suffocante* [51]*unexpected*

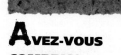

AVEZ-VOUS COMPRIS?

A. Matinée typique. Refaites cette liste des différentes étapes du lever de Louis XIV en la mettant dans l'ordre chronologique.

Le roi est allé dans son cabinet pour des conseils ou des audiences.
Le barbier a rasé le roi.
Le premier médecin a examiné son patient.
Le valet de chambre s'est levé.
Le roi a entendu la messe.
Certains courtisans sont entrés dans les antichambres.
On a habillé le roi.
Le premier gentilhomme du roi a ouvert les rideaux du lit.
Le roi a pris son déjeuner.
Le valet de chambre a dit «Sire, voilà l'heure.»

B. Vrai ou faux? Lisez les phrases suivantes et corrigez celles qui sont fausses. Ensuite, comparez vos réponses avec celles d'un(e) partenaire.

1. Les nobles dominent la cour de Versailles.
2. Louis XIV exige l'observation la plus rigoureuse de l'étiquette.
3. Louis XIV est complètement absorbé par les plaisirs de la cour.
4. Pendant le règne de Louis XIV, une des obligations importantes des courtisans est d'assister aux rites royaux.

5. Louis XIV est très religieux.
6. Pendant la journée, Louis XIV passe beaucoup de temps seul.
7. Le devoir de Louis XIV en tant que roi consiste à tenir conseil ou audience.
8. Pendant la journée, tous les courtisans peuvent approcher le roi à n'importe quel moment.
9. A Versailles, le moment de la journée royale attendu avec le plus d'impatience par les courtisans est celui de la chasse.
10. Le roi partage son dîner avec sa famille.

La vie des courtisans sous Louis XIV est-elle plaisante? ennuyeuse? difficile? Expliquez.

A DISCUTER

En savoir plus: Le «Roi-Soleil»

Louis XIV a choisi le soleil pour emblème. Le soleil, c'est Apollon, dieu de la paix et des arts. Le soleil, c'est aussi l'étoile qui donne vie à toutes choses; c'est la régularité, il se lève et se couche chaque jour, il met en ordre ce qui est en désordre. Sa chambre est placée au centre du palais pour rappeler que le roi est au centre de l'univers.

A. Plus de mal que de bien? Le XVIIe siècle en France s'appelle «le Grand Siècle» et «l'Age d'or». Le règne de Louis XIV, «le Roi-Soleil», a été certainement l'une des périodes les plus glorieuses de l'histoire de France. Sous le patronage du roi, les lettres et les arts ont fleuri et l'influence politique française est devenue plus forte que jamais en Europe. Cependant, les victoires militaires de Louis XIV ont coûté très cher et elles ont fini par détruire l'économie française. Soixante-quatorze ans après sa mort, la révolution française a éclaté. Avec un(e) partenaire, pensez à un personnage mort ou vivant qui a accompli des choses importantes mais qui a aussi causé des problèmes dans son pays (un président ou premier ministre? un personnage royal? un conseiller du gouvernement? etc.). Décrivez ses meilleures et ses pires décisions. Respectez-vous ce personnage? Pourquoi (pas)?

B. Une vie en vue. Depuis le matin jusqu'au soir, Louis XIV a passé la plupart de sa journée en public. Tous les sujets du roi avaient le droit d'aller à Versailles pour le regarder aller à la messe ou prendre son dîner. Beaucoup de nobles sont allés vivre au château-même pour faire partie des activités royales quotidiennes, y compris le lever et le coucher du roi, ainsi que les bals, les danses et les concerts. Tous les Français considéraient le roi comme une personne de leur connaissance. Que pensez-vous de cette vie vécue en public? Est-ce normal? Expliquez. Quels sont les avantages et les inconvénients d'être membre d'une famille royale? Qui mène une vie très en vue dans votre pays? Quels aspects de sa vie est-ce que tout le monde connaît? Pourquoi? Si un jour quelqu'un vous demande d'abandonner votre vie privée pour vivre en public (par exemple, dans une famille royale) allez-vous le faire? Pourquoi (pas)?

Echos

A. Qu'en pensez-vous? Traitez par écrit ou par oral de l'un des sujets suivants.

1. **La classe ouvrière** (*working*). Y a-t-il un équivalent de la classe paysanne dans

votre pays aujourd'hui? Qui sont ces gens? En quoi ressemblent-ils aux paysans du XVIIe siècle? En quoi sont-ils différents? Où habitent-ils? Que possèdent-ils? Que font-ils comme travail? Ont-ils des dettes? Sont-ils heureux? Peuvent-ils changer de classe sociale facilement? Expliquez vos réponses.

2. **Votre pays.** Quels événements importants dans votre pays ne faut-il pas oublier et pourquoi? Des guerres? des victoires? des assassinats? des crises économiques ou politiques? Quelles personnes ont eu la plus grande influence sur l'histoire de votre pays? Des chefs d'état? des militaires? des industriels? des philosophes? Expliquez. Quelle est la contribution la plus importante de votre pays au reste du monde? Une invention spécifique? un attachement aux idéaux de la république et aux opinions démocratiques? une croyance au progrès continuel de l'humanité? un système d'éducation accessible à tous? autre chose? Justifiez votre réponse.

B. Etes-vous d'accord? Lisez les phrases suivantes avec un(e) partenaire. Dites si vous êtes d'accord et justifiez vos réponses.

1. Aujourd'hui les gens modestes soutiennent les excès des membres du gouvernement.
2. La vie d'un membre d'une famille royale est toujours plus intéressante que celle d'un membre de la classe moyenne.
3. Une reine peut tout aussi bien régner sur un pays qu'un roi.
4. Tout le monde fait de graves erreurs, même les gens les plus puissants.
5. En général, les femmes qui ont joué un rôle important dans l'histoire sont moins appréciées que les hommes.
6. Aujourd'hui, les hommes les plus connus du monde sont des hommes politiques; les femmes les plus connues sont des actrices ou des mannequins.

Le français au bout des doigts

Internet et l'histoire?

Une façon de bien comprendre certains aspects de l'histoire est d'étudier les hommes et les femmes qui l'ont influencée. De Charlemagne à Marie Curie, en passant par Napoléon et Jeanne d'Arc, l'histoire de la France est en partie l'histoire des vies de ces gens remarquables.

Les liens et les activités se trouvent à **www.mhhe.com/collage**.

4 L'INDIVIDU ET LA SOCIETE

Partage de vêtements, de jouets et de médicaments collectionnés dans les écoles françaises pour venir en aide aux enfants de Croatie

> **I**l est plus nécessaire d'étudier
> les hommes que les livres.
>
> La Rochefoucauld

Dans une ère où les institutions—l'Eglise, l'armée, le mariage, l'Etat—ont de moins en moins d'influence dans la vie des individus, les Français semblent être en quête de leur identité. A la recherche des valeurs dans un monde imprécis et flou, ils se posent la question «qu'est-ce qui constitue le bien-être dans la vie?» Des mots comme *éthique* et *vertu* s'entendent de plus en plus souvent dans les conversations.

Les extraits présentés dans ce chapitre vont vous mettre face aux tendances actuelles de la société française, à son système de valeurs, à ses buts et aux détails de la vie quotidienne qui illustrent ces nouvelles tendances.

Les valeurs actuelles

Mise en route

Activating background knowledge. You are about to read an analysis of social trends in France at the beginning of the twenty-first century. When you are first introduced to the topic of a text, it can be helpful to recall what you already know about the topic, or about related subjects. This procedure will enable you to remember relevant vocabulary as well as to read with a purpose (confirming or modifying your expectations). The following activity will help you recall what you might already know about contemporary social trends in the industrialized West.

Associations. Quelles expressions associez-vous avec la situation actuelle des pays d'Europe et d'Amérique du Nord?

crise économique
diversité des points de vue
justice
confort matériel
stabilité
réussite
superficialité
individualisme
égalité
fossé (*gap*) entre riches et pauvres

niveau de vie élevé pour la plupart
   des citoyens
progrès technologique
respect de la vie
chômage et faim
instabilité
rythme de vie frénétique
profondeur
solidarité avec les autres

Repensez vos opinions après avoir lu le passage.

Mots et expressions

actuel(le) current, present
améliorer to improve
croissant(e) increasing, growing
la décennie decade
l'individu (*m.*) individual

le niveau level
perdre to lose
le pouvoir power
résoudre to solve, resolve
la valeur value

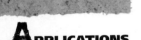

APPLICATIONS

A. Antonymes. Trouvez le contraire des expressions suivantes.

1. gagner
2. détériorer
3. diminuant, décroissant
4. ancien, passé
5. l'impossibilité, l'impuissance

B. Associations. Trouvez un terme tiré de **Mots et expressions** en rapport avec les idées suivantes.

1. débutant, intermédiaire, avancé
2. la liberté, la beauté, la fidélité
3. les années 60, les années 70
4. une personne, un homme, une femme
5. un problème mathématique, des difficultés

Les valeurs actuelles

Une grande mutation sociale a commencé au milieu des années 60.

Comme la plupart des sociétés développées, la société française est à la recherche d'une nouvelle identité. Elle a engagé[1] depuis trente ans un effort de contestation,[2] puis d'adaptation à un monde en mutation.

Ce qu'on a pris pour la fin de l'Histoire n'est en fait que la fin de la «modernité.»

On peut considérer que l'ère moderne est née à la fin du XVIIIe siècle, avec la Révolution industrielle. Elle reposait[3] sur un postulat[4] (rarement formulé[5] mais largement accepté) selon lequel[6] la croissance économique et le développement technologique

[1]a... *has been involved in* [2]effort... *attempt to question* [3]*was based* [4]hypothèse [5]*expressed* [6]selon... *according to which*

engendrent[7] le bien-être, tant individuel que[8] collectif. La société industrielle était caractérisée par la recherche du confort et l'accumulation des objets de la modernité. Elle était centrée sur l'argent, devenu seul étalon[9] de mesure de la valeur des choses et des gens.

Les dernières années ont fait voler en éclats[10] ce rêve matérialiste. Beaucoup de Français sont aujourd'hui conscients des inégalités engendrées par l'abondance économique entre les pays mais aussi à l'intérieur de chacun d'eux. L'écologie a montré que le progrès scientifique et ses applications techniques sont à l'origine des menaces qui pèsent[11] sur la survie de la planète.

Les Français sont aujourd'hui plus réservés à l'égard de[12] la science et de la technologie.

Les citoyens ont compris que la science n'est pas bonne ou mauvaise en elle-même, mais que son influence dépend avant tout de l'utilisation qui en est faite par les hommes. 50% des Français estiment que la science apporte à l'homme plus de bien que de mal, 6% sont de l'avis contraire et 43% pensent qu'elle apporte autant de bien que de mal.

Chacun est certes reconnaissant[13] à la science d'avoir[14] combattu l'obscurantisme,[15] l'ignorance et, plus récemment, amélioré les conditions de vie et de travail, vaincu[16] certaines maladies. Mais tous sont aussi de plus en plus conscients des risques qu'elle fait peser sur[17] les hommes et des menaces qu'elle représente pour leur avenir.

La crise économique a entraîné[18] celle[19] des valeurs.

L'ampleur[20] et la rapidité des transformations qui se sont produites dans la société depuis une trentaine d'années expliquent l'interrogation actuelle sur les valeurs. La famille n'est plus vécue[21] de la même façon. La patrie[22] n'a plus le même sens, dans un contexte de construction

---

[7]*create*   [8]tant... *both individual and*   [9]*standard*   [10]ont... *have smashed into pieces*   [11]*weigh*   [12]à... *en ce qui concerne*   [13]*grateful*
[14]d'... *for having*   [15]*the preference for falsehood over truth*   [16]*conquered*   [17]qu'elle... *that science has brought to threaten*   [18]*causé*
[19]*la crise*   [20]*extent*   [21]*experienced*   [22]*nation, homeland*

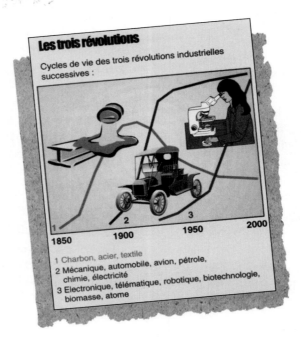

Les trois révolutions

Cycles de vie des trois révolutions industrielles successives :

1850   1900   1950   2000

1 Charbon, acier, textile
2 Mécanique, automobile, avion, pétrole, chimie, électricité
3 Electronique, télématique, robotique, biotechnologie, biomasse, atome

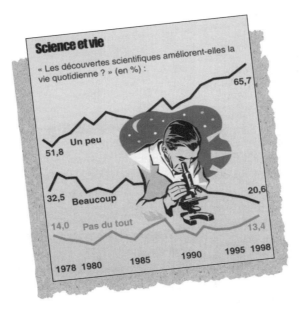

Science et vie

« Les découvertes scientifiques améliorent-elles la vie quotidienne ? » (en %) :

Un peu
51,8 — 65,7

Beaucoup
32,5 — 20,6

Pas du tout
14,0 — 13,4

1978 1980 1985 1990 1995 1998

européenne et de mondialisation. Le travail est devenu un bien rare, en même temps qu'il a perdu de son importance sociale et individuelle.

La revendication[23] majeure des années 70 était celle de la liberté individuelle. Les années 80 ont été marquées par une demande matérialiste; l'argent a pris une importance croissante pour devenir l'étalon de la réussite et la condition du bonheur. La décennie 90 est davantage marquée par une demande d'identité et de sens.

Dans un monde plus complexe et plus incertain, les individus cherchent des points de repère[24] pour mieux vivre. Ils ne sont plus aujourd'hui fournis[25] par l'école, l'Eglise ou les institutions. Le succès des livres de philosophie (ceux[26] qui proposent des principes de vie) atteste de ce besoin non satisfait.

Les valeurs matérielles reculent au profit de[27] valeurs humanistes.

Les Français constatent[28] avec regret la régression ou la disparition[29] de certaines valeurs comme la politesse, l'honnêteté, la justice, le respect du bien commun,[30] l'esprit de famille, le sens du devoir ou l'égalité. Ils denoncent à l'inverse[31] l'importance considérable prise par la réussite matérielle, qu'ils placent en première position des valeurs gagnantes des années 80 et au dernier rang de celles[32] qu'il faut sauvegarder.[33] D'une manière générale, les valeurs d'essence matérialiste ou économique (réussite matérielle, compétitivité, esprit d'entreprise) sont considérées avec plus de suspicion.

La vogue de l'humanitaire est la conséquence de la perception d'un accroissement des inégalités; 76% des Français estiment que dans une société moderne, les inégalités sociales sont inacceptables, 22% qu'elles sont un mal nécessaire (L'Expansion/Sofres, mars 1997). Elle traduit[34] aussi la volonté[35] des individus de lutter contre[36] les injustices.

Les valeurs féminines imprègnent la société.

Les femmes devraient jouer un rôle croissant au cours des prochaines décennies. Elles obtiennent de meilleurs résultats que les hommes au

[23]demande   [24]reference   [25]provided   [26]those   [27]reculent... are losing ground to   [28]observent   [29]disappearance   [30]bien... common good
[31]à... conversely   [32]au... in last place among those   [33]to save   [34]reveals   [35]intention   [36]lutter... combattre

La société se transforme.
Publicis Cachemire

baccalauréat et elles sont plus nombreuses qu'eux à accéder à l'enseignement supérieur. Leur formation les amènera[37] donc naturellement à accroître[38] leur influence sur la vie économique. Les Français estiment d'ailleurs dans leur majorité que c'est par elles que se feront les changements nécessaires à l'évolution de la société.

Cette conviction est liée[39] à l'importance sociale croissante des qualités plus spécifiquement féminines comme le sens pratique, la capacité relationnelle,[40] la souplesse,[41] le sens de la nuance, le respect de la vie, le pragmatisme, la modestie, l'honnêteté, l'intuition, la sensibilité, la douceur,[42] la persévérance, la sagesse, l'équilibre[43] ou la générosité. A l'inverse,[44] les qualités typiquement masculines comme la force, la volonté d'imposer, la rationalité pure sont jugées moins nécessaires aujourd'hui.

Il apparaît que ces qualités féminines sont de plus en plus utiles pour inventer un nouveau modèle de civilisation. Car elles peuvent conduire[45] à une société plus juste, plus sereine et plus humaine. ◼

SOURCE: GERARD MERMET
adapté de *Francoscopie 1999*

[37]*will lead* [38]*increase* [39]*linked* [40]*capacité… natural ability to nurture relationships* [41]*flexibility* [42]*gentleness* [43]*balance*
[44]*A… Conversely* [45]*lead*

Les Français cherchent à réconcilier les contraires. Alternative

A. Vrai ou faux? Décidez si ces remarques sont vraies ou fausses. Puis trouvez dans le texte les phrases qui justifient votre choix.

1. La société française n'a pas beaucoup changé depuis les années 60.
2. Le matérialisme et la recherche du confort individuel sont deux caractéristiques principales de la fin du XXe siècle.
3. Aujourd'hui les Français considèrent la science avec suspicion.
4. Les années 70 sont la décennie de l'individu; les années 80 sont la décennie de l'argent.
5. Les Français comptent de plus en plus sur les vieilles institutions (l'état, l'Eglise, l'école, etc.) pour donner un sens à la vie.
6. Certaines valeurs comme la famille nucléaire ont perdu de l'importance en France pendant les 30 dernières années.
7. Les qualités typiquement masculines comme la volonté d'imposer sont de plus en plus demandées par la société moderne.

B. Analyse. Répondez brièvement aux questions suivantes selon l'article.

1. Quand est-ce que la modernité est née? Dans l'époque moderne, qu'est-ce qui crée le bien-être individuel et collectif? Quelle est la seule mesure de la valeur des choses et des gens dans la société industrielle?
2. Qu'est-ce que l'abondance économique et le progrès scientifique ont montré aux Français?
3. Quelle est l'attitude des Français envers la science? Est-ce un bien ou un mal? Expliquez.
4. Aujourd'hui est-ce que la famille, la patrie et le travail ont la même importance qu'autrefois? Qu'est-ce qui est différent?
5. Dans un monde compliqué et ambigu, qu'est-ce que beaucoup de Français recherchent aujourd'hui? Quel besoin important ne semble pas être satisfait dans la société actuelle?
6. Quelles valeurs en particulier ont disparu ou ont regressé chez les Français récemment? Quelles valeurs ont gagné en importance pendant les années 80? Quelle est la réaction des Français face à l'importance des valeurs essentiellement matérialistes ou économiques?
7. Nommez quelques valeurs dites féminines ou masculines. Lesquelles sont les plus nécessaires dans la société française d'aujourd'hui? Pourquoi?

A. Sondage. Vous venez de lire une description de la société française à la fin du deuxième millénaire. Comment est-ce que les valeurs ont changé ces dix dernières années dans votre pays? Répondez aux questions ci-dessous, puis posez-les à trois camarades de classe. Prenez des notes sur une feuille séparée. Ensuite mettez-vous par quatre et comparez vos résultats.

l'ambition	l'humanitarisme	la religion
la discipline	l'identité nationale	la responsabilité
le divertissement	la justice	le sacrifice
l'égalité	le matérialisme	le sens pratique
l'esprit de compétition	la modestie	la souplesse
la famille	le partage	le travail
la générosité	la politesse	?
l'honnêteté	le progrès	

1. Nommez trois valeurs qui ont perdu de l'importance ces dix dernières années.
2. Donnez un exemple qui illustre une de vos réponses à la première question.
3. Nommez trois valeurs qui ont gagné en importance ces dix dernières années.
4. Donnez un exemple qui illustre une de vos réponses à la troisième question.

Etes-vous optimiste ou pessimiste en ce qui concerne l'avenir de votre génération? Pourquoi?

B. **Interview.** Les personnes célèbres (vedettes de cinéma, chefs d'entreprise, politiciens, etc.) ont une influence sur les valeurs d'une société. Avec un(e) partenaire, décidez quelle est la personne la plus influente de votre époque. Jouez les rôles de ce personnage et du journaliste qui l'interviewe sur sa vie, ses exploits, ses buts, etc. Le reste de la classe va essayer de deviner de qui il s'agit.

> **En savoir plus:**
> **Les 15–25 ans**
> **français**
> Selon les garçons, les trois qualités essentielles des filles sont: l'intelligence, le sens pratique, la bonté de cœur. Ce qu'ils détestent chez une fille: le commérage (*gossiping*), la vulgarité. Selon les filles, les trois qualités essentielles des garçons sont: l'âme de protecteur, le sens de l'honneur, l'intelligence. Ce qu'elles détestent chez un garçon: ses réactions quand il est fâché, le côté têtu (*stubborn*).

Pauvres: Le bonheur est dans le prêt

Mise en route

Discriminating between facts and opinions. Many readers tend to equate printed texts and truth, assuming that anything published and sold as nonfiction presents an objective reality. Critical readers, however, expect to find facts and opinions side by side, to distinguish one from the other, and to evaluate the opinions they find. Facts are based on research or experience. Reliable opinions are based on facts. Facts present evidence (who? what? where? etc.), whereas opinions express beliefs or attitudes that are debatable.

Analyse. Lisez les phrases qui suivent. Pour chaque phrase, décidez si la phrase représente un fait ou une opinion. Toutes les phrases sont tirées de la deuxième lecture du chapitre.

1. Le Bangladesh a reçu 30 milliards de dollars d'aide étrangère depuis son indépendance.
2. Le crédit n'est pas un droit de l'homme.
3. Nous pouvons éliminer la pauvreté.
4. 150 000 Bangladais sont morts au moment du cyclone de 1992.
5. La charité peut avoir des effets désastreux.
6. La Banque Grameen a aidé les pauvres dans 58 pays, y compris la Chine, l'Afrique du Sud, la France, le Canada et les Etats-Unis.

Mots et expressions

le/la banquier/ière banker
le/la client(e) customer
se conduire to behave
le droit right
éliminer to eliminate
emprunter to borrow
le microcrédit making small loans to an individual or very small business

s'occuper de to take care of
prêter to lend
la règle rule
rembourser to reimburse
réussir (à) to succeed (at)
utile useful
    inutile useless

APPLICATIONS   **A. Synonymes.** Trouvez l'équivalent des expressions suivantes.

1. personne qui travaille dans une banque
2. obtenir pour un usage temporaire
3. prendre soin de quelqu'un
4. personne qui reçoit des services; personne qui achète
5. petites sommes d'argent prêtées
6. donner une chose pour un certain temps

B. Familles de mots. Trouvez les deux expressions dans chaque groupe qui sont dans la même famille de mots.

1. la conduite
   le condiment
   se conduire

2. éliminer
   illuminer
   élimination

3. le règne
   la règle
   réglé(e)

4. à rebours
   rembourser
   remboursable

5. la droiture
   il doit
   le droit

6. réussir
   la réussite
   roussir

Pauvres: Le bonheur est dans le prêt

Par Anne Grignon

Muhammad Yunus
Le banquier des pauvres

Le directeur de la Grameen,[1] c'est lui. Muhammad Yunus. Fils d'un bijoutier[2] de Dacca, capitale du Bangladesh, ayant grandi parmi[3] ses treize frères et sœurs. Invariablement vêtu du costume traditionnel de son pays, et peu motivé par la lecture des pages financières des gazettes. On l'appelle le «banquier des pauvres.»

Nous sommes en 1974. Le Bangladesh est dévasté par une famine qui jette sur les route des milliers de familles. C'est l'année où, justement, Muhammad Yunus rentre des Etats-Unis couvert de diplômes universitaires, prestigieux mais parfaitement inutiles pour soulager[4] un pays où 40% de la population souffre de malnutrition… En traversant[5] Jobra, un village proche de l'université où il enseigne, Yunus s'émeut du[6] sort[7] d'une quarantaine de tresseurs de bambou, qui, chaque jour, travaillent douze heures pour gagner 10 centimes. Pendant une semaine, il va prêter trois dollars à chacun d'entre eux. C'est un test. Rapidement, ces petites sommes (10 à 20 francs par personne) lui seront remboursées, et les villageois empocheront[8] pour eux les bénéfices de leur travail. Jamais Yunus ne parviendra[9] à convaincre[10] une banque classique de le suivre sur le chemin du capitalisme philanthropique. En 1979, il crée la Grameen Bank, avec quelques-uns de ses étudiants. On se souvient que les militants d'un islam radical regardaient d'un mauvais œil Yunus s'intéresser en priorité aux besoins de femmes… Ses déclarations

[1] «banque rurale» [2] *jeweler* [3] ayant… *who grew up with* [4] *to bring relief to* [5] En… *While going through*
[6] s'émeut… *is moved by* [7] *lot (in life)* [8] *pocket* [9] réussira [10] persuader

Muhammad Yunus

dérangent.[11] *«Certains me traitent de socialiste parce que je m'intéresse aux pauvres. D'autres m'accusent d'ultralibéralisme parce que j'utilise le crédit comme arme contre la pauvreté. Je suis simplement pragmatique. Mon credo, c'est de ne jamais baisser les bras,[12] surtout lorsque la charité peut avoir des effets aussi désastreux que les maux[13] qu'elle prétend[14] combattre.»* Ou encore, lors d'un passage en France: *«Votre système d'aide sociale consiste à mettre les pauvres dans une bouteille et à bien fermer le bouchon[15] pour qu'ils ne s'échappent[16] pas.»*

A. C.

M. Yunus a écrit «Vers un monde sans pauvreté» (1997, Lattès).

Une minute de *prime time* pour vanter[17] les mérites d'une banque qui ne prête qu'aux pauvres, et pourquoi pas? L'imprévisible[18] succès de la Grameen, première banque pour les sans-argent créée au Bangladesh en 1979 par Muhammad Yunus, et son spectaculaire développement à travers le monde est porteuse d'espoir.[19] Dans son sillage,[20] 7 000 organismes spécialistes du microfinancement sont apparus[21] un peu partout sur la planète. *«On n'est pas du tout dans l'utopie, c'est quelque chose qui marche très fort,[22]* commente Michel Rocard qui, à la tête de la commission du Développement au Parlement européen, a suivi ces questions pendant deux ans et demi. *On est en train de rendre possible une attaque mieux ciblée[23] de la grande pauvreté.»* D'ici à 2005, Muhammad Yunus voudrait porter à 100 millions le nombre d'humains bénéficiant[24] du microcrédit.

Aujourd'hui, avec 900 bureaux, la Grameen Bank recense quelque 2,2 millions de[25] clients au Bangladesh et touche 20 millions de personnes dans une soixantaine d'autres pays: essentiellement des femmes, puisque ce sont elles qui, de l'Asie à l'Afrique, sont les plus touchées par la grande pauvreté. Le prêt moyen[26] tourne autour de[27] 300 francs. La Grameen n'exige d'autre garantie de l'emprunteur que sa parole,[28] et la solidarité du groupe qui l'entoure.[29] Les pauvres sont fiables,[30] plus que les nantis:[31] le taux de remboursement avoisine les[32] 98%.

Sewa Bank en Inde, Women Finance Trust au Kenya, Fundasiol en Uruguay, Promujer en Amérique latine, Banques populaires au Rwanda, Bancosol au Pérou: la microfinance devient monnaie courante[33] dans le monde entier. Là, ce sont des habitants d'un village de l'Inde, fabricants de[34] chaises en paille, qui cherchaient 27 dollars pour monter leur petite affaire.[35] Ici, c'est un paysan soudanais en quête d'une parcelle de terre bien à lui, qui souhaitait echapper à l'usure.[36] *«On dit souvent que plutôt que de donner un poisson à un pauvre il faut lui apprendre à pêcher,[37]* commente Jacques Attali, *Moi je dis qu'en plus, il faut lui donner les moyens d'acheter sa canne à pêche.»* Jadis épinglé[38] pour ses

[11]*are disturbing* [12]baisser... *to give up* [13]*evils* [14]*claims to* [15]*stopper* [16]*escape* [17]parler très favorablement de [18]*unforeseeable* [19]est... *brings hope* [20]Dans... *Following in his footsteps* [21]sont... *have appeared* [22]marche... *is going very well* [23]*targeted* [24]qui profite [25]recense... *has some 2.2 million people registered as* [26]*average* [27]tourne... *is around* [28]n'exige... *requires no guarantee from the borrower beyond a promise to repay* [29]*surrounds* [30]*reliable* [31]*riches* [32]avoisine... *is close to* [33]monnaie... *common practice (lit. common currency)* [34]fabricants... *makers of* [35]*business* [36]souhaitait... *wanted to escape loans at excessive rates of interest* [37]*fish* [38]*criticized*

folles dépenses à la tête de la Berd
(Banque européenne pour la
Reconstruction et le Développement),
Jacques Attali travaille aujourd'hui à
une «*économie de la fraternité*.» Il dirige
PlaNet Finances, qui coordonne le
microcrédit sur Internet.

Le modèle Grameen s'est même
transporté en Europe et aux Etats-Unis,
comme une réponse tristement
ironique aux ratés[39] du capitalisme. Il y
a la Community Bank en Amérique du
Nord, qui travaille dans les ghettos

noirs de Chicago. Ou encore la Triodos
Bank aux Pays-Bas. Et c'est ainsi
qu'une idée cultivée au fin fond de
l'Asie des moussons[40] a fait école[41]
dans la riche Norvège, et permis aux
femmes pêcheurs des îles Lofoten
confrontées à la crise[42] d'emprunter
pour se tirer d'affaire,[43] quand aucun
banquier classique ne pouvait rien pour
elles… A l'Unesco, Sayeeda Rahman,
une jeune femme originaire du
Bangladesh, suit la Grameen Bank à
travers le monde pour évaluer les

[39]*failures*   [40]*au… from the heart of the tropical regions of Asia*   [41]*a… has gained widespread acceptance*
[42]*recession lasting several years in the 1990s*   [43]*se… to pull through*

besoins sociaux des emprunteurs. Pour mener à bien[44] le projet rendu possible par le microfinancement, certaines femmes ont en effet un besoin urgent de savoir lire et compter. Mais aucun programme type:[45] l'Unesco improvise au cas par cas les mesures d'accompagnement d'un projet. Dans l'ex-Yougoslavie par exemple, un groupe de Bosniaques a eu recours[46] à l'emprunt pour créer une petite entreprise de tricot.[47] Toutes veulent participer à la Semaine de la Mode en Angleterre, pour trouver des clients. Le rôle de Sayeeda Rahman, cette fois-ci, est de donner rapidement à ces femmes quelques notions d'anglais bien sûr, mais aussi de les conseiller[48] sur la couleur de la laine[49] à utiliser. C'est tout bête, mais personne n'achète vert quand la tendance est au gris.[50] Du microconseil peut-être, mais qui prendra toute son importance, à Londres, quand il s'agira[51] de vendre pulls[52] et bonnets.

A. C.

SOURCE: extrait du *Nouvel Observateur*

[44]mener... *to conclude successfully*   [45]aucun... *no one-size-fits-all program*   [46]a... *resorted*   [47]*knitting*   [48]*to advise*   [49]*wool*   [50]au... *(to buy) grey*   [51]il... *it's a matter*   [52]*sweaters*

AVEZ-VOUS COMPRIS?

A. Muhammad Yunus. Qu'est-ce qui s'est passé et quand dans la vie de Muhammad Yunus, le banquier des pauvres?

DATES

vers 1940
1974–1979
1974
1979

1. Il a créé la Grameen Bank.
2. Le Bangladesh a été dévasté par une famine.
3. Il est né dans une famille de commerçants.
4. Il est rentré des Etats-Unis avec des diplômes universitaires et il a enseigné à l'université dans son pays; il a prêté 3 dollars à 42 tresseurs de bambou chacun pour tester sa théorie sur l'élimination de la pauvreté.

B. A vous de choisir. Choisissez la réponse (ou les réponses) qui complète(nt) le mieux les phrases suivantes.

1. La Grameen («banque rurale») est la première banque qui a été créée pour prêter de l'argent d'abord aux _____, non pas aux riches, et sans demander de garantie.
   a. santons
   b. sans-argent
   c. sans-cœur

2. La Grameen a actuellement _____ clients dans 60 pays différents.

   a. 900
   b. 2,2 millions de
   c. 20 millions de

3. Les clients moyens _____.

   a. empruntent à peu près (*about*) 300 francs
   b. sont des femmes
   c. vivent en Afrique et en Asie

4. Les clients qui empruntent de l'argent à la Grameen _____.

   a. ne remboursent rien
   b. veulent rembourser mais ils ne peuvent pas le faire
   c. remboursent presque tous leurs emprunts

5. Quelques banques citées dans l'article qui pratiquent le microcrédit se trouvent _____.

   a. en Inde
   b. en Norvège
   c. aux Etats-Unis

6. Muhammad Yunus trouve que le système d'aide social français _____.

   a. va éliminer la pauvreté en France un jour
   b. marche assez bien pour le moment
   c. ne permet pas aux pauvres de sortir de leur condition financière

A. Discussion spontanée. Mettez-vous à deux ou à trois. Le premier joueur de chaque groupe prend un dé et le jette. Pendant une minute, le premier joueur parle du sujet qui correspond au nombre indiqué sur la face du dé. (Votre professeur vous dira quand commencer et quand terminer la discussion.) Après une minute, un autre membre du groupe fait la même chose. Quand chaque membre du groupe a parlé, chaque groupe choisit sa meilleure présentation, et un des membres fait cette présentation devant toute la classe.

A DISCUTER

1. les enfants pauvres
2. le crédit
3. les riches
4. la charité
5. le gouvernement et les pauvres
6. le bonheur

En savoir plus:
Le micro-crédit
40% des
Bangladais sont
sous-alimentés et
90% ne savent pas
lire ou écrire.
Cependant, la
banque Grameen
avec son système
d'auto-assistance a
aidé 12 000 000 de
Bangladais, 10%
de la population, à
sortir de la
pauvreté dans les
20 dernières
années.

B. Débat. Mettez-vous à quatre. Choisissez l'une des citations ci-dessous. La moitié de chaque groupe prépare les arguments affirmatifs; l'autre moitié prépare les arguments négatifs. Puis chaque groupe présente ses opinions devant toute la classe.

1. Le gouvernement doit s'occuper des pauvres.
2. L'espoir de Muhammad Yunus n'est qu'un rêve. On ne va jamais arriver à éliminer la pauvreté de notre planète.
3. Dans mon pays on a toujours prêté attention au problème de la pauvreté.
4. Si, par exemple, un(e) Bangladais(e) a besoin de l'équivalent de deux dollars pour acheter un bateau pour travailler, il est plus raisonnable de lui donner cette somme d'argent que de la lui prêter.
5. Les plus pauvres doivent prendre leur destin en main.
6. La charité peut avoir des effets désastreux.

Echos

A. Qu'en pensez-vous? Traitez de l'un des sujets suivants par oral ou par écrit.

1. **L'ère de l'imprécision.** Beaucoup de choses sont incertaines aujourd'hui en ce qui concerne les rôles des gens, les règles de conduite, les valeurs, etc. Quels aspects de la vie étaient plus clairs pour vos parents et grands-parents? Les rapports familiaux et amicaux? le choix d'une carrière? d'un style de vie? Expliquez. A quel domaine est-ce que vos parents donnaient la priorité? La réussite financière? familiale? personnelle? autre chose? Pourquoi? Vos valeurs ressemblent-elles à celles de vos parents? Pourquoi? Selon vous, qu'est-ce qui détermine avant tout votre conduite dans la société aujourd'hui? Pourquoi?

2. **L'individu et la société.** Décrivez un(e) habitant(e) typique de votre pays ou région: son physique, son caractère, son milieu familial, son éducation, etc. Quels traits admirez-vous chez cette personne? Quelles valeurs sociales ces traits représentent-ils (la sincérité? la responsabilité? l'égalité?) Expliquez. Quels sont les gros défauts de cette personne (un certain matérialisme? le désir de faire mieux que les autres? autre chose?) Justifiez. Est-ce que la qualité de sa vie s'est améliorée dans les cinq dernières années? Comment?

B. Etes-vous d'accord? Dites si vous êtes d'accord avec les phrases suivantes et justifiez vos réponses.

1. Tout le monde peut réussir dans la vie.
2. Tout le monde veut réussir dans la vie.
3. Les valeurs de ma génération sont la tolérance, la recherche de la qualité de la vie et la liberté individuelle.
4. Les valeurs de ma génération sont la recherche du plaisir immédiat et la conviction que la vie doit être une fête.
5. L'argent ne fait pas le bonheur.
6. Le progrès (technologique, scientifique, etc.) est toujours une bonne chose.

Le français au bout des doigts

La société au secours de l'individu

Dans le monde moderne, l'individu doit prendre la responsabilité pour beaucoup d'aspects de sa vie personnelle. Malgré cette solitude apparente, la société fournit bon nombre de ressources pour ceux qui ont des problèmes d'une nature personnelle. Comme la banque Grameen, qui aide les pauvres cas par cas à améliorer leur condition de vie, il existe beaucoup d'organismes qui ont pour but d'aider l'individu à faire face à ses problèmes.

Les liens et les activités se trouvent à **www.mhhe.com/collage**.

CHAPITRE 5

A TABLE

On va au café retrouver ses amis.

La cuisine française est un art, lié à celui de la conversation qui accompagne le repas. Pour qu'un art soit vivant, il faut savoir innover, s'adapter aux conditions de la vie moderne. Mais il faut aussi des traditions qui protègent l'essentiel.

L'art de la cuisine française dépend avant tout de la qualité des ingrédients, et les chefs français les choisissent très soigneusement. Par exemple, ils savent en quel saison acheter certains fromages, ou la sorte de pomme de terre appropriée à chaque recette. Ils préfèrent les aliments produits avec le minimum d'intervention chimique, comme les pesticides et insecticides.

Les OGM (organismes génétiquement modifiés) posent des problèmes car ils remettent en question cet équilibre entre modernité et tradition. De plus on ne connaît pas exactement l'impact des OGM sur l'environnement et la santé. Ce chapitre vous donne les éléments pour commencer à vous faire une opinion. Etant donné leur tradition culinaire, les Français doivent-ils se méfier des OGM?

Une autre tradition française menacée par le rythme de la vie moderne: la rencontre et la conversation au café. L'art de la conversation est aussi indispensable aux Français que celui de la cuisine. Selon les circonstances, l'attitude des Français en conversation repose sur des traditions et des règles implicites. Vous allez voir que ces règles sont à la fois très précises et difficiles à comprendre de l'extérieur. Une Française anthropologue vous explique ici comment se comporter et converser avec les autres dans un café en France.

OGM: Les vrais risques, les nouveaux avantages

Mise en route

Skimming for the gist. Studies show that successful readers generally do not read in a linear fashion, moving from line to line down the page and trying to understand everything. Reading in a back-and-forth motion is more effective for most people.

Before you read through a text in its entirety, look at the title and skim the introduction. Look at all photos, charts, and graphs. Then read any lines that are printed differently (in bold letters, for instance) and the photo captions. With the general information you have gleaned, you can go back and read the article from beginning to end, and the details will make more sense to you.

Idées principales. Avant de lire le texte qui suit, regardez tous les supports visuels (les titres, les sous-titres, les images, etc.); puis soulignez parmi les thèmes suivants ceux qui, selon vous, **ne vont pas** être traités dans l'article.

1. les produits alimentaires futurs
2. les traditions culinaires
3. les risques alimentaires
4. la consommation de boissons gazeuses
5. le cinéma en France
6. l'éducation des enfants
7. l'agriculture en France
8. le coût des produits alimentaires sains

Mots et expressions

alimentaire related to food
l'aubaine (*f.*) godsend, stroke of good luck
biologique organically grown
cher, chère expensive
l'espèce (*f.*) **cultivée/sauvage** species that is cultivated / that grows in the wild
l'étiquette (*f.*) label
génétique genetic

l'innocuité (*f.*) harmlessness
malsain(e) unhealthy
l'OGM (organisme génétiquement modifié) genetically altered organism
le produit product
la transgénèse transfer of genes from one species to another
transgénique genetically altered

APPLICATIONS **A. Antonymes.** Trouvez le contraire des expressions suivantes.

1. bon pour la santé
2. un organisme qui se trouve dans la nature sans altération génétique
3. bon marché
4. naturel, non modifié par l'homme
5. la malchance, la mauvaise fortune
6. le danger

B. Synonymes. Trouvez l'équivalent des expressions suivantes.

1. un objet manufacturé; une chose à consommer
2. relatif à l'alimentation
3. relatif à l'hérédité
4. le petit morceau de papier fixé à un objet pour en indiquer le contenu, le prix, etc.
5. le transfert de gène(s) d'une espèce à l'autre
6. une espèce qui pousse et se développe naturellement sans être cultivée
7. cultivée sans pesticides, sans herbicides, sans hormones, etc.

OGM: Les vrais risques, les nouveaux avantages

Doit-on avoir peur? Faut-il les interdire?

Les organismes génétiquement modifiés (OGM) provoquent un véritable débat de société. Un débat qui porte sur les avantages potentiels pour l'agriculture, la qualité des aliments, etc., mais surtout sur les risques à plus ou moins long terme pour le consommateur. Après tout, il est naturel de se demander ce qu'il peut y avoir dans nos assiettes!

Le Pour: Qu'est-ce qu'un OGM?

OGM: trois initiales qui font peur. Les OGM (organismes génétiquement modifiés) sont tout simplement des organismes auxquels on a ajouté, en laboratoire, un ou plusieurs gènes étrangers à leur espèce. Ces gènes, qui peuvent venir soit d'une autre plante, soit d'un virus, d'une bactérie, d'un animal, soit encore[1] de l'homme, permettent à l'organisme nouvellement constitué, l'OGM, de réagir plus efficacement à certaines attaques. Ainsi, grâce à ces gènes, la plante aura une résistance supérieure à certains insectes, virus ou pesticides.

Dois-je me méfier de mon assiette?

Est-il dangereux de manger des plantes ou des fruits génétique-ment modifiés? Comment être sûr de l'innocuité des produits issus de plantes génétiquement modifiées? Nous pouvons dresser[2] une liste (non exhaustive) des risques potentiels pour le consommateur d'OGM:

- risque toxicologique: en rajoutant de nouveaux gènes à des organismes naturels, on pourrait augmenter la production de toxines dans l'organisme humain.
- risque allergène: le risque d'allergies alimentaires suite à[3] la consommation d'OGM doit également être considéré. Certes, les allergies dues à certains aliments naturels existent déjà, mais quelles nouvelles allergies prévoir[4] avec des aliments génétiquement modifiés?
- risque de transfert du gène de résistance aux anti-biotiques à l'organisme humain: ce cas catastro-phique est très peu probable selon les études réalisées[5] depuis déjà 10 ans.

Cependant, il n'est pas à exclure car les études en cours ne sont pas certifiées à 100%.

Pourquoi fabriquer des OGM?

On ne fabrique pas des organismes génétiquement modifiés sans raison! Bonnes ou mauvaises raisons?... A chacun de se faire sa propre idée.

1. PROGRES DE L'AGRICULTURE MODERNE

La transformation génétique des plantes vise à:[6]

- assurer une protection de la plante contre l'herbicide;
- créer de nouvelles espèces adaptées aux conditions climatiques extrêmes dans les pays en voie de développe-ment;[7]
- permettre à la plante de résister aux insectes tout en supprimant[8] les risques liés aux insecticides.

---

[1]soit... soit... soit encore *either . . . or . . . or even* [2]faire [3]suite... après [4]*can be foreseen* [5]faites [6]vise... *aims to* [7]pays... *developing countries* [8]*suppressing*

2. L'ENVIRONNEMENT

Les avantages pour l'environnement sont les suivants:

- une diminution des traitements insecticides et herbicides;
- une économie d'eau pour l'irrigation (la résistance à la sécheresse[9] permettra une diminution significative de l'utilisation d'eau);
- le changement des pratiques agricoles par la simplification du travail du sol (économie de temps de travail de 30% environ).

3. ECONOMIE ET COMMERCE

Les biotechnologies sont en passe de devenir un facteur essentiel dans l'économie mondiale. Aux Etats-Unis, en 1998, ce secteur regroupait déjà 3 000 entreprises générant 120 000 emplois et une capitalisation boursière[10] de 83 milliards de dollars.

SOURCE: adapté de *Science Revue*

[9]*drought* [10]capitalisation… *stock market value*

Savoir exactement ce que l'on mange.

Parce qu'il est normal de pouvoir connaître l'origine et la nature de ce que l'on consomme, Carrefour travaille en permanence à maîtriser la traçabilité de ses produits.

Carrefour
Parce qu'on se construit chaque jour.

Le Contre: Agriculture transgénique

Par précaution, l'arrivée dans nos assiettes de plantes et d'animaux génétiquement modifiés doit être suspendue et faire l'objet d'un vrai débat public.

La ferme de Frankenstein

Oui, la science est porteuse d'espoir. Oui, la manipulation de ces gènes peut, en théorie, permettre aux hommes de mieux se guérir[11] et de mieux se nourrir. Mais tout ce qui est génétique n'est pas pour autant synonyme de progrès. Dans leur forme actuelle,[12] les OGM présentent en effet des risques réels pour l'environnement et la santé.

[11]se… *treat disease* [12]*current*

Plantes, animaux ou micro-organismes artificiellement manipulés, les OGM ne sont pas des organismes vivants comme les autres. Ils ont—comme la créature de Frankenstein!—été inventés et créés par l'homme et bouleversent[13] les règles fondamentales de la biologie.

Triple menace sur l'environnement, la santé et la sécurité alimentaire

Les entreprises de biotechnologie répètent que les OGM ne sont pas des organismes fondamentalement nouveaux. Pour elles, les techniques de manipulation génétique ne diffèrent guère des techniques de sélection conventionnelles. Cette conception n'est pas partagée[14] par un grand nombre de spécialistes en écologie, de biologistes des populations, de médecins et d'agronomes, qui

considèrent plutôt que les OGM peuvent engendrer de nouveaux risques. Rien n'est encore sûr mais de nouvelles études renforcent les doutes sur la prétendue[15] innocuité des OGM.

1. RISQUES SANITAIRES

Les plantes tolérantes aux herbicides sont une aubaine pour les fabricants de produits chimiques qui sont également les producteurs de ces plantes transgéniques. Mais elles ne sont certainement pas une aubaine pour le consommateur qui voit arriver dans son assiette des produits ayant été soumis à[16] des traitements intensifs. Une partie des scientifiques craignent que les OGM amplifient le phénomène de résistance aux antibiotiques que l'on observe en milieu hospitalier. Un grand nombre de plantes transgéniques cultivées aujourd'hui contiennent en effet un gène de résistance aux antibiotiques, introduit pour faciliter la manipulation génétique.

2. RISQUES ECOLOGIQUES

On ne maîtrise[17] pas tout dans la nature. Qui empêchera[18] les insectes ou le vent de transporter du pollen de plantes résistantes à un herbicide ou à un insecte vers des plantes sauvages apparentées? La résistance aux insectes favorise l'émergence de nouveaux

insectes et peut affecter les insectes utiles.

3. RISQUES SUR LA SECURITE ALIMENTAIRE

Les cultures se mondialisent.[19] Il y a quelques dizaines d'années,[20] les agriculteurs de chaque pays cultivaient leurs propres variétés. Aujourd'hui, l'heure est à l'uniformisation. L'intensification des méthodes agricoles amène les paysans à adopter les mêmes variétés «industrielles» ou à quitter la terre. Résultat: la diversité des plantes cultivées a fortement diminué, les sols se sont appauvris[21] et les paysans pauvres se sont exilés vers les villes. Le développement des OGM va accentuer cette tendance. 🌿

SOURCE: adapté du dossier pédagogique «Les OGM remis en question» de l'Edition BEDE

En savoir plus:
Les maladies hospitalières liées à la résistance aux antibiotiques tuent 10 000 personnes par an.

---

[13]*disrupt* [14]*shared* [15]*so-called* [16]ayant... *having been subjected to* [17]*master* [18]*will prevent* [19]*se... are becoming global* [20]*Il... A few decades ago* [21]se... sont devenus plus pauvres

A. Les OGM. Choisissez la réponse (les réponses) qui complète(nt) le mieux chaque phrase.

1. Les OGM contiennent au moins un gène étranger à leur espèce. Ces gènes étrangers peuvent venir _____.

   a. d'un virus
   b. d'un être humain
   c. des assiettes
   d. d'un animal

2. Introduire de nouveaux gènes dans un organisme naturel pourrait _____ la résistance aux antibiotiques.

   a. arrêter
   b. diminuer
   c. augmenter
   d. éliminer

3. Selon le texte, les allergies attribuables _____ existent déjà.

   a. aux aliments transgéniques
   b. à certains aliments naturels
   c. aux toxines
   d. à l'eau

4. La transgénèse permet aux plantes de résister _____.

   a. aux insectes
   b. à la croissance
   c. aux conditions climatiques extrêmes
   d. au progrès

5. Selon l'article, les plantes transgéniques sont bénéfiques pour l'environnement parce que l'on utilise _____.

   a. plus d'insecticides
   b. moins d'insecticides
   c. plus d'herbicides
   d. moins d'herbicides

6. Aux Etats-Unis, l'industrie de la transgénèse comprenait _____ en 1998.

   a. 3 000 entreprises
   b. 120 000 emplois
   c. une machine
   d. un groupe

Au bord d'une route en Bretagne.

B. Agriculture transgénique. Répondez brièvement aux questions suivantes.

1. Qu'est-ce que la transgénèse permet aux hommes de faire? Quelles sortes de risques présente-t-elle?
2. Qu'est-ce que les OGM ont en commun avec Frankenstein selon le texte?
3. Qui dit que la manipulation génétique est presque la même chose que la sélection naturelle? Quelle est l'attitude des biologistes, des médecins et des agronomes mentionnés dans le deuxième texte envers les OGM?
4. Pour qui est-ce que les plantes tolérantes aux herbicides sont une aubaine? Selon qui sont-elles un danger? Pourquoi?
5. Est-il possible de garantir que le pollen d'une plante cultivée résistante à un herbicide ne se transportera pas à une plante voisine sauvage? Pourquoi (pas)?
6. Quand est-ce que les agriculteurs cultivaient beaucoup de plantes locales variées? Quelles sortes de plantes sont cultivées aujourd'hui? Quelles sont les conséquences des méthodes agricoles modernes en ce qui concerne la biodiversité? les paysans pauvres? Quels dangers présentent ces plantes «industrielles»?

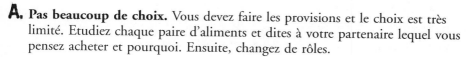

A DISCUTER

A. Pas beaucoup de choix. Vous devez faire les provisions et le choix est très limité. Etudiez chaque paire d'aliments et dites à votre partenaire lequel vous pensez acheter et pourquoi. Ensuite, changez de rôles.

1. du poulet aux hormones ou du thon pris dans des filets dérivants (*drift nets*) dangereux pour les dauphins?
2. des légumes biologiques très chers ou des légumes transgéniques pas chers?
3. des fruits biologiques chers ou des fruits pas du tout chers venant d'un pays étranger où l'on utilise beaucoup de pesticides?
4. des céréales transgéniques ou traitées avec des pesticides?
5. du lait pasteurisé ou du lait frais?

B. De la science-fiction? Couvrez les réponses en bas de la page 70 et lisez les anecdotes suivantes. Discutez-en avec un(e) partenaire. Selon vous, sont-elles vraies? ou imaginaires? Pourquoi? Puis, répondez aux questions (**Partie C**) qui suivent ces anecdotes, et comparez vos réponses avec celles des autres groupes.

1. Des chercheurs ont créé une pomme de terre génétiquement modifiée qui résiste au mildiou, le champignon qui avait ravagé les récoltes irlandaises dans les années 1840 et qui avait provoqué une terrible famine.
2. Deux scientifiques ont réussi la création de Charlie et de Georges, deux êtres humains clonés et modifiés génétiquement, en 1999.
3. On a développé des plantes qui permettent aux agriculteurs de mieux respecter l'environnement en réduisant de 40% leur utilisation de pesticides synthétiques et d'herbicides.

4. On a créé du riz doré transgénique qui va éliminer les déficiences en vitamine A et en fer (*iron*) de 4 milliards de personnes.

5. On a produit Aspartame, commercialisé sous le nom *Nutrasweet* et présent dans les boissons et chewing gum dits minceurs (*light*), à partir d' (*from*) OGM.

6. Un virus s'est échappé d'un laboratoire où l'on travaillait sur des lapins (*rabbits*). Une mouche (*fly*) infectée par le virus l'a transporté à l'extérieur. Des milliers de lapins sauvages et domestiques en sont morts.

7. Un Allemand a développé une bière modifiée génétiquement qui ne s'évente (*goes flat*) jamais.

8. On a produit des protéines de soja (*soy*) qui préviennent (*prevent*) les accidents cardiovasculaires.

9. Une équipe de chercheurs a créé un plastique produit à partir de plantes particulièrement biodégradables. Ce plastique se détruit rapidement de lui-même après utilisation.

10. En 1989, 40 décès avaient été attribués à un supplément diététique (Tryptophan) produit par une bactérie génétiquement modifiée.

C. Conclusions.

1. La première commercialisation d'une plante transgénique date de 1994. Est-il possible de connaître les conséquences à long terme des OGM? Est-ce que cela vous inquiète? Un peu? beaucoup? pas du tout? Expliquez vos réponses.

2. Avons-nous le droit de manipuler les mécanismes de la vie? Pourquoi (pas)?

3. Accepteriez-vous de manger une salade qui contient des gènes humains? Pourquoi (pas)?

4. Est-il essentiel que les produits alimentaires qui contiennent 1% de substance génétiquement modifiée l'indiquent sur l'étiquette? Justifiez votre réponse.

5. Relisez les anecdotes no. 1, 3, 4, 5, 7, 8 et 9 ci-dessus. Quelles anecdotes démontrent les risques des OGM? Lesquelles démontrent les bénéfices des OGM? Quels bénéfices vous semblent vraiment importants? Lesquels sont purement commerciaux?

Au café en France

Mise en route

Anticipating content. Educated guessing plays an important role in reading. If you try consistently to anticipate what direction a text will take, you will understand more of what is presented . . . and find reading more satisfying and pleasurable.

1. VRAI 2. FAUX 3. VRAI 4. VRAI 5. VRAI 6. VRAI 7. VRAI 8. VRAI 9. VRAI 10. VRAI

A. Premières impressions. Lisez rapidement le titre, l'introduction et les premières phrases du texte, puis complétez les phrases suivantes. Plus d'une réponse est parfois possible.

1. Le texte va traiter du café en tant que lieu _____.
   a. de rencontre
   b. où l'on va boire et manger

2. L'auteur va parler _____.
   a. des cafés parisiens à la mode
   b. de la clientèle des cafés en France
   c. des activités des clients dans les cafés

3. Le ton de ce passage va être _____.
   a. humoristique
   b. sérieux
   c. satirique

B. Avant de lire le passage en entier, écrivez une question à laquelle le passage va peut-être répondre. Comparez votre question avec celle d'un(e) partenaire.

Mots et expressions

les affaires (*f. pl.*) business
s'asseoir to sit down
autour de around, near
le comptoir counter
le courrier mail
s'installer to get settled

le lieu place
mélanger to mix together
n'importe quoi anything at all
pas grand-chose (*fam.*) not much
le / la patron(ne) boss, manager

APPLICATIONS

A. Synonymes. Trouvez l'équivalent des expressions suivantes.

1. se mettre à table; prendre une place assise
2. une table longue et étroite sur laquelle on sert les consommations
3. l'endroit
4. mettre ensemble
5. le commerce
6. ensemble des lettres, paquets, etc. que l'on reçoit ou que l'on envoie par la poste

B. Antonymes. Trouvez le contraire des expressions suivantes.

1. beaucoup
2. loin de
3. s'en aller
4. l'employé(e)
5. une chose précise

Au café en France

Dans son livre Evidences invisibles, *l'ethnologue Raymonde Carroll discute plusieurs différences sociales entre les Français et les Américains. Dans l'extrait suivant, elle décrit le café français, lieu de rencontre de divers groupes sociaux.*

Je peux y aller retrouver des amis, auquel cas[1] nous nous asseyons à une table, ou le premier arrivé s'installe à la table que nous allons occuper. Nous parlons entre nous. Je peux aussi y aller seul et prendre une table si je veux qu'«on me laisse la paix,»[2] et je peux même y lire, écrire un roman ou faire mon courrier, sans parler à personne d'autre que le garçon (et encore, seulement pour commander une boisson). Si, cependant,[3] je ne fais rien d'autre que boire ma consommation et regarder autour de moi (ou quelqu'un en particulier) avec insistance, je donne l'impression aux autres que je suis là pour «draguer»[4] (source continuelle de problèmes pour les Américaines non averties[5]). Si j'ai envie de conversation, c'est au comptoir que je vais m'installer, et c'est seulement avec le patron ou la patronne derrière le comptoir que je peux bavarder. Je peux aussi entamer[6] une conversation avec quelqu'un d'autre au comptoir, mais seulement par l'intermédiaire du[7] patron, et seulement si je suis déjà un habitué,[8] sinon mon approche paraîtra louche.[9] Aussi le patron doit-il savoir «discuter» avec toutes sortes de gens. Dans un petit café de La Rochelle (où j'ai fait de nombreuses interviews) se côtoient[10] tous les jours de nombreux étudiants,

[1]auquel… *in which case*   [2]qu'… *people to leave me alone*   [3]*however*   [4]*(fam.) to try to pick someone up*   [5]non… *not warned, inexperienced*   [6]commencer   [7]par… *through the*   [8]*regular*   [9]*suspect*   [10]se… *rub shoulders*

Un café à Paris

ouvriers, agents de police et employés. Le patron m'a décrit ainsi la situation:
« …Faut pas être sorti d'Saint-Cyr[11] pour être patron, pour discuter avec les
gens… de tout… même si on n'y connaît pas grand-chose, on arrive à discuter…
Le café, c'est un lieu où les gens se rencontrent… On discute… des affaires, de
sport, du travail, d'la maladie de la mémère[12] … de n'importe quoi… Ils ont
leurs petites habitudes, on les connaît, on sympathise plus ou moins avec
certains… Tout ça, ça s'mélange très bien… étudiants, flics,[13] on arrive à
s'accorder[14]… » Puis, soulignant[15] le rôle essentiel du patron dans ces échanges
inattendus[16] (étudiants-flics, par exemple), il continue: « …ça joue beaucoup
sur[17] la personne qui est derrière le bar… Les gens viennent pour l'ambiance du
bar, mais aussi pour celui qui est derrière le bar… C'est c'qui fait d'ailleurs la
clientèle… »

SOURCE: tiré d'*Evidences invisibles*

[11]sorti… *a rocket scientist (graduate of military academy)* [12]grand-mère ou femme [13](*fam.*) agents de police
[14]se mettre d'accord [15]*emphasizing* [16]*unexpected* [17]joue… dépend beaucoup de

AVEZ-VOUS COMPRIS?

A. Vrai ou faux? Si la phrase est fausse, corrigez-la.

1. En général, on ne va pas seul au café en France.
2. Pour être poli, il faut avoir une conversation avec le serveur ou la serveuse.
3. Si on a envie de discuter, on s'adresse directement aux autres clients.
4. Les clients sont généralement des étudiants ou de jeunes employés.
5. On parle de tout au café.
6. Le patron ou la patronne influence beaucoup la clientèle du café.

B. Analyse. Répondez brièvement.

1. Pourquoi va-t-on au café en France?
2. Pour quelle(s) raison(s) parle-t-on au serveur dans un café?
3. Quel problème peut se présenter au café si l'on regarde les autres clients avec intérêt?
4. Quand les clients s'installent-ils au comptoir?
5. Pour quelles raisons choisit-on d'aller dans un café spécifique?

A DISCUTER

A. Priorités. Vous allez au café ou au restaurant dans votre ville à trois occasions différentes. Avec un(e) partenaire, considérez les caractéristiques de la liste ci-dessous afin de choisir le lieu le plus approprié à la circonstance. 1. Choisissez les quatre qualités les plus importantes pour chaque événement, et écrivez-les. 2. Ensuite écrivez le nom d'un établissement dans votre ville pour chaque occasion. Comparez vos résultats avec ceux des autres groupes. Quels établissements ont le plus de succès? Pourquoi?

bien situé, une atmosphère de luxe, un grand parking, des prix intéressants, un service rapide, une cuisine légère, des serveurs attentifs, une belle vue, etc.

1. l'anniversaire de votre père ou de votre mère
2. la réunion du cercle français
3. un premier rendez-vous avec quelqu'un

B. Les cafés disparaissent. En 1910 il y avait plus de 500 000 cafés en France. Aujourd'hui il y en a seulement 70 000. On attribue ce changement à plusieurs causes: un grand nombre de gens ont quitté les centres-villes pour se réfugier dans les banlieues; la vie coûte trop cher pour se permettre cette dépense; les jeunes préfèrent aller dans un fast-food pour prendre un hamburger. Selon vous, est-ce que les cafés ont un rôle à jouer aujourd'hui? Répondez aux questions suivantes puis discutez-les avec un(e) collègue.

1. Quels établissements fréquentez-vous? Des cafés? des restaurants? des clubs de sports? autre? Pourquoi?
2. Qu'est-ce qui rend un établissement agréable? désagréable? L'ambiance? le décor? les gens qui y travaillent? le bruit? le fait que vous y êtes connu(e)? autre chose? Expliquez.
3. En général, où préférez-vous manger? à l'intérieur d'un restaurant? à l'extérieur d'un restaurant? Pourquoi?
4. Est-ce que les cafés jouent un rôle important dans votre quartier ou dans votre ville? Commentez. Qui y va? des étudiants? des gens qui travaillent? d'autres gens?
5. Où se rencontrent les gens qui ne fréquentent pas les cafés? Au gymnase? au travail? autre part?
6. Est-ce que l'on a besoin d'endroits publics *et* privés où retrouver des amis? Expliquez.

Echos

En savoir plus: En Amérique du Nord, l'étiquetage des produits transgéniques est volontaire. En Europe, l'étique-tage des OGM est obligatoire depuis 1997. En 1997–98, 98% des Canadiens et 93% des Américains étaient en faveur de l'étiquetage obligatoire. La FDA (*Food and Drug Administration*) s'est prononcée contre l'étiquetage obligatoire aux USA.

A. Qu'en pensez-vous? Traitez de l'un des sujets suivants par oral ou par écrit.

1. **Les OGM.** Depuis quelques années on débat sur les OGM. On parle des effets bénéfiques pour l'humanité (de nouveaux médicaments importants, des légumes qui ont meilleur goût, des plantes résistantes aux maladies) et dangereux (des changements non intentionnels difficiles à détecter en laboratoire, un compost toxique, des plantes mutantes qui demandent des herbicides plus agressifs). Qu'en dites-vous? Est-ce que les OGM vont influencer la santé humaine et l'environnement? Comment? Est-ce que l'on peut tout se permettre au nom du progrès? Expliquez. Quel facteur détermine ce que vous achetez au supermarché? l'origine des produits alimentaires? le prix? la qualité? Pourquoi?

2. **Dans les lieux publics.** Selon Raymonde Carroll, pour les Français la conversation en public affirme l'intérêt d'une personne pour une autre. Aussi, les inconnus ne se parlent pas. En Amérique, par contre, la conversation n'a pas toujours de but (*purpose*). On parle aux gens que l'on ne connaît pas au café ou au supermarché, par exemple, si l'attente est longue, pour s'aider à passer le temps. Comment peut-on expliquer à un(e) Français(e) pourquoi un(e) Américain(e) trouve agréable d'avoir une longue conversation avec quelqu'un qu'il/elle ne va jamais revoir? Quelle sorte de conversation préférez-vous? Dans quelles circonstances est-ce que vous appréciez le silence? Expliquez vos réponses.

....
En savoir plus:
En France, les discussions avec les amis ont diminué de 17% pendant les 20 dernières années.
....

B. **Etes-vous d'accord?** Lisez les phrases suivantes. Décidez si vous êtes d'accord et justifiez vos réponses.

1. On parle trop en ce moment de ce qui est bon ou mauvais pour la santé.
2. La science est formidable. Tout ce qui se passe est sous contrôle. On n'a rien à craindre et tout à gagner.
3. On ne doit pas jouer avec la nature.
4. Les gens qui consomment des OGM sont des cobayes (*guinea pigs*) involontaires.
5. Quand on voyage, il est bon de bavarder avec tout le monde.
6. Il est agréable dans certains contextes de parler pour ne rien dire.
7. Il est plus facile de parler une langue étrangère parfaitement sans accent que de «parler» une autre culture «sans accent».

Le français au bout des doigts

Qu'est-ce qu'on mange ce soir?

Dans un café on peut généralement prendre un sandwich, dans un grand restaurant on peut manger pendant des heures un repas à plusieurs plats, mais qu'est-ce qu'on mange à la maison? Des recettes de toutes sortes sont disponibles sur Internet—des recettes que vous pouvez regarder, analyser ou préparer.

Les liens et les activités se trouvent à **www.mhhe.com/collage**.

CHAPITRE 6

VILLES, VILLAGES ET PROVINCES

Montréal, sa place et ses jardins

Après l'urbanisation du XXème siècle, un nouveau phénomène est apparu en France au cours de la dernière décennie: la rurbanisation. Ce mot décrit la fuite des citadins des grosses villes, principalement Paris, vers la Province. Ils ne reviennent que quelques fois par mois à Paris pour rester en contact avec la capitale et la société pour laquelle ils travaillent. En revanche, la situation au Canada est totalement différente, avec une population qui déménage et change fréquemment de profession. En France tout est près et il est moins nécessaire de déménager, tandis que pour l'immense Canada, les gens sont prêts à bouger de Montréal à Vancouver pour trouver de nouvelles opportunités. Les deux textes de ce chapitre vont montrer comment les gens adaptent leur mobilité et leur carrière à la géographie de leur pays.

> L'univers est une espèce de livre dont on n'a lu que la première page quand on n'a vu que son pays.

Fuir Paris

Mise en route

Activating background knowledge. Whenever you read, you draw upon what you already know and your past experiences to make sense of the words on the page. The more you bring to a text, the more you take away from it. You will have a chance to try out this active approach with the following reading about people leaving Paris and moving to smaller communities.

Connaissances. Que savez-vous sur la France? Rappelez-vous ce que vous avez déjà appris sur ce pays et complétez le tableau suivant. Si vous n'êtes pas sûrs des réponses, essayez de deviner. Ensuite comparez vos réponses avec celles d'un(e) partenaire.

LA FRANCE

1. Où est-ce?
2. Villes principales?
3. Population?
4. Régions?
5. Climat?
6. Histoire: endroits importants?

Mots et expressions

l'avenir (*m.*) future
la banlieue suburbs
bondé(e) [**véhicule**] packed (with people)
déménager to move, change residence
le divertissement entertainment
l'embouteillage (*m.*) traffic jam

l'endroit (*m.*) place
fuir to flee
le manque (de) lack (of)
occupé(e) busy
respirer to breathe
vivre to live

APPLICATIONS

A. Familles de mots. Dans chaque groupe, trouvez les deux éléments qui appartiennent à la même famille de mots.

1. vivre
   vivant
   vibrant

2. manger
   ménage
   déménager

3. fugitif
   fuir
   fait

4. manque
   marque
   manquer

5. âge
   bouteille
   embouteillage

6. la banlieue
   lieue
   élu

B. Synonymes. Trouvez l'équivalent des expressions suivantes.

1. le lieu
2. le temps à venir
3. distraction, plaisir
4. inhaler, puis exhaler
5. qui a beaucoup à faire
6. qui contient le maximum de personnes

Fuir Paris

Cent mille habitants de moins en vingt ans! Ils sont de plus en plus nombreux à préférer les charmes des campagnes et des villages aux embouteillages parisiens. A quoi est dû ce déficit migratoire qui repeuple nos provinces? Enquête et témoignages

DOSSIER COORDONNÉ PAR JEAN-SÉBASTIEN STEHLI

Fuir Paris

Catherine Gougnaud est arrivée à Paris à 20 ans et en est repartie à 40. «C'est un beau cycle. J'en ai bien profité! lance[1] la jeune femme. J'avais fait le tour de ce que je voulais faire à Paris. J'ai décidé de changer de vie.» Depuis six mois, Catherine s'est installée dans le village de Sauve, dans le Gard, entre Nîmes et Montpellier. Faites un tour dans cette commune de 1 700 habitants. Le village est colonisé par les parigots[2] qui ont fui la capitale: un architecte, un potier,[3] l'éditrice de poètes russes, une styliste, un ancien

[1]dit [2]Parisiens [3]potter

chorégraphe, une épicerie bio.[4] «Les deux tiers sont des transplantés,» constate Catherine Gougnaud, amusée.

En cette fin de siècle, Paris ne fait plus recette.[5] Si Lucien de Rubempré[6] avait 20 ans aujourd'hui, il irait tenter[7] sa chance à Montpellier, à Marseille, voire[8] à Strasbourg ou à Lille, mais certainement plus à Paris. En 20 ans, Paris a perdu 100 000 habitants—l'équivalent de la population de Rouen.

La tendance ne risque pas de s'inverser.[9] En 1995, un sondage révélait que 57% des Franciliens[10] étaient prêts à habiter ailleurs.[11] Deux tiers[12] des 25–34 ans souhaitaient déserter la région parisienne, dont 22% «ardemment». Et, selon l'Insee, 14% passeront effectivement à l'acte.[13]

48% veulent vivre à la campagne

Pendant longtemps, note Catherine Bramat, de l'Iaurif,[14] «les jeunes montaient à Paris à la fin de leurs études parce qu'ils avaient plus de chances de trouver un premier emploi dans la capitale. Ils repartaient en général avec le premier enfant. Aujourd'hui, ils restent au pays après leur diplôme et viennent à Paris une fois par semaine si nécessaire.»

Ce n'est pas Internet qui pousse au départ. C'est plutôt la mauvaise qualité de vie. Certes, Paris finira bien par être un village, puisque 60% des Parisiens en rêvent. En attendant, «c'est un mode de vie plus paisible qui suscite[15] le désir de quitter la région,» note une vaste enquête de la Cofremca, qui a interrogé les Franciliens les yeux dans les yeux. Parmi ceux qui désirent «ardemment» s'exiler de l'Ile-de-France,[16] 8 sur 10 estiment que «la vie en province est plus calme, on y prend plus le temps de vivre.»

La complainte du Parisien

Envie de partir... C'était d'abord un fantasme,[17] voire une obsession. «Paris est une ville dont on peut difficilement profiter. Il fait sombre, il y a trop d'encombrements»[18]: c'est devenu la complainte du Parisien. Celle d'Irène Silvagni, par exemple, qui travaille chez le couturier japonais Yohji Yamamoto. «Quand la présence de mon corps n'est pas indispensable à Paris, je file.[19] Alors, je m'absente quatre mois par an.» Irène Silvagni se ressource[20] dans sa maison, entre Arles et Avignon. Elle ajoute: «Si, au bureau, on me disait maintenant qu'il est possible de quitter Paris complètement, je le ferais tout de suite, et pourtant,[21] toute ma vie, j'ai été un rat des villes.»

Ceux qui sont à peine établis[22] dans leur vie sont aussi pris du désir de fuite.[23] Faute de pouvoir[24] partir pour la province, les familles désertent le centre de la capitale au profit des[25] arrondissements périphériques[26] et de la banlieue. Comment les blâmer? Avez-vous déjà essayé de

Conques (Aveyron)

[4]épicerie... *health food store owner*   [5]Paris... *Paris is just not a big draw anymore*   [6]le jeune héros des *Illusions perdues* de Balzac   [7]*to try*   [8]*perhaps even*   [9]*to reverse itself*   [10]les gens qui habitent à Paris et les départements voisins   [11]*elsewhere*   [12]Deux... *Two thirds*   [13]passeront... *will actually do something about it*   [14]Institut d'aménagement et d'urbanisme de la région d'Ile-de-France (Paris)   [15]*awakens*   [16]l'Ile... la région parisienne   [17]*fantasy*   [18]*congestion*   [19]je... je m'en vais   [20]se... *recharges her batteries*   [21]et... *and yet,*   [22]à... *barely settled*   [23]de... *to flee*   [24]Faute... *Unable to*   [25]au... *for the*   [26]*outlying*

Pour beaucoup de Français, les embouteillages représentent le principal handicap de la vie dans une grande ville.

passer un portillon[27] de métro, défenses dignes d'un château fort,[28] avec une poussette?[29] Ce sera sans doute bientôt un sport olympique. Une fois franchi[30] cet obstacle, les choses ne s'arrangent guère.[31] Malgré les efforts et les grands travaux de la RATP[32] depuis plus de dix ans, on sature bougrement.[33] La ligne A du RER[34] transporte 1 million de personnes chaque jour (12 millions de voyageurs pour toute l'Ile-de-France). Gare aux pieds écrasés.[35]

Alors, on préfère encore prendre sa voiture. Six millions de véhicules circulent quotidiennement en Ile-de-France. En moyenne, 1,2 million

de conducteurs tournent dans les rues de Paris, qui a le privilège peu enviable d'être la capitale la plus dense d'Europe. Superficie: 105 kilomètres carrés (Londres: 1 600 km²). Au bout du compte, 100 millions d'heures perdues chaque année dans les embouteillages.

Paris ne rime pas avec sérénité

Pas étonnant[36] qu'on respire désormais à ses risques et périls. Bilan[37] de l'année dernière: 16 alertes à la pollution, selon Airparif. Lorsque l'on a fait l'analyse de tous les mots utilisés par les 10 000 personnes qui ont participé aux Etats

---

[27]*gate* [28]*défenses… defense mechanisms worthy of a fortified castle* [29]*stroller* [30]*Une… Once you've cleared* [31]*ne… hardly improve* [32]*Régie autonome des transports parisiens* [33]*on… trains are very crowded* [34]*Réseau express régional* [35]*Gare… Watch out so your feet won't get crushed* [36]*surprising* [37]*Results*

généraux de la qualité de la vie, le terme le plus souvent utilisé—et de très loin—est: voiture (devant: chien, jardin, vélo, stationnement, bruit, métro…).

Pourtant, si l'on analyse soigneusement tous les paramètres de la vie à Paris, et si on les compare à ceux des départements métropolitains,[38] le bilan est plus contrasté. Pour les «performants»,[39] soucieux d'allier dynamisme[40] et pragmatisme, la capitale figurerait en bonne place[41] dans un classement national: 16ᵉ sur 96. Honorable. Mais pour les «sereins»,[42] qui privilégient les plaisirs simples, Paris décroche le bonnet d'âne:[43] 72ᵉ place. Paris ne rime pas avec sérénité.

Avec un taux de chômage de 11,6%, la capitale se retrouve 70ᵉ (72ᵉ quand on regarde le chômage de longue durée). Mais elle est première pour le nombre d'emplois. La vie est nettement moins chère ailleurs: la capitale décroche la 94ᵉ place. Et elle est aussi bonne dernière au hit-parade de la criminalité.

Alors, fuir Paris, mais où aller? Dans quels départements vit-on le mieux? Pas seulement dans le Sud, qui est d'ailleurs saturé. Le trio de tête est

---

[38]à… *with other large cities in France* [39]*Type A, hyper personalities* [40]soucieux… *concerned with combining energy* [41]figurerait… *is high up* [42]*Type B, calm personality* [43]décroche… *gets the dunce's cap*

France: divisions administratives

occupé par l'Aveyron, la Vendée, la Haute-Garonne. Aux places d'honneur: le Gers, le Tarn, les Alpes-Maritimes ou encore l'Ardèche, la Lozère et l'Ille-et-Vilaine. Depuis quelques années, on a vu naître la «TGV[44] society», version nineties de la jet-set. Dans le jargon de la SNCF[45] on les appelle les «pendulaires».[46] Le lundi, dans le TGV de 6 h 6, au départ de Montélimar ou, mieux encore, dans le 7 h 32, tous les matins, à la gare de Vendôme-Villiers, vous les verrez, tous ces Parisiens qui travaillent à Paris mais vivent à la campagne. Il fallait deux heures et demie pour faire Paris-Vendôme il y a encore peu.[47] Il faut aujourd'hui quarante-deux minutes. «Les gens viennent même de la Sarthe, note, un peu effaré,[48] le chef de gare. Le train est bondé en permanence.»

Mais Paris pourrait bien avoir sa revanche.[49] D'ici à 2010, les géographes l'affirment, les deux tiers de la France seront à moins de trois heures de la capitale. On aura alors installé les campagnes dans la ville. Et bouclé la boucle.[50]

J.-S.S.

«Ici, on est protégé. On ne sait pas ce que c'est une grève,[51] la misère, les manifs.»[52]

Yolaine de La Bigne, 42 ans, journaliste, auteur de *Valtesse de La Bigne, ou le pouvoir de la séduction* (Perrin)

Il y a six ans, je me suis installée dans ce petit village des Côtes-d'Armor, dans une maison de famille. J'en avais ras le bol[53] du stress parisien et surtout de l'agressivité des gens. Maintenant, je vais à Paris une fois tous les quinze jours. Mon mari, qui est architecte, y va du mardi matin au jeudi soir. Nous ne regrettons pas une seconde. Je travaille encore plus, mais mieux parce que j'ai de vraies plages de tranquillité. J'ai écrit deux livres ici. C'était impensable à Paris. J'ai l'impression de vivre deux fois: ma vie de campagnarde[54] avec

[44]Train à Grande Vitesse [45]*French railroad system* [46]*commuters who, like a pendulum, swing back and forth (between home and Paris)*
[47]*il… only a short time ago* [48]*alarmed* [49]*revenge* [50]*Et… And [we will have] come full circle* [51]*strike* [52]*demonstrations* [53]*J'en… I was sick to death* [54]*country woman*

Yolaine de la Bigne

tous les fantasmes de la Parisienne, et quand je vais à Paris, je me déguise en Parisienne: je m'habille en noir, je prends six rendez-vous dans la journée, je dors quatre heures par nuit. Paris est devenue une ville totalement folle. Ici, on est protégé. On ne sait pas ce que c'est qu'une grève, la misère, les manifs. En revanche,[55] mon voisin regarde tout ce que je fais et le dit à tout le monde. J'ai trois enfants et je suis frappée[56] par le fait que mon aîné, qui a 14 ans, n'a aucune[57] envie de venir à Paris. Il a le Net et, maintenant, il préfère communiquer avec les copains qu'il s'est faits à Los Angeles.

«On ne travaille pas moins qu'à Paris»

Pr Denis Escande, 46 ans, directeur d'une unité de recherche de l'Inserm basée à Nantes

Voilà cinq ans, je me suis installé à Nantes pour y créer un nouveau laboratoire de recherche spécialisé dans le domaine cardio-vasculaire. Il compte aujourd'hui 50 personnes. Jamais je n'aurais pu mener à bien[58] ce projet à Paris, où j'ai vécu un quart de siècle. La capitale est en effet trop conservatrice. Une strate bureaucratique y freine[59] l'innovation. Au contraire, dans les grandes villes de province, les chercheurs[60] sont en prise directe[61] avec les décideurs, le maire,[62] le président du conseil régional, le directeur des hôpitaux, le président de l'université. Choisir l'ouest de la France présentait pour moi un avantage particulier: la recherche médicale y est peu présente.[63] Tout est à faire. Avec cet esprit pionnier[64] il est plus facile de

[55]En... *On the other hand* [56]*struck* [57]*no* [58]Jamais... *I could never have been as successful with* [59]Une... *There is a layer of bureaucracy there that puts the brakes on* [60]*researchers* [61]en... *directly involved* [62]*mayor* [63]peu... *doesn't have a very strong foothold* [64]*pioneer*

Pr Denis Escande

convaincre pour démarrer[65] une activité ex nihilo.[66] Contrairement à une idée reçue,[67] on ne travaille pas moins en province qu'à Paris. La pression[68] est la même. Mais il y a une énorme différence: on ne perd pas de temps dans les transports. Pour moi, les embouteillages représentent le principal handicap de la vie parisienne.

SOURCE: adapté de *L'Express*

[65]commencer [66]*ex... from the ground up* [67]*accepted* [68]*pressure*

AVEZ-VOUS COMPRIS?

A. En résumé. Relisez le texte et trouvez les expressions qui complètent les affirmations suivantes.

1. Catherine Gougnaud a quitté Paris pour s'installer dans le village de Sauve, dans le sud de la France. Les deux tiers des 1 700 habitants de ce village sont des _____ qui ont fui Paris, eux aussi.
2. Dans les 20 dernières années, Paris a perdu _____ habitants.
3. Selon un sondage récent, les deux tiers des _____ voulaient quitter la région parisienne et _____ % le feront.
4. Dans le temps, les jeunes allaient à Paris à la fin de leurs études pour _____. Aujourd'hui, ils _____ après leur diplôme.
5. Les jeunes familles françaises qui ne peuvent pas partir pour la province ont tendance à fuir Paris pour vivre _____.
6. Les Parisiens préfèrent se déplacer en voiture parce que le métro _____.
7. D'après un sondage sur la qualité de la vie, l'expression la plus utilisée en France est _____, devant _____.
8. Il y a quelques années la «TGV society» est née. Ce sont des Parisiens qui _____.
9. En dix ans ou moins, les deux tiers de la France _____ de la capitale.

B. D'après qui? Identifiez l'auteur des idées suivantes: Yolaine de La Bigne, Denis Escande, ou tous les deux? Justifiez vos réponses en soulignant les phrases correspondantes du texte.

1. Les gens qui vivent en province travaillent autant que les Parisiens.
2. J'ai quitté Paris parce que je trouvais la vie trop stressante et les gens trop agressifs.
3. Je travaille mieux en province qu'à Paris.
4. Grâce à la nouvelle technologie, on peut rester en contact avec des amis éloignés sans vivre à Paris.
5. Paris n'est pas une ville ouverte aux nouveaux projets de recherche médicale.

A DISCUTER

A. Villes contre provinces. Etudiez les mots ci-dessous et décidez si elles décrivent mieux la vie dans une grande ville, dans une petite ville de province ou dans les deux. Faites un diagramme comme celui que vous voyez ici, mais en grand; puis mettez chaque expression dans le cercle approprié et enfin comparez vos idées avec celles d'un(e) camarade de classe. Ensuite, faites une liste ensemble des avantages et des inconvénients de la grande ville et de la petite ville. Laquelle préférez-vous? Pourquoi?

En savoir plus:
Parmi les citadins (*city dwellers*) français, 43% se plaignent du bruit, 36% du vandalisme, 18% de la pollution, 17% des vols (*theft*) de voitures, 4% des cambriolages (*burglaries*). En province, seulement 23% se plaignent du bruit, 16% du vandalisme, 14% de la pollution, 7% des vols de voitures, 2% des cambriolages.

ADJECTIFS	CE QU'ON Y TROUVE	CE QUI EST FACILE
charmant	un centre culturel	c'est facile à vivre
frustrant	des embouteillages	c'est facile à s'amuser
ouvert à tous	des endroits agréables	c'est facile à se faire des amis
pittoresque	des fleuves ou des lacs	c'est facile à travailler
sain	des gens aimables	?
stimulant	des parcs	
sûr (*safe*)	des perspectives d'avenir	
?	(*opportunities*)	
	?	

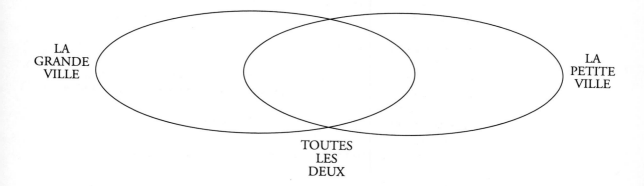

LA GRANDE VILLE

LA PETITE VILLE

TOUTES LES DEUX

B. Les villes et vous. Quelles villes connaissez-vous? Lesquelles vous seront importantes à l'avenir? Faites une ligne du temps de votre vie et complétez-la en indiquant où vous avez vécu et pendant combien de temps. Puis nommez au moins trois endroits où vous aimeriez vivre ou voyager dans les années qui viennent. Ensuite, parlez-en avec un(e) camarade de classe.

VERBES ET ADJECTIFS POUR PARLER DES VILLES

déménager	animé(e)	élégant(e)
naître	bruyant(e)	ensoleillé(e)
rester	chaleureux (-euse)	fascinant(e)
vivre	connu(e) pour...	gris(e)
visiter	détendu(e) (*relaxed*)	triste
voyager		

Journal de voyage au Canada

Mise en route

Informal writing. In informal writing, the style is often telegraphic: sentences are incomplete, and readers must infer the relationships among ideas because transition words are omitted. The topic may change from one paragraph to the next without warning, following a logic that is more apparent to the writer than to the reader. You will find this style of writing in sources such as popular magazines, e-mail messages, and diaries. The following reading, excerpted from a personal travel journal, is a good example of the informal telegraphic style.

Thèmes. Parcourez les deux premiers paragraphes du texte qui suit et écrivez le thème de chaque paragraphe (il y a parfois plus d'une possibilité). Discutez de vos conclusions avec un(e) partenaire.

Mots et expressions

anglophone English-speaking
le ciel sky
la couchette bunk on a train
court(e) short, brief
le décalage (time) difference
le déménagement moving (*of a household*)

enregistrer to record
la foule crowd
le niveau level
la voix voice

APPLICATIONS

A. Antonymes. Trouvez le contraire des expressions suivantes.

1. peu de gens
2. long(ue)
3. une place assise pour voyager de jour
4. la terre

B. Synonymes. Trouvez l'équivalent des expressions suivantes.

1. un changement de résidence
2. qui parle anglais; une personne dont la langue maternelle est l'anglais
3. l'ensemble des sons qui sortent de la bouche d'une personne
4. le degré d'élévation; la situation sociale, intellectuelle ou morale par rapport à un point de référence

5. une séparation dans le temps ou dans l'espace
6. noter par écrit; prononcer (un discours, une chanson, etc.) devant un micro et fixer sur disque, sur cassette ou sur film

Journal de voyage au Canada

Michel Tournier, célèbre écrivain français, visite le Canada pour la première fois. Il enregistre ses impressions et ses réactions dans son journal intime.

Mardi, 5 septembre 1972

On s'en va. Boubat[1] et moi. Découvrir le Canada. Le Nouveau Monde. 9 976 000 kilomètres carrés.[2] Presque 18 fois la France. D'abord sept heures de 747. Moi qui déteste l'avion… Le train, il n'y a que ça de vrai. Les balades[3] dans les couloirs.[4] Le wagon-restaurant. La rigolade des W.-C. trépidants[5] avec la tinette[6] qui débouche[7] directement sur les traverses de la voie.[8] Et la nuit. La symphonie assourdissante[9] dans les soufflets.[10] Les fusées[11] lumineuses qui flamboient[12] aux fenêtres. C'est fini. Pas de train pour le Canada.

Comme tous les enfants d'autrefois, je n'avais pas besoin de la révolution écologique pour aimer passionnément le Canada. Plus encore que l'arbre, le lac, la neige et une faune admirable, c'était pour moi la terre d'un certain commencement, ou recommencement. Paradis terrestre, oui, mais non par ses fleurs et ses fruits, non par un climat mol[13] et délicieux. Paradis terrestre parce que **première** terre habitée par le **premier** homme. Le trappeur dans sa cabane de rondins[14] avec son fusil,[15] ses pièges[16] et sa poêle à frire,[17] subvenant seul à[18] tous ses besoins, durement, dangereusement. A quoi s'ajoutait qu'on ne naît[19] pas trappeur—les trappeurs naissent à Londres, à Paris, à Saint-Pétersbourg—mais qu'on le devient sur un coup de tête libérateur,[20] en envoyant promener la civilisation, ses flics et ses curés,[21] et en prenant le premier bateau pour… Montréal.

Vendredi, 8 septembre

OTTAWA. Nous parlons avec Jean-Luc Mercié de la société canadienne. Elle paraît dominée notamment par l'influence des immenses espaces qui l'entourent.[22] Extraordinaire mobilité des gens, jusqu'à une date récente à tout le moins. Fréquence des déménagements. Certaines familles ne restent jamais plus d'un an au même endroit. Bougeotte[23] chronique qui affecte aussi les professions. On change constamment d'entreprise et même carrément de[24] profession. L'ingénieur devient éleveur, puis professeur, puis commerçant, etc. Est-ce bien une plaie[25] de

[1]un ami de l'auteur [2]*square* [3]promenades [4]*corridors* [5]La… *The fun one has in the bathrooms that vibrate back and forth* [6]*bowl* [7]*empties* [8]traverses… *tracks* [9]*deafening* [10]*vestibules between cars* [11]*signals* [12]*flash* [13]*gentle* [14]cabane… *log cabin* [15]*gun* [16]*traps* [17]poêle… *frying pan* [18]subvenant… *alone, meeting* [19]*is born* [20]sur… *on an impulse that sets you free* [21]en… *by saying good-bye to civilization, with its cops, its priests* [22]*surround it* [23]*A need to move* [24]carrément… *one's whole* [25]*affliction*

la société canadienne? N'est-ce pas tout autant[26] un signe de force, de souplesse, de richesse? Quel beau mépris[27] de la stabilité et de la sécurité en comparaison de la société française frileusement repliée sur ses positions,[28] accrochée[29] à ses médiocres privilèges, bloquée par la peur.

On a l'impression très nette que l'ignorance du français chez les anglophones et de l'anglais chez les francophones est beaucoup moins le fait de la paresse[30] naturelle de l'être humain que d'un parti pris[31] qui n'est pas éloigné[32] de l'hostilité. Un francophone nous a dit: «Si nous apprenons l'anglais, nous sommes perdus!» Dans ces conditions, il n'y a de salut[33] pour les francophones que dans des relations aussi étroites[34] que possible avec la France. Les anglophones profitent, eux, largement, de la proximité des puissants et rayonnants USA.

Vendredi, 22 septembre

6 h 45, VANCOUVER. Nous y voilà donc dans ce Far West, dans cette capitale de l'ouest tant vantée[35] et si peu connue, car depuis trois semaines chaque fois que nous exprimons notre intention d'aller à Vancouver tout le monde s'écrie:

—Vancouver! Comme vous avez raison! Une ville merveilleuse.

—Vous y êtes allé?

—Non.

[26]N'est-ce... *Isn't it just as much*   [27]*contempt*   [28]frileusement... *overcautiously sticking to its guns*
[29]*clinging*   [30]le... *due to laziness*   [31]que... *than it is [due] to a prejudice*   [32]*far*   [33]*hope*   [34]*close*
[35]tant... *so highly praised*

Découvrez Vancouver!

Lundi, 25 septembre

VANCOUVER. Hier soir, promenade nocturne dans la ville. Or donc,[36] ce dimanche à 22 h, les laveries automatiques et les épiceries[37] étaient ouvertes. Ce matin, beau temps frais et ensoleillé. Promenade d'abord au *Capilano Canyon* avec son *suspension bridge,* une fragile passerelle[38] suspendue au-dessus d'un gouffre[39] comme un pont de lianes.[40] Site superbe mais ravalé au niveau de la promenade dominicale[41] avec les Indiens en céramique dans les fourrés[42] et baraques[43] à *ice cream* à chaque tournant. C'est le lion transformé en descente de lit.[44]

Mercredi, 27 septembre

DANS LE TRAIN. Tout compte fait, il faudrait être bien ingrat pour n'être pas comblé[45] par cette traversée des montagnes Rocheuses. Certes le train n'a ni le charme, ni la vitesse des grands express européens, mais ma couchette est au niveau de la fenêtre et, toute la nuit bercé[46] par le rythme du convoi[47] et les hululements[48] de la sirène de la locomotive diesel, je vois, je devine, je sens glisser contre mon flanc,[49] contre ma joue,[50] un grand pays endormi et sauvage, profond et mystérieux avec ses hautes silhouettes noires, ses échappées de clarté,[51] ses points rouges, verts, orange, et soudain, pour longtemps, une obscurité totale, insondable,[52] abyssale,[53] la nuit absolue.

[36]Or... *As it happened,*   [37]*grocery stores*   [38]*foot bridge*   [39]*chasm*   [40]*tropical vines*   [41]*reduced to a Sunday stroll*   [42]dans... *behind every bush*   [43]*vendors*   [44]transformé... *made into a throw rug*   [45]*overwhelmed* [46]*rocked*   [47]*train*   [48]*hooting noises*   [49]je devine... *I imagine, I feel gliding next to my side,*   [50]*cheek* [51]échappées... *glimpses of light*   [52]*fathomless*   [53]*immense*

Sur les traces d'une rivière en Colombie-Britannique

Mais dès 6 heures du matin, c'est un enchantement. Nous rampons—avec des pointes de 80 à l'heure!—dans les gorges rocheuses. Le ciel est bleu, la neige est blanche, le train est rouge, nous sommes prisonniers d'une photo en technicolor du *National Geographic Magazine*.

Dimanche, 1er octobre

17 heures. Nous décollons d'Ottawa.

20 heures. Nous transitons à grand-peine à travers l'aérogare de Montréal[54] parce qu'une foule hurlante[55] s'y entasse[56] pour accueillir en triomphe l'équipe canadienne de hockey sur glace qui vient de battre les Soviétiques d'extrême justesse,[57] mais enfin sur leur propre terrain.

L'atterrissage[58] de l'énorme 747 se fait si bien, si majestueusement à Orly que les 360 passagers éclatent[59] en applaudissements. C'est la première fois depuis que je voyage en avion que j'assiste à ce genre de manifestation. Peut-être fallait-il la foule du 747 pour qu'elle se produisît,[60] peut-être ces applaudissements saluent-ils simplement la réussite de notre découverte du Canada. ❧

SOURCE: tiré du *Journal de voyage au Canada*

---

[54]Nous... *We pass with great difficulty through the Montreal airport*   [55]*screaming*   [56]s'y... *piles up*
[57]d'extrême... *just barely*   [58]*landing*   [59]*burst out*   [60]pour... *to get such a demonstration*

AVEZ-VOUS COMPRIS?

A. Réactions. Quelle est l'attitude de Michel Tournier face aux choses suivantes? Positive? Négative? Neutre?

1. l'avion
2. les voyages en train
3. le Canada
4. les trappeurs canadiens
5. la mobilité des Canadiens
6. la traversée des montagnes Rocheuses
7. l'équipe de hockey canadienne
8. son voyage au Canada

B. Analyse. Répondez aux questions suivantes.

1. Combien de temps dure le vol Paris–Montréal? Quel est le Nouveau Monde?
2. Quand l'auteur était enfant, qu'est-ce que le Canada représentait pour lui?
3. Quelles sont les deux sortes de mobilité des gens que l'auteur découvre au Canada? Quelle est sa réaction?
4. Est-ce que le Canada est un pays complètement bilingue? Expliquez.

5. Qu'est-ce que l'auteur trouve intéressant dans la réaction des gens quand il parle de son intention de visiter Vancouver?
6. Décrivez Capilano Canyon. Quelles sont les critiques de l'auteur?
7. Apprécie-t-il la traversée des montagnes Rocheuses en train? Quelles sont ses réactions?
8. Pourquoi est-il difficile pour l'auteur de traverser l'aéroport de Montréal? Qu'est-ce que les passagers font quand ils arrivent à Paris? Pourquoi?

. . . .

A DISCUTER

A. Associations. A quoi pensez-vous quand on mentionne le mot «vacances»? Avec un(e) partenaire, notez rapidement les premières expressions qui vous viennent à l'esprit quand vous réfléchissez aux sujets suivants. Les groupes compareront ensuite leurs réponses.

1. un endroit qu'il faut absolument visiter et un endroit à voir si l'on a le temps
2. pourquoi visiter ces deux endroits
3. les compagnons de voyage idéaux pour ces voyages
4. moyens de transport pour ces voyages
5. des difficultés éventuelles au cours de ces deux voyages

Décrivez le voyage dont vous gardez le meilleur souvenir. Qu'est-ce que vous avez découvert en voyageant? Quels problèmes (matériels, personnels, etc.) se sont présentés? Selon vous, pour quelles raisons voyage-t-on?

> **L**es yeux de l'étranger voient plus clair.
> Proverbe anglais

B. Le Canada. Quand vous pensez au Canada, quels sont les premiers mots qui vous viennent à l'esprit? Formez un groupe de quatre personnes. Le chef lira l'un après l'autre les mots de la liste ci-dessous. Les trois participants répondront avec la première expression qui se présente à leur esprit. Ne regardez pas la liste suivante si vous êtes participant et répondez spontanément à chaque expression présentée. Ensuite, comparez vos réponses avec celles des autres groupes.

1. ville francophone
2. région francophone
3. ville anglophone
4. région anglophone
5. endroit à visiter
6. université canadienne
7. vedette (célébrité) canadienne
8. sport canadien
9. équipe (*team*) canadienne
10. climat canadien

Echos

En savoir plus:
Seulement 8,6% des ménages français ont changé de résidence de 1980 à 1990, et ils ne sont pas allés loin. 94,4% sont restés dans la même commune *(town)*, 97,4% dans le même département *(county)*, et 98,4% dans la même région. Le plus souvent, ils déménagent pour avoir un plus grand logement.

A. Qu'en pensez-vous? Traitez par oral ou par écrit de l'un des sujets suivants.

1. **La mobilité.** Les Nord-Américains moyens déménagent tous les cinq ans. Ce sont les gens les plus mobiles du monde. Quels sont les avantages et les inconvénients de déménager? Avez-vous souvent déménagé? Pourquoi (pas)? Où vivrez-vous dans cinq ans? Pourquoi? Pour quelles raisons accepteriez-vous de déménager?

2. **Un endroit de rêve.** Quelles sont vos villes préférées? Pourquoi? Si vous pouviez vivre dans l'endroit de votre choix, où voudriez-vous vivre? Aimeriez-vous vivre à l'étranger? Pourquoi? Imaginez votre vie à cet endroit. Qu'est-ce que vous y feriez comme travail? pour vous amuser? Quel serait l'aspect le plus agréable de cet endroit? Est-ce qu'il vous manquerait quelque chose? Commentez vos réponses.

B. Etes-vous d'accord? Discutez le pour et le contre des phrases ci-dessous avec un(e) partenaire.

1. Pour avoir une excellente qualité de vie, il faut vivre dans une grande ville.
2. Les grandes villes sont faites pour les 25–34 ans, les petits villages pour les 65–74 ans.
3. Pour vraiment voir un pays, il faut voyager en train.
4. Tout le monde devrait visiter un pays étranger.
5. Une société mobile où les gens déménagent régulièrement et changent souvent de travail est une société forte.
6. Si on n'apprend pas une langue étrangère, c'est parce qu'on est paresseux.
7. Aujourd'hui, on peut connaître une autre culture sans voyager.

On flâne dans les rues parisiennes.

Le français au bout des doigts

A la rencontre de nouveaux lieux...

Dans le monde d'aujourd'hui les distances semblent réduites, grâce aux transports qui permettent de vivre assez loin de son travail ou de visiter des pays lointains. Mais comment peut-on découvrir ce qu'il y a dans une ville, que ce soit pour y vivre ou simplement pour la visiter? Par Internet, bien sûr!

Les liens et les activités se trouvent à **www.mhhe.com/collage**.

CHAPITRE

7

LES MEDIAS ET LA TECHNOLOGIE

Paris: devant un cybercafé

epuis ces dernières années, Internet est devenu un des principaux médias en France, au même titre que la télévision et le téléphone. Internet est aussi et surtout l'engrais magique qui donne naissance à une multitude de «start-ups». Les différents articles regroupés dans ce chapitre vont vous éclairer sur Internet à la française: comment les Français utilisent Internet, dans quel but et ce qu'ils en pensent en général.

La tribu des yetties

Mise en route

Recognizing cognates. As you know, many words in French and English have similar spellings and meanings, although they are pronounced differently: for example, **risque, économie, philanthrope**. Such words are called *cognates*. If you learn to recognize the patterns of change between English and French, it becomes easy to guess the meaning of unfamiliar cognates in French.

Here are a few examples of French and English cognates.

l'organis**ateur** (*m.*) → *organizer*
la qual**ité** → *quality*
étern**el** → *eternal*
install**é** → *installed*
électron**ique** → *electronic*

le direct**eur** → *director*
la beau**té** → *beauty*
ritu**el** → *ritual*
illim**ité** → *unlimited*
technolog**ique** → *technological*

Equivalents. Trouvez le mot anglais qui correspond à l'expression française. Pas de dictionnaire, s'il vous plaît!

1. le fondateur
2. doublé
3. traditionnel
4. la responsabilité

5. économique
6. réel
7. la société
8. pragmatique

Mots et expressions

la Bourse stock market
débrouillard(e) (*fam.*) resourceful
l'entrepreneur/euse businessman/ woman
faire fortune to make one's fortune
gratuitement free of charge
l'informatique (*f.*) computer science

l'internaute (*m., f.*) Internet surfer
le logiciel software
malin, maligne clever, shrewd
l'outil (*m.*) tool
le point com dot-com
le portail portal

A. L'intrus. Trouvez l'expression qui ne va pas avec les autres et dites pourquoi.

1. l'internaute
   la plage
   surfer le Net
   clique

2. Bill Gates
   faire fortune
   le logiciel
   la radio

3. le site Web
   point com
   la porte
   le portail

4. l'informatique
   la science
   l'ordinateur
   l'aspirateur

5. vendre
   acheter
   la brosse
   la Bourse

B. Familles de mots. Trouvez l'expression qui appartient à la même famille que les mots suivants.

1. l'entreprise
2. l'outillage
3. se débrouiller

4. la malignité
5. gratuit

La tribu[1] des yetties

Ces jeunes entrepreneurs du Net sont en train de transformer profondément et pour longtemps la société française, à commencer par l'économie. Les poids lourds[2] de l'establishment les rejoignent,[3] nettement moins rigolos.[4] Patrick Robin, star du Net, fait partie des pionniers,[5] cette petite trentaine d'entrepreneurs qui, vers 1994–1995, ont senti[6] qu'Internet, alors embryonnaire,[7] allait bousculer[8] l'ordre des choses. Il n'y avait à l'époque que[9] 256 sites en France. On en recense[10] aujourd'hui 90 000. Fondateur d'Imaginet, Patrick Robin est le premier à offrir un accès illimité au Web pour une somme forfaitaire.[11] En revendant[12] en 1998 son entreprise au britannique Colt, Robin, 44 ans, est aussi devenu la référence, le premier milliardaire de la Net économie. Et il en fait profiter[13] beaucoup de gens. Ce *business angel*, qui préfère le terme

Rivés à leurs écrans d'ordinateurs, des salariés de Stream Power.net au travail.

[1]*tribe* [2]*poids... heavyweights* [3]*are joining* [4]*amusants (pop.) (que les jeunes)* [5]*pioneers* [6]*sensed* [7]*in an embryonic state* [8]*shake up*
[9]ne... que = seulement [10]On... *They number about* [11]somme ... *set fee* [12]En... *By selling off* [13]en... *spread the profits around to*

de *start-up lover*, a ainsi, au fil des mois, investi[14] dans une bonne vingtaine de nouvelles entreprises—les «jeunes pousses»,[15] dans le jargon terminologiquement correct.

En dix-huit mois à peine[16] s'est créée, en France, une nouvelle tribu: les *yetties—young entrepreneurial tech-based.* Indifféremment[17] hommes ou femmes, les yetties ont entre 20 et 30 ans. Ils sont blindés,[18] passionnés, et surtout pragmatiques et malins, totalement adaptés aux lois de la nouvelle jungle. «Le yettie est celui qui n'arrive pas à faire comprendre à sa mère ce qu'il fait»,[19] selon la définition de Paul Freiberger, historien de Silicon Valley. Au-delà des histoires[20] de fric[21] et de légendes vite écrites,[22] les yetties sont en train de transformer de manière profonde et durable la société française, et pas seulement le monde des affaires.

Mais qui sont-ils vraiment, ces «entreprenautes»? D'abord des enfants de la crise.[23] Ils ont grandi pendant ce que le sociologue Gérard Mermet appelle «les Dix Peureuses» (1985–1994). Ils ont appris à se débrouiller, à compter sur eux-mêmes. Ils sont pragmatiques. «Après le service

militaire, j'ai eu du mal à trouver du travail», raconte Laurent de la Clergerie, 29 ans. Malgré[24] son diplôme d'ingénieur en électronique et informatique et sa licence[25] de sciences économiques, rien. «Pas une réponse sur 50 CV. On disait qu'il fallait entre neuf et quinze mois pour trouver un boulot.»[26] Avec son RMI,[27] Laurent de la Clergerie décide, en 1997, de monter[28] son business dans sa chambre. L'appartement familial est rapidement asphyxié par les cartons d'emballage.[29] Le projet du jeune Lyonnais est tout simple: vendre du matériel pour ordinateur, sur Internet. Ça n'existait pas. «Dans une rédaction en classe de cinquième, j'avais écrit que mon projet était d'être PDG,[30] raconte-t-il. Mais, là, je ne me suis pas dit: "Je monte une start-up." Le premier mois, on a fait 25 000 francs de chiffre d'affaires[31] et le site ne nous avait rien coûté. Ensuite, le chiffre d'affaires a doublé tous les mois.»

Les 35 heures en deux jours

En décembre 1999, un homme d'affaires est venu frapper à la porte de Laurent de la Clergerie. Il lui a proposé 50 millions de francs cash pour son affaire. Le jeune

cyberentrepreneur a préféré entrer en Bourse. LDLC.com, qui n'a pas trois ans, a aujourd'hui une valorisation boursière[32] de 220 millions de francs. De quoi faire oublier les semaines de 105 heures— blague[33] favorite de la Net économie: «La semaine des 35 heures, nous, on la fait en deux jours.»

Cette génération numérique[34] est tombée dans l'ordinateur quand elle était bébé. Laurent de la Clergerie se souvient en riant de l'ordinateur familial, un «Sinclair ZX 81 avec 1 ko de mémoire. C'est le premier ordinateur que j'ai touché.» Jérémie Berrebi, fondateur de Net2One, l'un des vrais succès d'Internet, confie: «Moi, j'ai eu mon premier ordinateur à 9 ans. J'étais un vrai *geek*».

A 21 ans, Berrebi est l'une des figures phares[35] de cette Net économie. Dans son immeuble de la rue du Sentier, la Silicon Valley française, se sont installés Reuters, Yahoo!, BuyCentral et Dark Works Ecila, notamment.[36] Berrebi a découvert le Net en 1994. «Il n'y avait rien à y faire, il y avait peu de sites, se souvient-il. On ne surfait pas.» Mais on causait.[37] Les forums de discussion prennent une bonne

---

[14]a... *thus invested, over the course of several months,* [15]jeunes... *start-ups* [16]à... *barely* [17]*either* [18]*invulnerables* [19]n'arrive... *can't make his mother understand what he does* [20]Au... *Beyond the questions* [21]argent *(pop.)* [22]vite... *overnight* [23]*recession (specifically the multiyear recession in France in the 1990s)* [24]*In spite of* [25]diplôme [26]travail *(fam.)* [27](Revenu Minimum d'Insertion) *welfare payments* [28]*set up* [29]*packing* [30]Président-Directeur Général [31]chiffre . . . *revenu* [32]valorisation... *stock value* [33]*joke* [34]*digital* [35]figures... *highly influential figures* [36]*among others* [37]*parlait*

Jérémie Berrebi, fondateur de Net2One, est un des pionniers d'Internet en France.

partie de son temps. Le plus important groupe de presse informatique américain, Ziff-Davis, qui ignore que sa recrue[38] a seulement 16 ans—dans ce monde, on ne se rencontre qu'en ligne—lui demande de s'occuper de son forum de discussion. Puis CNN fait à son tour appel à lui.[39] Finalement, en juillet 1997, Jérémie lance sa propre start-up. «Microsoft la Société générale, toutes les sociétés[40] que j'admirais quand j'étais petit, étaient devenues mes clientes.» Le PDG, qui n'a pas encore eu le temps de passer son permis de conduire, a largement contribué à mettre la société française cul par-dessus tête.[41] Net2One permet à ses abonnés[42] de recevoir gratuitement une revue de presse sur mesure.[43]

En six mois, le rapport de forces[44] a changé. «Etre jeune est devenu un avantage, constate Laurent Edel. Tu es celui qui sait, juste parce que tu es plus agile d'esprit et plus proche[45] des modes de la rue.» Laurent Edel est le patron de Republic Alley, nouveau lieu culte de la Net économie, pépinière[46] de start-up, installé dans la peausserie[47] de sa grand-mère, Sarah. «On nous prend pour des génies, parce qu'on est jeunes et qu'on maîtrise[48] très bien une technologie», lance Gilles Machac, 28 ans, cofondateur de Stream Power.net, qui a le Sénat parmi ses clients. Clary Polu, 25 ans, qui travaille au marketing chez Caramail.com, insiste: «Dans les start-up, on prend la personne, ses qualités, pas ses diplômes, et on lui donne plein[49] de responsabilités. On

prend tout de suite du galon,»[50] explique cette jeune femme sage.

«On est dans l'ultravitesse»

Internet a sécrété[51] une culture de l'impatience. On veut tout, tout de suite. «Ce qui se ferait en un ou deux ans dans l'économie traditionnelle se fait en trois mois dans les NTIC [nouvelles technologies de l'information et de la communication]», explique Pascal Sagnol, directeur de Lyon InfoCité. Comme pour l'âge des animaux, les années de cyberentreprise comptent triple et plus encore. Dans le Net, deux mois égalent une année. Il y a la *fast economy* comme il y a le fast-food. «On est dans l'ultravitesse», lance Alexandre Brachet, créateur d'Upian.com. Las,[52] il a préféré laisser tomber et fermer sa start-up.

Il ne s'agit pas seulement d'une[53] révolution en culottes courtes.[54] Les Net entrepreneurs ont instauré un nouveau type de relations dans le travail. «Nous sommes passés à une économie de *network*. Les gens se rencontrent, parlent entre eux. Cela fait partie de notre travail», affirme Jacques-Christophe Blouzard, 29 ans, directeur général de Lastminute.com France. Il y a un véritable esprit de corps[55] entre tous les acteurs de la Net économie. «Quand je me suis lancé, raconte Patrick

---

[38]*recruit* [39]*fait... called on him as well* [40]*firms* [41]*cul... upside down* [42]*subscribers* [43]*sur... customized* [44]*rapport... balance of power* [45]*plus... closer* [46]*breeding ground* [47]*leather shop* [48]*master* [49]*beaucoup* [50]*promotions* [51]*produit* [52]*Fatigué,* [53]*Il... It's not just a question of a* [54]*en... by thoughtless youngsters lacking purpose (lit. in short pants)* [55]*esprit... solidarité*

Robin, nous étions quatre concurrents[56] sur un tout petit marché et, pourtant, nous étions tous copains. On dînait ensemble au moins une fois par semaine, on se filait[57] un coup de main[58] s'il le fallait.»

Même maintenant, alors que les «.com» se multiplient à grande allure,[59] tout le monde—ou presque—se connaît. D'abord parce que, dans cette culture entrepreneuriale, on essaime[60] beaucoup. Par exemple, à Lyon, trois sociétés ont donné à elles seules naissance à[61] pas moins de 35 start-ups. Nouveau *must* lancé en février 1999, les dîners Transfert, organisés par le magazine du même nom, réunissent chaque mois la crème de la crème de la Net économie, 60 personnes, pas plus, pour que cela reste intime. On se parle, on fait des affaires, les cartes changent de main. «Notre but[62] était que les gens se connaissent, raconte Christophe Agnus, l'organisateur de ces dîners. C'est un milieu où l'on court tout le temps. Cette soirée permet de s'arrêter.»

Les femmes constituent une tribu à part entière. Elles sont très présentes sur le Net. En cessant de n'être qu'une technologie, pour devenir un outil de communication, le Web s'est ouvert aux femmes. Newsfam.com est devenue une

légende pour avoir réussi à lever[63] 20 millions de francs.

Le Palm Pilot, objet suprême

Comme tout groupe, celui-ci a ses mots, ses objets rituels, ses films cultes. Voir *Matrix* constitue une sorte de rite de passage. Les yetties surfent plusieurs heures par jour, mais ils ont tous un œil sur Boursorama.com, leur site boursier préféré, histoire de voir où en est la Net économie. Lancé par deux jeunes, sans fonds, le site se targue de[64] 150 millions de pages lues. Le site des *Echos*—paléoéconomie—n'en a «que»[65] 15 millions.

C'est la beauté de la *new economy*: un type[66] dans sa chambre peut être le roi du Net. «Tiens, le Nasdaq vient d'ouvrir à New York», lance Jérémie Berrebi, au détour[67] d'une conversation. Les entreprenautes commencent souvent leur journée en consultant les derniers potins[68] sur Journaldunet.com. Mieux que le téléphone portable, on reste volontiers en contact par ICQ, un logiciel qui, par e-mail instantané, permet de communiquer en temps réel. Certains *nerds* ont jusqu'à 400 noms sur leur écran. A tout moment, ils savent qui est en ligne, prêt à communiquer.

Evidemment, le Palm Pilot, petit agenda[69] électronique, est

l'objet suprême. «On se *beam*» est une expression favorite. En clair: les modèles récents permettent, par contact infrarouge, de s'échanger électroniquement sa carte de visite. Très George Lucas.

Le yettie a quelques points communs avec le yuppie, mais le yettie n'a aucun goût pour l'ostentatoire, pourvu qu'il ait son ordinateur et son téléphone portable. «Si je change les pneus[70] de mon scooter dans les[71] deux ans, c'est le bout du monde»,[72] affirme Laurent Edel. Jérémie Berrebi renchérit:[73] «Mon seul luxe, c'est un Palm Pilot, deux téléphones portables et un ordinateur dernier cri.»[74]

Le 1er avril, un nouveau site s'est lancé. Son nom: Kasskooye.com. Poisson d'avril,[75] il se moquait avec beaucoup de talent de tous les tics de la nouvelle économie, à commencer par son goût pour les noms de sites en «oo» (Yahoo!, Boo, Kelkoo, etc.). Son «à la manière de»[76] réjouissait[77] tous les internautes, quel que soit leur statut[78] dans la tribu. Pourtant, la nouvelle économie a eu le dessus.[79] Devant le succès de leur site, les fondateurs de Kasskooye.com envisagent maintenant d'en faire un vrai projet Internet. ▓

J.-S.S.

SOURCE: abrégé de *L'Express*

---

[56]*competitors*   [57]*donnait*   [58]*un… de l'aide*   [59]*vitesse*   [60]*expands*   [61]*ont… were responsible all by themselves for*   [62]*objectif*   [63]*à… in raising*   [64]*se… boasts*   [65]*seulement*   [66]*individu (fam.)*   [67]*au… in the course*   [68]*gossip*   [69]*datebook, weekly planner*   [70]*tires*   [71]*dans… over the course of*   [72]*le… a big deal*   [73]*adds*   [74]*dernier… very latest*   [75]Poisson… *As an April Fool's joke,*   [76]*à… imitation*   [77]*delighted*   [78]*status*   [79]*a… got the upper hand*

A. Les internautes. Choisissez l'expression qui complète le mieux la phrase selon le texte.

1. En 1994–1995, il y avait *256 / 90 000* sites Web en France.
2. A cette époque *Patrick Robin seul / une trentaine d'entrepreneurs* pense qu'Internet va complètement changer la vie.
3. Il est normal qu'un cyberentrepreneur français travaille *35 heures / deux jours / 105 heures* par semaine.
4. La Net économie est beaucoup plus *rapide / secrète* que l'économie traditionnelle.
5. Un symbole de la réussite chez les yetties est *un avion privé / un Palm Pilot / un scooter*.
6. Les yetties ont un esprit *communautaire / solitaire*.

B. Analyse. Répondez brièvement aux questions suivantes.

1. Qui est Patrick Robin? Depuis quand est-il une vraie star du Net? Pourquoi?
2. Décrivez les yetties français (âge, sexe, qualités, défauts). Pourquoi sont-ils si débrouillards?
3. Qui est Laurent de la Clergerie? Qu'a-t-il décidé de faire avec son RMI? Quel a été le résultat de cette décision? Qu'est-ce qui l'aide à oublier les semaines de 105 heures de travail?
4. Qui est Jérémie Berrebi? Qu'est-ce qui s'est passé quand il avait 9 ans? 16 ans?
5. Pourquoi est-il avantageux d'être jeune dans la Net économie?
6. Décrivez la culture d'Internet.
7. Qu'est-ce que le *networking*? Qu'est-ce qui se passe aux dîners Transfert? Est-ce que la présence féminine sur le Net est considérable? Pourquoi (pas)?
8. Quelle est la beauté de la Net économie selon l'article? Comment se passe la journée-type d'un(e) entreprenaute?
9. En quoi est-ce que les yetties diffèrent des yuppies?
10. Pourquoi a-t-on créé Kasskooye.com? Qu'est-ce que l'on en fera un jour?

A. Pour être internaute. Pour faire le portrait d'un(e) internaute, étudiez les expressions ci-dessous. Ensuite, faites-vous un tableau comme celui-ci et écrivez les trois idées les plus appropriées dans chaque catégorie donnée. Comparez vos réponses avec celles d'un(e) autre étudiant(e), puis dites si vous aimeriez être internaute un jour et pourquoi (pas).

IL FAUT QU'	IL N'EST PAS NECESSAIRE QU'	IL EST UTILE QU'
1. un(e) internaute...	1. un(e) internaute...	1. un(e) internaute...
2.	2.	2.
3.	3.	3.

avoir le goût du risque, l'esprit d'équipe, le sens pratique

comprendre la psychologie humaine, les mathématiques, la politique

connaître l'informatique, l'anglais, les sciences économiques

être jeune, responsable, travailleur(-euse), à l'aise dans le chaos

pouvoir travailler en équipe, résister au stress, maîtriser les nouvelles technologies

savoir communiquer, trouver des solutions, tout faire très vite

vouloir faire fortune, travailler en Amérique du nord, devenir célèbre

B. Les sites Web. Aujourd'hui, cinq des sites vedettes aux USA sont Amazon, eBay, AOL, Yahoo! et Buy.com. Répondez aux questions ci-dessous, puis comparez vos réponses avec celles d'un(e) camarade.

SITES

actualités	jeux	sports
cinéma	musique	vie pratique
finance	référence	?

1. Quelles sortes de sites est-ce que vos amis visitent le plus souvent? Pourquoi?
2. Combien de temps est-ce que les étudiants de votre connaissance passent sur le Net pendant la journée? pendant la soirée?
3. Est-il bon que le langage et les graphiques sur le Net ne soient jamais censurés? Expliquez.
4. Pensez-vous que le Net soit parfois une perte de temps? Expliquez.
5. Selon vous, est-ce qu'Internet est un outil indispensable? un jouet (*toy*) amusant? les deux? Pourquoi?
6. Quelle langue domine le Net? Pourquoi? Que pensez-vous de cela?

En savoir plus:
Seulement 3% des sites Internet dans le monde sont francophones. 75% sont anglophones. Le français est la première langue latine sur le Net; l'espagnol est la deuxième.

Tous égaux face au Web?

Mise en route

Recognizing cognates. As you know, many words in French and English have similar spellings and meanings, although they are pronounced differently: for example, **accès, utiliser, technologie**. Such words are called *cognates*. If you learn to recognize the patterns of change between English and French, it becomes easy to guess the meaning of unfamiliar cognates in French.

Here are a few examples of French and English cognates.

afric**ain** → Afric**an**
extraordin**aire** → extraordin**ary**
l'élect**eur** → elect**or**
scept**ique** → skept**ical**
la communau**té** → commun**ity**
se multip**lie** → multip**ly**

hum**ain** → hum**an**
le coordinat**eur** → coordinat**or**
endém**ique** → endem**ic**
l'immensi**té** → immens**ity**
la technolog**ie** → technolo**gy**

Equivalents. Trouvez le mot anglais qui correspond à l'expression française.

1. Cubain
2. rudimentaire
3. erreur
4. optique

5. publicité
6. philanthrope
7. poétique
8. cellulaire

Mots et expressions

accéder à to access
branché(e) (*fam.*) with it, up to date; plugged in
égal(e) equal
l'emploi (*m.*) use, usage
le fossé gap, divide
l'internaute (*m., f.*) Internet surfer

numérique digital
l'outil (*m.*) tool
privé(e) de deprived of
le réseau network
selon according to
l'utilisateur user

APPLICATIONS **A. Observations.** Complétez les phrases suivantes avec les mots qui conviennent.

1. L'ordinateur, c'est _____ indispensable pour utiliser Internet.
2. Les _____ passent leurs nuits à cliquer devant leur ordinateur et à _____ à leurs sites préférés.

3. La technologie est partout. Elle inquiète beaucoup les gens qui ne sont pas encore _____.
4. AOL est un intermédiaire entre un internaute et _____ mondial.
5. Chaque _____ doit faire très attention aux virus. _____ les experts, il est bon de considérer avec suspicion les fichiers attachés d'origine inconnue.

B. **Famille de mots.** Trouvez l'expression qui appartient à la même famille que les mots suivants.

1. l'égalité
2. la fossette
3. se priver
4. numéro
5. employer

Tous égaux face au Web?

Malgré les efforts, pas toujours désintéressés,[1] des Occidentaux, le fossé ne cesse de se creuser[2] entre riches et pauvres. Internet ne prête encore qu'[3] aux riches

PHILIPPE COSTE, AVEC VINCENT HUGEUX À DAKAR ET ANNE LOUSSOUARN À PÉKIN. REPORTAGE PHOTO: CARL D. WALSH/AURORA À LA MIDDLE SCHOOL CARMEN-ARACE À BLOOMFIELD (ETATS-UNIS), DANS LE CONNECTICUT

Lorsqu'ils s'endorment devant leur ordinateur, les «technoptimistes» américains rêvent d'un monde aussi juste et poétique qu'une pub[4] de Cisco Systems: depuis des mois, une campagne d'image du géant des connecteurs annonce la fin prochaine du *digital divide,* ce «fossé numérique» qui sépare les tenants[5] de la nouvelle économie des masses privées d'Internet: les petits Chinois, Indiens, Africains, sur fond[6] de cyclistes pékinois, de Taj Mahal ou de cases proprettes,[7] reprennent en anglais adorable le refrain de l'ère techno: «Demain, on pourra tout apprendre sur le plus grand réseau au monde; demain, tout le savoir de la planète sera en ligne. *Are you ready*? (Etes-vous prêt?)»

Il y a de l'espoir. Entre 1988 et 1998, le parc[8] mondial d'ordinateurs connectés à Internet est passé de 100 000 à 45 millions d'unités. Le nombre d'internautes, lui, estimé à 143 millions il y a seulement vingt mois, a plus que doublé depuis lors, dépassant les 304 millions en mars 2000. A ce rythme, ils seront 700 millions l'année prochaine, et cette nouvelle cosmogonie[9] a déjà ses temples: à New York, José Otero, coordinateur technique du *Networking Program,* entre à pas feutrés[10] dans une salle de classe de l'école Thomas-Edison, où 30 élèves, tous noirs ou hispaniques, issus des HLM glauques[11] du quartier Jamaica, bûchent[12] sur autant d'écrans. Cisco et son partenaire, le géant du câble Time Warner, minés[13] par la pénurie[14] de techniciens Internet, doivent les former au berceau[15]—dès l'âge de 16 ans—pour faire face à l'effarante[16] demande de connexion des entreprises. «Dans

[1]*unselfish* [2]*ne... continues to widen* [3]*ne... is only accessible* [4]*publicité* [5]*supporters* [6]*sur... against a background* [7]*cases... neat, tidy huts* [8]*total number* [9]*theory of the origin of the universe* [10]*à... with a quiet step* [11]*issus... from dreary low-income housing projects* [12]*travaillent (fam.)* [13]*weakened* [14]*shortage* [15]*cradle* [16]*alarming*

Le portable dans le bus qui amène les jeunes à l'école...

Des élèves de l'école Thomas Edison à New York.

deux ans, ils gagneront plus que moi, sourit Otero. Ils auront des voitures que seuls les dealers de leur quartier pouvaient imaginer.» Dans dix écoles du Bronx, de Harlem ou de Brooklyn, 700 gamins[17] volontaires se sont engagés[18] pour deux ans, en plus de leurs cours normaux, à suivre ce programme de téléenseignement[19] sur le Web, diffusé et corrigé[20] par les ordinateurs de Cisco en Californie, comme ceux[21] de milliers d'autres apprentis[22] américains ou étrangers. Les mêmes pages multimédias s'affichent[23] en turc, rabâchent[24] en cambodgien, portugais, indonésien, moldave[25] ou ourdou[26] dans 61 pays.

Si Internet rétrécit,[27] le monde, le planisphère techno n'en reste pas moins difforme,[28] ponctué d'enclaves branchées admirées comme de bons présages[29] par Silicon Valley. En fait, des exceptions féeriques[30]: comment concevoir[31] la fortune de Bangalore, la ville high-tech indienne, dont[32] les exportations de logiciels atteignent[33] 2 milliards de dollars, dans un pays doté de[34] 15 lignes de téléphone pour 1 000 habitants?

Comment imaginer que le géant du sous-continent détient le tiers[35] des ingénieurs du monde et aussi le quart[36] des humains les plus faméliques?[37] La gloire du Digital Corridor de Malaisie, l'essor[38] des start-up de Shanghai, les progrès de la Corée ou de l'île Maurice, économies en transition, masquent mal l'évidence: Internet ne prête encore qu'aux riches.

La moitié[39] des internautes de la planète réside aux Etats-Unis et au Canada. Il s'agit moins de comparer le parc technologique—1 ordinateur pour 2 habitants aux Etats-Unis, 1 pour 6 000 en Afrique—que d'observer deux planètes étrangères l'une à l'autre: l'une, déjà riche, doit un tiers de son taux de croissance[40] aux nouvelles technologies. Elle parle d'e-commerce, de puces[41] de nouvelle génération, et du droit inaliénable des peuples au gigabit par seconde. Dans l'autre, un PC bas de gamme[42] représente quatre ans de revenu moyen[43] d'un Bangladais. Le téléphone à 2 cents la minute est prohibitif pour les ruraux vietnamiens; que dire des 10 dollars l'heure tarifés par les opérateurs de téléphone africains encore assis sur des monopoles? Dans l'autre monde, où 3 milliards d'humains vivent avec 2 dollars par jour, on se demande encore comment distribuer l'électricité et l'eau potable.[44] Cette planète-là regarde l'autre s'éloigner[45] d'elle à la vitesse de la lumière au cœur des câbles optiques. Que faire? Lui envoyer des portables?

«Les centaines de projets *digital divide* des grandes compagnies et du gouvernement américain servent avant tout à prévenir[46] l'inévitable colère[47] mondiale des exclus du progrès», reconnaît Craig Smith, conseiller en

---

[17]enfants, adolescent(e)s (*fam.*) [18]se... *have committed themselves* [19]*long-distance learning* [20]*corrected* [21]*those* [22]*beginners* [23]*are displayed* [24]*are repeated* [25]la Moldavie est entre la Roumanie et l'Ukraine [26]la langue nationale du Pakistan [27]*is shrinking* [28]n'en... *remains, in fact, deformed* [29]bons... *good omens* [30]*magical* [31]comment... *how are we to imagine* [32]*whose* [33]*are reaching* [34]doté... *equipped with* [35]détient... *has a third* [36]*one fourth* [37]*famished* [38]*rapid development* [39]50% [40]taux... *rate of growth* [41]*micro-chips* [42]bas... *bottom-of-the-line* [43]*average* [44]*drinkable* [45]*getting farther and farther away* [46]*to ward off* [47]*fury*

philanthropie de la cyber-élite… On débat pourtant des priorités: Bill Gates, au milieu des années 90, quatre ans avant de vouer[48] une part des 21 milliards de dollars de sa fondation caritative[49] à la lutte contre le sida[50] et les maladies endémiques, distribuait des ordinateurs aux communautés pauvres d'Afrique. De passage à Soweto, township de Johannesburg, il avait vu l'un de ses dons, le seul PC de la ville, trôner[51] dans un centre scolaire. La machine s'arrogeait[52] l'unique prise de courant[53] du bâtiment. «Je me suis dit: pour l'instant, ces gens ont besoin d'autre chose que d'ordinateurs.»

A New York, dans les bureaux de la Fondation Open Society du méga-financier George Soros, on prêche[54] aussi le réalisme: «La moitié de la population mondiale n'a pas encore passé son premier coup de fil,[55] rappelle Jonathan Pfizer, chargé de distribuer 36 millions de dollars de dons, dans 35 pays, pour quelque 250 projets *digital divide*. Pour autant, aucune[56] nation ne peut se permettre d'ignorer la révolution technologique occidentale; avant tout, Internet permet à ces pays d'obtenir de l'information; une information concentrée, pour 90%, dans les pays occidentaux.» La bibliothèque d'un quelconque[57] centre hospitalo-universitaire américain est abonnée[58] à environ 5 000 publications. Celle de Nairobi, au Kenya, longtemps le phare[59] de l'Afrique de l'Est, n'en reçoit que 20 depuis les coupes budgétaires. Mais la technologie peut apporter quelques remèdes: «En 1992, nous n'avions plus un sou,[60] rien. Nous étions coupés du monde, raconte Pedro Urra, directeur d'InfoMed, le réseau médical cubain. Nous avons pu, grâce[61] à un ou deux ordinateurs, recevoir les revues en ligne.» En 1996, un petit portable branché à une coupole satellite, au Gabon, a permis d'expédier à Boston, siège du réseau HealthNet, les premières alertes de l'épidémie due au virus Ebola. Le système d'e-mail rudimentaire de SatelLife, sponsorisé par la firme japonaise NEC et spécialement conçu[62] pour la brousse,[63] a permis aux hôpitaux pour grands brûlés[64] du Mozambique, de Tanzanie ou d'Ouganda de se consulter sur des traitements.

«Il faut faire efficace,[65] commente John Daly, consultant du département InfoDev de la Banque mondiale. Le pire fléau[66] d'Afrique, c'est le sida, et les premiers à se connecter sont les médecins locaux qui le combattent.»

«Le "fossé numérique" est avant tout un problème intérieur aux pays en voie de développement,[67] confirme Zambrano. Il se traduit,[68] comme toujours, par la cohabitation d'une minorité bien informée avec le gros de la population, privé d'enseignement et de contact avec les institutions publiques.» Les *success stories* abondent, pourtant. Le Costa Rica a installé l'un des meilleurs réseaux scolaires d'Amérique du Sud; la Jamaïque, le Cameroun, l'Angola et le Pakistan ont spectaculairement développé leurs connexions rurales. Au Sénégal, l'Environment Development Action in the Third World (environnement et développement du tiers-monde), une ONG[69] implantée aussi au Mali, en Guinée, en Amérique latine et dans la Caraïbe, a

… noires de Carmen-Arace, la Toile peut-elle abolir toutes les frontières?

Des jeunes filles dans le Connecticut: la Toile peut-elle abolir toutes les frontières?

---

[48]*dedicating* [49]*charitable* [50]*AIDS* [51]*sitting imposingly* [52]*claimed* [53]*prise… electrical outlet* [54]*preach* [55]téléphone [56]*Pour… For all that, no* [57]*any* [58]*est… subscribes* [59]*shining light* [60]*centime* [61]*thanks* [62]*conceived* [63]*bush* [64]grands… *victims of third-degree burns* [65]*faire… be efficient* [66]*scourge* [67]en… *developing* [68]manifeste [69]organisation non-gouvernementale

Dakar, Sénégal: Une table, une chaise, un ordinateur, quelques rallonges électriques, et voilà les jeunes du bidonville de Baraque qui découvrent Internet, enthousiastes. Une journée de sensibilisation et d'initiation organisée par Cyberpop Baraka, une des nombreuses associations actives dans les banlieues.

installé huit «cyberpops», des points Internet, dans les bidonvilles[70] du Grand Dakar. «Au début, les gens du coin étaient sceptiques. Cet outil mystérieux leur faisait un peu peur et leur apparaissait comme un luxe inutile pour les pauvres», raconte Ousmane Diouf, 21 ans, animateur du cyberpop, qui initie aujourd'hui 23 jeunes de 12 à 16 ans dans le quartier. Depuis, les internautes de Colobane ont su s'approprier l'écran. Ils envoient des e-mails à leurs parents émigrés. Les commerçants s'informent du prix des fournitures;[71] une association de femmes prépare un site catalogue d'artisanat.[72] Surtout, avant le second tour du scrutin[73] présidentiel du 19 mars, de jeunes électeurs sont venus vérifier leur inscription sur les listes électorales, publiées en ligne par le ministère de l'Intérieur. «L'un d'eux ne trouvait pas son nom, raconte Ousmane. Il est allé faire corriger[74] l'erreur.»

Le miracle technologique peut se révéler un mirage, s'il ne s'adapte pas aux conditions économiques locales. A ce titre,[75] le projet GrameenPhone, une division de la banque Grameen du Bangladesh, fait figure de succès historique. La banque de microcrédit, connue pour avoir prêté, par petites sommes, près de 2 milliards de dollars depuis 1976, a ainsi fourni des téléphones cellulaires à plus de 1 millier de femmes, dans des villages isolés du pays. Les opératrices ont monté des postes de télécoms[76] fort lucratifs, qui contribuent au développement régional. Les agriculteurs s'informent sur les cours[77] du riz, joignent[78] des médecins...

Certains pays ont su prouver leur don pour l'*e-business*. L'île de Tuvalu, poussière perdue dans l'immensité du Pacifique, vient de vendre pour 50 millions de dollars le droit d'exploitation de son nom de domaine, «.TV», à la firme américaine Idealab, qui le revend déjà à des start-up de la télé en ligne. Le grand saut est réalisé.[79] A Tuvalu, il n'y avait même pas de télévision. ◼

SOURCE: abrégé de *L'Express*

---

[70]*ghettos* [71]*providing supplies* [72]*crafts* [73]*ballot* [74]*correct* [75]*A... In this respect,* [76]télécommunications [77]prix [78]appellent [79]*saut... plunge has been taken.*

Suite à la page 107.

LES PAYS-BAS*m*

L'ANGLETERRE*f*

L'ALLEMAGNE*f*

•Dunkerque
•Calais
•Boulogne
Lille

LA BELGIQUE

LA MANCHE

la Picardie

LE LUXEMBOURG

•Dieppe   •Amiens

Cherbourg   •Le Havre •Rouen
•Caen   *la Seine*
la Normandie

•Reims
la Champagne

•Verdun
la Lorraine

☆ Paris
Versailles•   •Nancy
Chartres   l'Ile-de-France*f*
l'Alsace*f*   Strasbourg

Brest•
la Bretagne   •Rennes

•Orléans
Blois•   Dijon•
•Angers Tours   *la Loire*   la Bourgogne   Besançon•
Nantes•   *la Loire*
•   la Touraine   •Bourges
la Vendée

LES VOSGES*f*

LE JURA

LA SUISSE

•La Rochelle
le Poitou   Limoges•   Clermont-Ferrand   Lyon•

la Savoie
Grenoble•

LES ALPES*f*

L'OCÉAN*m*
ATLANTIQUE

l'Auvergne*f*

LE MASSIF
CENTRAL

le Dauphiné

L'ITALIE*f*

•Bordeaux
la Garonne

Nîmes•   •Avignon   Nice•
Arles•   la Provence   MONACO*m*
Montpellier•   •Aix-en-Provence   •Cannes
Toulouse•   •Marseille   •St-Tropez
Biarritz•

Carcassonne•

LES PYRÉNÉES*f*   le Languedoc

L'ESPAGNE*f*

Perpignan•

L'ANDORRE*f*

la Corse
Ajaccio•

La France

0   50   100   150 MILLES

50   100   150   200   250 KILOMÈTRES

m = masculin   f = féminin

LA MER MÉDITERRANÉE

Versailles: les appartements du Roi Louis XIV

La France et le monde francophone

«Pont de Moret» d'Alfred Sisley

«La Barque pendant l'inondation à Port-Marly» d'Alfred Sisley

1998: le jour de gloire est arrivé! La France est championne du monde de football!

Une randonnée en famille «en ligne» à travers Paris.

Un internaute au restaurant: jamais sans son portable.

La vie rurale près de Toulouse: portrait de famille.

Tradition ou modernité à Marrakech: l'une est voilée, l'autre pas.

Rencontre à la française: on se fait la bise.

A. Vrai ou faux? Soulignez dans le texte les phrases qui justifient vos réponses.

1. On croit qu'il y a 143 millions d'internautes aujourd'hui.
2. Il semble que l'Inde soit un pays de contrastes extrêmes en ce qui concerne la technologie.
3. Il est vrai qu'Internet s'est bien installé en Malaisie, à Shanghai, en Corée et à l'île Maurice.
4. Il est possible qu'Internet aide tous les pays à s'occuper des problèmes de santé.
5. Au Sénégal, tout le monde était content de pouvoir se connecter au Net grâce aux «cyberpops».
6. La banque Grameen a contribué au développement technologique du Bangladesh.

B. Analyse. Répondez brièvement aux questions suivantes.

1. Qu'est-ce que le *digital divide*?
2. Combien d'internautes y avait-il en 1998? et en 2000?
3. Où se trouve l'école Thomas-Edison? Qui y étudie? Pourquoi est-ce que Cisco Systems et Time Warner ont introduit Internet dans cet établissement? Dans quels autres endroits est-ce que les étudiants se préparent pour un métier du Net?
4. Pourquoi est-ce que la *success story* de Bangalore en Inde est surprenante?
5. Où habitent 50% des internautes? Selon cet article, quelles différences y a-t-il entre la vie américaine et africaine aujourd'hui?
6. Citez deux exemples de l'aide médicale fournie par Internet grâce aux projets *digital divide*.
7. Où est-ce qu'une organisation non-gouvernementale (ONG) a installé 8 «cyberpops»? Pour quelles raisons utilise-t-on ces connexions Internet?
8. Comment est-ce que la petite île de Tuvalu est entrée dans la Net économie?

A. Pourquoi utiliser le Net? Mettez les activités suivantes en ordre (10 = la plus importante, 1 = la moins importante), puis comparez vos réponses avec celles d'un(e) camarade. Justifiez vos choix.

acheter
s'amuser
enseigner à distance
envoyer des e-mails
se faire des amis
faire du commerce interentreprises
(sans échange de papier)

s'informer
réserver
vendre
voter

Selon vous, est-ce que l'ordinateur est surtout un centre de commerce, de communication, d'éducation ou de loisirs? Expliquez.

B. Le pour et le contre. Est-ce qu'Internet augmentera ou diminuera la qualité de la vie? Quels en sont les risques et les avantages? Est-ce que le Net est surtout un outil commercial ou a-t-il d'autres buts? Dites à un(e) camarade si vous êtes d'accord avec les idées suivantes, puis comparez vos réponses avec celles du reste de la classe.

VOCABULAIRE

Je (ne) crois/pense (pas) que
Je (ne) suis (pas) sûr(e) que
Il est [bon/dommage/important/normal/ridicule/vrai] que

En savoir plus:
88% des internautes vivent dans les pays industrialisés et 0,3% dans les pays pauvres. Actuellement, il y a plus de 300 millions d'internautes dans le monde. En 2005, il y en aura 1 milliard, pendant que 3 milliards de gens vivront encore avec moins de deux dollars par jour.

1. Internet permet un accès énorme à l'information, mais il va créer de nouvelles inégalités entre les «branchés» et les autres.
2. Internet va enrichir les gens qui l'utilisent pour s'informer et il va appauvrir ceux qui l'utilisent uniquement pour s'amuser.
3. Internet est un nouvel espace d'expression libre, mais il conduit certaines personnes à la violence, au racisme, à la pornographie.
4. Plus on passe du temps avec des internautes situés à l'autre bout (*end*) du monde, plus on se sépare de sa famille et de ses amis.
5. Internet permet plus de contacts parmi les gens, mais il encourage des rapports indirects, superficiels, stériles.
6. Internet crée l'illusion d'augmenter la productivité, mais en réalité on passe beaucoup de temps sur le Net sans obtenir des résultats satisfaisants.

Echos

A. Qu'en pensez-vous? Traitez par oral ou par écrit l'un des sujets suivants.

1. **Les moyens de communication.** Au XXIe siècle, la communication est beaucoup plus facile et moins chère qu'autrefois. Grâce au téléphone, à l'ordinateur, à Internet, au fax, au répondeur et au pager, tout le monde peut se contacter partout dans le monde 24 heures sur 24. Quels en sont les avantages? les inconvénients? Est-ce que ces outils augmentent ou diminuent le stress dans la vie? les incivilités dans la société (par exemple, les portables des autres qui sonnent pendant que vous regardez un film au cinéma)? Expliquez. Utilisez-vous ces outils pour communiquer? pour passer le temps? Commentez.

2. **Les métiers du Net.** Imaginez qu'il est possible que vous fassiez l'une des activités suivantes: 1. aider à construire un cybercafé au Sénégal, 2. travailler comme assistant(e) de Bill Gates, ou 3. participer au développement d'une *start-up* française qui promet d'être très lucrative. Quel projet choisiriez-vous? Pourquoi? Selon vous, quel est l'emploi le plus utile du Net? le plus inutile? Expliquez. Les gens qui font fortune grâce au Net, méritent-ils de devenir millionaires? Pourquoi (pas)?

En savoir plus:
L'e-commerce domine le Net. Presque 90% des sites du Web sont commerciaux.

B. Etes-vous d'accord? Dites si vous êtes d'accord avec les phrases suivantes et justifiez vos réponses.

1. Le Net est un milieu enrichissant. On y rencontre des gens plus ouverts, plus cultivés que dans les milieux traditionnels.
2. Les métiers du Net sont ouverts à tout le monde à condition que l'on aime surfer et que l'on soit prêt à travailler comme un fou.
3. Il n'est pas possible qu'Internet soit accessible à tout le monde.
4. L'ordinateur a changé la vie pour le meilleur.
5. Plus on a d'objets et d'équipements, plus la vie est riche.
6. Les pays en voie (*in the process*) de développement ont besoin d'ordinateurs avant tout.

Le français au bout des doigts

Les Français et le Net

Tout le monde en parle. Beaucoup s'en servent, pour se former, s'informer, gagner de l'argent et en dépenser. Il a changé nos vies. Mais comment savoir ce que les Français font en ligne? Il suffit de devenir internaute à la française!

Les liens et les activités se trouvent à **www.mhhe.com/collage.**

CHAPITRE

8 LES SPECTACLES

Les jeux du Cirque du soleil

La musique et le cinéma sont à la fois des industries, des divertissements et des moyens d'expression artistique. De nombreux Français ont tendance à choisir des loisirs qui leur permettent d'échapper à la réalité, au quotidien. Mais il y a aussi en France une longue tradition de films et de chansons qui font réfléchir, qui traitent de convictions philosophiques ou de causes sociales. L'artiste engagé, qui exprime ses idées politiques, est très respecté en France.

Et vous, que recherchez-vous dans la musique et le cinéma: des moyens de détente ou des sources de réflexion? Ce chapitre va vous donner l'occasion d'explorer ces thèmes en vous faisant rencontrer trois musiciens et une actrice. Continuez à lire; le spectacle va commencer!

Trois stars et la musique

Mise en route

Word families. Sometimes you can figure out the meaning of an unfamiliar word by recognizing its relationship to another word from the same family. In the following sentence, assume that you do not know the meaning of **débute.**

Le discours débute par une citation de John Kennedy.

What clues do you have to the meaning of **débute?** It is obviously a verb, but the context doesn't make its meaning clear. Before you keep reading, try guessing freely to trigger all the word associations you can.

You know the English expression *to make a debut,* so you may have guessed that **débuter** means *to begin.* **Début, débutant,** and **débuter** belong to the same family and have related meanings.

Can you guess the meanings of the words indicated below? What other words belonging to the same families do you know?

1. Votre enfant **embellit** tous les jours.
2. Je ne sais pas où est la **laverie** automatique du centre-ville.

Familles de mots. Les mots et expressions de gauche se trouvent dans la première lecture du chapitre. Découvrez les mots ou expressions de la même famille qui leur correspondent dans la colonne de droite, puis essayez de traduire les mots de gauche.

1.	je me concentre	a.	faire des progrès, progressif
2.	le représentant	b.	les médias, multimédia
3.	attitré	c.	enregistrer, enregistrable
4.	se retrouver	d.	la concentration, concentré
5.	médiatique	e.	le titre, le sous-titre

6. progresser   f. représenter, la représentation
7. enregistré   g. naître, naissance, renaissance
8. né   h. trouver, trouvable

Mots et expressions

l'amateur (*m.*) fan (of something)
la banlieue areas surrounding the
    core of a city; [used to imply:] run-
    down housing projects
la chanson à succès hit song
enregistré(e) recorded
être en tête des ventes to be at the
    top of the charts

le goût taste
léger, légère light (*adjective*)
l'œuvre (*f.*) work (of art)
la parole word
rendre (quelqu'un) [+ *adj.*] to make
    (someone) feel [+ *adj.*]
la sortie release (of albums, films);
    exit

APPLICATIONS

A. Familles de mots. Trouvez l'expression (de la liste des *Mots et expressions*) qui
appartient à la même famille que les mots suivants.

1. aimé   4. sortir
2. l'enregistrement   5. légèreté
3. vendu   6. rendez-vous

B. Synonymes. Trouvez l'équivalent des expressions suivantes.

1. un mot, une expression
2. la création d'un(e) artiste
3. un jugement, une opinion, une préférence

C. Définitions. Donnez une brève définition ou un exemple des expressions
suivantes.

1. une chanson à succès
2. la banlieue
3. être en tête des ventes

Trois stars et la musique

Mirella Freni

Ce que j'aime dans la musique, c'est qu'elle
représente quelque chose d'universel. Aussi, je
crois sincèrement que toutes les formes musicales

ont un intérêt. Bien sûr, quand je prépare un
récital, comme celui que je viens de donner Salle[1]
Gaveau, je me concentre uniquement sur le
répertoire lyrique, de Mozart à Rossini, qui est le

[1]Théâtre

mien. Mais j'aime aussi, à d'autres moments, me relaxer avec toutes sortes de musiques modernes; avec les grands chanteurs de variété italiens, et Elton John. Hormis[2] le jazz, dont je ne suis guère fanatique, j'aime toute œuvre qui me donne une émotion. La règle est simple: si la musique demande trop de réflexion, je pense qu'elle n'est pas dans son rôle.

Patrick Bruel

En sortant de mes concerts, dans la voiture qui m'emmène à l'hôtel, il y a toujours un CD qui joue un peu trop fort. Ces derniers temps, c'était Schubert, ça pourrait être un autre musicien, mais c'est toujours de la musique classique. Cela vous étonne? Pas moi. J'ai toujours vécu dans la musique, dans *les* musiques… Comme les autres, j'ai appris la guitare et le piano. Le cadeau qui m'a fait le plus plaisir? La semaine dernière, un ami m'a offert un bloc de CDs dont le seul titre fait rêver: l'Intégrale de Mozart!

Ma musique, celle de mes chansons, elle vient en droite ligne des[3] années 70. Tous ceux qui aiment le rock le savent: c'est dans ces années-là—moi, j'avais 10, 12 ans—que le vrai phénomène musical moderne a eu lieu, avec les Beatles, les Stones, Led Zeppelin… Sincèrement, je ne crois pas être un produit de marketing. Quand les gens m'aiment, c'est pour ma musique, pour mes textes[4] aussi: ils me disent, ils m'écrivent qu'ils s'y retrouvent.

J'ai un public, et donc parfois un pouvoir, une importance que je suis le premier à trouver démesurée,[5] mais ça cessera dès que les politiques[6] retrouveront la confiance des gens. La vraie raison, la seule, pour laquelle je suis allé à «7 sur 7»,[7] c'était qu'en mars il y avait une élection et que le Front national[8] avait l'air de progresser. Savoir que, le lendemain de[9] l'émission, des milliers de jeunes sont allés s'inscrire[10] dans les bureaux de vote pour dire non, ça m'a rendu heureux.

---

[2]*Except for* [3]*en… straight from the* [4]*paroles* [5]*excessive* [6]hommes et femmes du gouvernement [7]une émission comme *Sixty Minutes*
[8]Front… *right-wing anti-immigrant party* [9]*le… the day after* [10]*to register*

MC Solaar*

Avec la sortie en juin 1997 de son troisième album enregistré à Paris et mixé à New York, le rappeur français MC Solaar confirme sa place d'artiste international sans rien perdre de sa belle sérénité.

Depuis le succès fulgurant[11] de *Bouge de là,*[12] sa première chanson sortie en 1990, et de l'album *Prose Combat* (vendu à un million d'exemplaires), Claude MC, d'origine tchadienne, né à Dakar (Sénégal) en 1969, est en effet devenu le représentant attitré[13] du rap «à la française», plus littéraire et moins belliqueux[14] que son grand frère anglo-saxon.

Sept ans—et trois albums—plus tard, son style tranquille et malicieux,[15] ses paroles positives, son amour des mots et son regard sensuel fonctionnent toujours et forcent l'admiration de ses pairs[16] américains. Hors du[17] langage codé ou des messages agressifs liés à[18] la banlieue, MC Solaar revendique[19] son rôle de «casseur[20] de clichés» atypique. Car c'est toujours en amateur de légèreté qu'il écrit. Il se joue des syllabes, s'amuse du verbe et invente des rimes ludiques[21] et acrobatiques loin d'être innocentes: «*Viens dans les quartiers voir le paradis / Où les anges touchent le RMI.*»[22]

Jouissant d'une aura médiatique indéniable,[23] faite d'humour, de simplicité et de fidélité à lui-même, cet observateur minutieux de la société contemporaine demeure[24] surtout le grand frère attentif dont tous les gamins[25] voudraient devenir le copain. Un gage de[26] sincérité.

SOURCE: abrégé de www.france.diplomatie.fr

---

[11]brillant [12]Bouge... *Move over* [13]*appointed* [14]agressif [15]*mischievous* [16]*peers* [17]Hors... *Without the* [18]liés... *associated with* [19]*asserts* [20]*breaker* [21]*playful* [22]anges... *angels get welfare checks* [23]Jouissant... *Blessed with an image that is undeniably well-suited to media coverage,* [24]continue à être [25](*fam.*) enfants, adolescents [26]gage... *proof of his*

---

*MC Solaar (MC signifie maître de cérémonie) est né Claude M'Barali.

AVEZ-VOUS COMPRIS?

A. Correspondances. A quelles stars mentionnées dans la lecture s'appliquent les idées suivantes? (Certaines expressions peuvent convenir à plus d'une star.)

1. un répertoire classique
2. un lien entre la musique et la société moderne
3. ses paroles sont appréciées
4. le marketing

5. aime la musique classique
6. a toujours un CD qui joue
7. reconnu(e) à l'étranger
8. la musique doit toucher les émotions
9. la musique est un jeu

B. Analyse. Répondez brièvement, puis comparez vos réponses avec celles d'un(e) partenaire.

MIRELLA FRENI

1. Pour quelles raisons écoute-t-elle de la musique?
2. Qu'est-ce qu'elle chante lors d'un récital?
3. Quelle sorte de musique aime-t-elle personnellement?
4. A son avis, quel est le rôle principal de la musique?

PATRICK BRUEL

1. Quelle musique ce chanteur de musique populaire préfère-t-il écouter?
2. Quels groupes l'ont le plus inspiré?
3. Pourquoi est-ce que ses admirateurs aiment sa musique?
4. Qu'est-ce qui montre que Bruel a une certaine influence sur son public? Trouvez-vous une telle réaction à une star du rock raisonnable? Expliquez.

MC SOLAAR

1. Depuis quand MC Solaar a-t-il du succès? Combien d'albums a-t-il sorti?
2. Quelles différences y a-t-il entre MC Solaar et les rappeurs «à l'américaine»?
3. Quels aspects de ses chansons est-ce que les rappeurs américains admirent?
4. Qu'est-ce qu'il fait avec la langue française dans ses chansons?
5. Quelle impression médiatique fait-il sur son public?

A. Descriptions. Sans lui parler, décrivez les goûts musicaux de votre partenaire en devinant ses réponses aux questions suivantes. Ecrivez une brève description de votre partenaire. Ensuite lisez-lui votre description et donnez-lui l'occasion de corriger votre perception. Changez alors de rôles.

A DISCUTER

Est-ce que votre partenaire est une personne…

1. qui aime la musique classique?
2. qui a assisté à un concert cette année? Si oui, lequel?
3. qui joue d'un instrument? Si oui, lequel?
4. pour qui la musique est une chose essentielle?
5. dont la collection de CDs ou de cassettes dénote des goûts musicaux très variés?

Est-ce que l'âge, le sexe, l'éducation ou la façon de s'habiller d'une personne révèlent ses goûts musicaux? Justifiez votre réponse.

B. A vous la parole. En groupes de deux, organisez une présentation de deux minutes sur l'un des sujets ci-dessous. Chaque étudiant(e) fera la moitié de la présentation à la classe. Les deux membres du groupe répondront aux questions posées par la classe, s'il y en a.

1. les meilleurs (ou pires) CDs que nous ayons jamais écoutés
2. les artistes que les jeunes préfèrent
3. la musique que l'on écoute à la télévision (à la radio ou sur Internet)
4. ce que nous pensons du rap, du rock, du jazz, de l'opéra ou de la musique de film (ou d'un autre genre de musique)
5. un genre/des artistes que nous refusons d'écouter

VOCABULAIRE

apporter de l'espoir	se commercialiser
avoir besoin	être rebelle
(ce) dont	rendre (+ adjectif)
(ce) que	trouver offensant(e), inspirant(e)
(ce) qui	?
choquer	

Emmanuelle Béart

Mise en route

Prefixes and suffixes. Another way to figure out the meaning of an unfamiliar word is to look for prefixes and suffixes, and separate them from the root of the word. A prefix or suffix helps you understand a general aspect of a word; the root provides the rest. In **octogone,** for example, **octo-** is the prefix that tells how many sides (eight) the polygon has. If you know that the suffix **-logue** means "one who studies," you can guess the meaning of **astrologue, psychologue,** and similar words. Common prefixes and suffixes appear in many dictionaries.

Le négatif. En français, certains préfixes expriment une négation: **dé-, in-, sans-,** etc. Les mots de droite se trouvent dans la deuxième lecture du chapitre. Faites correspondre les définitions de gauche et les expressions de droite qui contiennent toutes un préfixe négatif.

1. qu'on ne connaît pas
2. qui n'a pas de pièces d'identité
3. qu'on ne peut pas supporter
4. immodeste, obscène
5. ôter la bride, se libérer
6. ce qui rend libre de toute culpabilité
7. qu'on ne peut pas soutenir, justifier
8. perdre ses illusions, ne pas se tromper

a. insoutenable
b. déculpabilisant
c. se débrider
d. inconnu
e. sans-papiers
f. insupportable
g. se détromper
h. indécent

Mots et expressions

actuellement at the moment, at present
améliorer to improve
s'attacher à to become connected with, to
empêcher to prevent
en ce qui concerne concerning

s'engager à to commit to
la façon dont the way in which
la foule crowd
le jeu (d'acteur) acting
plaire à to please
sélectionné(e) chosen (in a competition)

* *

A. Synonymes. Trouvez l'équivalent des expressions suivantes.

1. concernant
2. l'interprétation d'un rôle dramatique
3. la manière [de faire quelque chose]
4. une multitude de personnes assemblées en un lieu
5. choisi(e) pour participer à ou gagnant d'une compétition

B. Antonymes. Trouvez le contraire des expressions suivantes.

1. détériorer
2. à l'avenir ou au passé
3. déplaire à, ennuyer

4. se détacher de
5. se libérer d'une obligation
6. permettre, faciliter

Emmanuelle Béart: à la Une

A Cannes, Emmanuelle Béart montera les marches pour défendre[1] "Le Temps retrouvé", de Raoul Ruiz. Pas pour faire sa star. Finalement, les paillettes,[2] ce n'est pas son truc.[3]

PAR OLIVIER BOUGREUX

L'idée de vous livrer en interview à un inconnu vous dérange-t-elle encore?

Quelque part, je dois bien aimer parler de moi. La difficulté est surtout de trouver les mots justes, et au bon moment. Mais ça ne se commande pas: parfois, il m'arrive de sentir que je dirais les choses exactement comme j'ai envie de les dire… mais il est trois heures du matin (rires)!

Comment gérez[4]-vous les questions indiscrètes?

Elles sont de moins en moins nombreuses. J'ai le sentiment que les journalistes ont compris que j'avais fixé des limites, et

---

[1]montera… *will promote her film on the stairs into the Festival Palace* [2]*glitter, glamour* [3]*thing* [4]*manage*

Cannes: le festival international du film

que je ne laisserai personne les franchir. Du coup, je suis moins sur la défensive, donc plus en harmonie avec la personne qui me parle. J'ai changé, tout simplement…

Avez-vous le sentiment d'être une meilleure comédienne qu'il y a dix ans?

Non, je ne crois pas. Il m'arrive même de penser que j'étais plus spontanée à mes débuts, il y a seize ans. J'ai plus de vécu,[5] mon visage, mon regard, ma façon d'aborder les gens ont évolué et cela passe malgré[6] moi dans mon jeu. Au contraire, je pense que je gagnerais à me débrider[7] un peu… Des personnalités comme Ruiz m'y aident.

«Le Temps retrouvé» est sélectionné au Festival de Cannes. L'idée d'y aller vous excite-t-elle?

Pas du tout. J'aime bien les gens qui font Cannes, le festival est plutôt très bien organisé, mais je n'y suis pas à l'aise. Même si je suis fière[8] d'aller y défendre un film, je ne vais pas y jouer les midinettes.[9] Il faut tout de même imaginer l'ambiance: comme il y a beaucoup trop de monde, on passe sa journée dans une chambre d'hôtel, et quand on en sort, les gens tapent sur votre voiture et hurlent[10] votre nom! Il y a finalement très peu d'amour qui passe, dans ces moments-là. On est un animal du zoo, dans sa cage, et je ne trouve pas ça très sain.[11] D'ailleurs, cela me met tellement mal à l'aise que mon maquillage vire.[12] Quant à ma robe, elle ne me va plus tellement j'ai gonflé[13] (rires)! Cela dit, je dois avouer que la montée des marches[14] est assez impressionnante. La musique, les centaines de photographes… Ces quelques

---

[5]expérience [6]*despite* [7]libérer [8]*proud* [9]jouer… *to act like a pin-up* [10]*scream* [11]*healthy* [12]maquillage… *make-up changes color*
[13]tellement… *I'm feeling so bloated* [14]la… *the red-carpeted entry to the Festival Palace.*

secondes-là sont assez grisantes,[15] mais cela reste une agression.

Comment gérez-vous le paradoxe entre votre engagement humanitaire et le côté strass[16] de votre métier?

Encore faudrait-il que je participe au côté "strass" de ce métier. Je respecte certaines obligations, même si je n'ai pas beaucoup d'affinités pour elles. La culpabilité[17] est davantage liée[18] à l'argent. C'est parce que je gagne très bien ma vie que j'ai besoin de consacrer concrètement du temps à d'autres choses, de partager. En envoyant de l'argent, mais aussi en donnant de mon temps, ce qui est beaucoup moins facile. Envoyer un chèque est déculpabilisant,[19] mais à un certain stade,[20] on a besoin d'aller plus loin. L'Unicef m'a proposé un rôle de témoin,[21] et j'ai accepté.

En quoi consiste-t-il?

A être alerte, mais témoin. A dire que l'argent envoyé au Vietnam ou en Mauritanie a bien servi à construire des écoles, à former des profs, et à en rapporter des images. Pour autant,[22] je ne suis encore pas certaine aujourd'hui du bien fondé de ma démarche,[23] j'y vais à tâtons.[24] Je ne veux pas que cela soit un poignard[25] qui se retourne contre les gens que j'essaie d'aider.

Comment recevez-vous les critiques que cette démarche suscite?[26]

Les critiques atteignent vraiment si l'intime conviction n'existe pas, lorsqu'on doute. Personnellement, je ne pense pas faire de mal en m'investissant comme je le fais. Connaissant un peu la nature humaine, je sais que ces attaques sont plus liées à la méchanceté[27] ou la médisance[28] et ne sont pas fondées. De toute façon, je n'éprouve[29] pas le besoin de me justifier.

Irez-vous justifier votre présence dans le film de Raoul Ruiz à la télévision?

Je n'aime pas beaucoup la télévision. Je crois que je ne sais pas faire, je me trouve insupportable. Quelque chose se met en marche qui ne me ressemble pas, une sorte de raideur, un besoin d'être à la hauteur, de ne pas faire perdre de temps aux gens. Et dans ces moments-là, on perd quelque chose d'essentiel, de l'humanité. Le JT[30] c'est insoutenable pour un comédien. Vous avez trois minutes pour raconter une aventure de plusieurs mois. J'adore les courses d'endurance, mais les sprints ce n'est pas pour moi.

---

[15]*intoxicating* [16]*glamourous* [17]*guilt* [18]*davantge… more connected* [19]*est… takes away some of the guilt* [20]*point* [21]*witness* [22]*Pour… With all that,* [23]*fondé… coming from the steps I'm taking* [24]*j'y… I'm feeling my way along* [25]*dagger* [26]*raises* [27]*spitefulness* [28]*malicious gossip* [29]*feel* [30]Journal Télévisé

*1985: pour son rôle dans **Manon des sources,** de Berri, Béart a gagné le César (grand prix à Cannes) du meilleur second rôle.*

*1995: rencontre avec Cruise et de Palma pour **Mission impossible.** Ce petit passage via Hollywood ne la grisera pas: "Là-bas, il n'y a pas de désir vital. On n'y parle que d'argent."*

Soeur Emmanuelle

Bientôt le Honduras. Après le Vietnam et la Mauritanie, Emmanuelle Béart s'envolera[31] prochainement pour Tegucigalpa afin d'assumer une nouvelle fois son rôle de marraine[32] humanitaire. «Je ne suis pas là pour faire la promo de l'Unicef. Ils ont régulièrement besoin de témoins médiatiques qui peuvent consacrer du temps et constater[33] sur le terrain ce qui se passe réellement. L'impact semble assez fort sur les gens qui envoient des chèques. Ils savent par ce biais[34] à quoi sert exactement leur argent. Mais je ne me contente pas d'être un témoin, j'essaie de sortir des sentiers battus,[35] de fouiner[36] pour voir dans quels domaines on pourrait apporter une aide supplémentaire. Avec le temps, je crois que les gens commencent à comprendre ma démarche. Les critiques se font plus rares.»

SOURCE: adapté de *France TGV*

[31]partira [32]*godmother* [33]observer [34]*means* [35]de… *to leave the beaten paths* [36]explorer avec soin

AVEZ-VOUS COMPRIS?

A. **Interview.** Choisissez l'expression ou les expressions qui complète(nt) le mieux la phrase selon le texte.

1. Ce qu'Emmanuel Béart trouve difficile pendant une interview, c'est *parler d'elle / dire les choses exactement comme elle en a envie.*
2. Puisqu'on lui pose moins de questions indiscrètes qu'autrefois, cette actrice est plus *sur la défensive / en harmonie* avec les journalistes qui lui parlent actuellement.
3. Elle pense que son jeu d'actrice est *meilleur / pire* aujourd'hui qu'au début de sa carrière.
4. Le Festival de Cannes est une grande manifestation culturelle où l'on *passe des films internationaux / assiste aux concerts de jazz.*
5. Selon Emmanuelle Béart, aller au Festival de Cannes est une occasion qui *plaît énormément / a du bon et du mauvais.*
6. Pour aider ceux qui sont moins fortunés qu'elle, cette actrice *écrit des livres pour des / donne son temps aux* organisations humanitaires comme l'Unicef.
7. Elle s'est rendue au Vietnam et en Mauritanie pour *faire de la publicité pour l'Unicef / vérifier l'utilisation de l'argent envoyé par l'Unicef pour y construire des écoles.*

B. **Analyse.** Répondez brièvement.

1. Qu'est-ce qu'Emmanuelle Béart aime faire pendant les interviews? Qu'est-ce qu'elle n'aime pas?
2. Pourquoi pense-t-elle avoir été une meilleure actrice au début de sa carrière? Qu'est-ce qu'elle voudrait faire pour améliorer son jeu?
3. En ce qui concerne le Festival de Cannes, qu'est-ce qui lui déplaît? Pourquoi?
4. Qu'est-ce qu'elle pense du côté strass de la vie d'une actrice? Pourquoi a-t-elle décidé de s'attacher à l'Unicef? Quel est son rôle dans cette organisation?

A. Les causes. Comme Emmanuelle Béart, beaucoup de célébrités s'engagent à améliorer la condition humaine. Avec un(e) camarade, choisissez 3 à 5 des causes données ci-dessous, puis discutez des problèmes et des efforts humanitaires des célébrités en répondant aux questions suivantes pour chaque cause que vous avez nommée.

CAUSES

l'abus	l'environnement	le racisme
les armes	la faim	les réfugiés
les drogues	l'illettrisme	la santé
l'éducation	la pauvreté	les SDF

1. Précisez le problème que vous avez choisi.
2. Y a-t-il des célébrités qui s'attachent à cette cause? Pourquoi?
3. Quelle est la façon dont ces vedettes se sont engagées? (ouvrir la discussion, renseigner le public, lever de l'argent, faire passer une loi, etc.)
4. Nommez un obstacle qui empêche que l'on trouve une solution au problème.
5. Quelles célébrités admirez-vous le plus? Pourquoi? A cause de leur talent? de leurs efforts humanitaires? Expliquez.

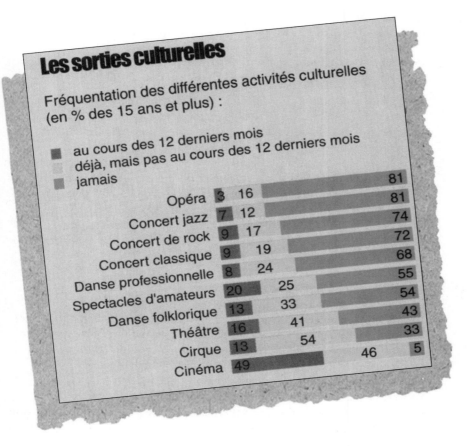

Les sorties culturelles

Fréquentation des différentes activités culturelles (en % des 15 ans et plus) :

■ au cours des 12 derniers mois
□ déjà, mais pas au cours des 12 derniers mois
■ jamais

	au cours des 12 derniers mois	déjà, mais pas au cours des 12 derniers mois	jamais
Opéra	3	16	81
Concert jazz	7	12	81
Concert de rock	9	17	74
Concert classique	9	19	72
Danse professionnelle	8	24	68
Spectacles d'amateurs	20	25	55
Danse folklorique	13	33	54
Théâtre	16	41	43
Cirque	13	54	33
Cinéma	49	46	5

B. Sondage. Selon un sondage récent, les Français âgés de 15 ans et plus pratiquent diverses formes d'activités culturelles. Avec un(e) camarade, étudiez le tableau présenté (page 121), puis répondez aux questions qui suivent.

1. Combien de Français sont allés à l'opéra au cours des 12 derniers mois? à un concert classique? au cinéma?
2. Combien de Français ne sont jamais allés au cinéma? au théâtre? à un concert de rock?
3. Quelles réponses vous surprennent le plus? Pourquoi?
4. En regardant cette liste d'activités, dites ce que vous avez fait vous-même au cours des 12 derniers mois. En général, quelle sorte de spectacle préférez-vous? n'aimez-vous pas du tout? Expliquez vos réponses.
5. Décrivez un spectacle dont vous vous souvenez très bien. Pourquoi est-ce que ce spectacle vous a impressionné(e)?
6. Est-il important, très important ou pas du tout important que vos amis et vous puissiez assister à des concerts et aller au théâtre et au cinéma quand vous voulez? Pourquoi?

 **chos**

A. Qu'en pensez-vous? Traitez par oral ou par écrit de l'un des sujets suivants.

En savoir plus:
Les jeunes amateurs de cinéma français aiment les films d'aventures avec des effets spéciaux dont la plupart sont américains. Ils aiment aussi les films comiques français et les films qui montrent la réalité contemporaine.

1. **Influences.** Connaissez-vous l'orientation politique des célébrités ou des artistes que vous admirez? Pourquoi (pas)? Quelles vedettes de votre pays apportent leur soutien à un parti? Nommez-en deux ou trois. Est-ce que vos valeurs, vos choix politiques ou votre mode de vie pourraient être influencés par une célébrité? Expliquez.
2. **Le cinéma et vous.** Selon les Français, la personne la plus importante d'un film est le réalisateur ou la réalisatrice. Sa vision du monde ou de son pays dans le film compte beaucoup plus que le talent de l'acteur principal. Qu'est-ce qui vous intéresse le plus au cinéma? Les vedettes? l'intrigue? les effets spéciaux? les réalisateurs? Expliquez. Quel est l'aspect le plus négatif de l'industrie du cinéma? La violence? les salaires exagérés? la superficialité? Commentez.

B. Etes-vous d'accord? Discutez les opinions ci-dessous avec un(e) partenaire. Justifiez vos réponses.
1. D'habitude, deux générations successives n'aiment pas la même musique.
2. Il faut apprendre aux enfants à apprécier la musique dès l'école primaire.
3. La musique ne doit pas parler de drogue, de sexe ou de criminalité.
4. La plupart des films à grand succès sont faits pour les jeunes.
5. On va au cinéma pour se détendre et non pour réfléchir.
6. La plupart des films de Hollywood sont de qualité médiocre.
7. Certaines célébrités s'attachent à une bonne cause pour la publicité et non pas parce que la cause les intéresse vraiment.

Le français au bout des doigts

Les stars francophones

La musique et le cinéma francophones sont connus à l'échelle mondiale et certains noms célèbres nous incitent à voir tel ou tel film ou à écouter certains concerts ou disques. Pour en savoir plus sur des vedettes que vous connaissez ou pour en découvrir d'autres, visitez les sites qui leur sont consacrés.

Les liens et les activités se trouvent à **www.mhhe.com/collage**.

9

LE TEMPS DE VIVRE

La Promenade des Anglais à Nice, aux portes de l'Afrique

Même si les Français passent beaucoup de leur temps au travail, ce qui les intéresse vraiment c'est leur temps libre. Pour eux, c'est seulement là qu'on a la liberté d'être qui on veut et de faire ce dont on rêve. Les Français apprécient surtout la possibilité d'improviser leur emploi du temps, ce qui n'est pas possible au travail. Dans les années soixante-dix, les sociologues décrivaient la France future comme une «société des loisirs» où les machines travailleraient et les gens seraient libres de poursuivre leurs rêves personnels. Ces prédictions se sont-elles réalisées?

Les deux lectures de ce chapitre décrivent une réalité bien différente. La première lecture nous décrit la préparation scientifique des sportifs que l'on transforme en machines à gagner. Pour réussir, ils doivent se sacrifier totalement à leur rêve de gloire, et travailler sans arrêt. Dans la deuxième lecture, les jeunes Français expriment leur anxiété devant les contraintes et les responsabilités du monde des adultes. Ils ont peur de devoir «perdre leur vie à la gagner». Et vous? Etes-vous impatients de devenir adultes? Les sportifs vous font-ils rêver? Que représente pour vous le temps libre?

Sport: L'homme sans limites

Mise en route

Using the dictionary. Sometimes you cannot figure out the meaning of a new word without going to the dictionary. As simple as it may seem, using a French-English dictionary can be tricky. It is common to find several English equivalents for the word you are looking up. Or the word may be part of an idiomatic or fixed expression. The following steps will make your search easier:

1. Figure out the part of speech (**partie du discours**) of your mystery word. If it is a verb, what is the infinitive? (The dictionary lists only infinitives.) If you're not sure, check the verb charts at the back of your grammar text. If the word is an adjective, figure out which noun it refers to.
2. Familiarize yourself with the symbols and abbreviations used in your dictionary. They are usually listed at the beginning. Pay particular attention to the abbreviations for the parts of speech (**adv. = adverbe; n.f. = nom féminin;** etc.)
3. Look carefully at the context in which your word appears. This will limit the possible meanings you find in the dictionary.
4. Look through all the translations given before settling on one. If you can't find the word as it is used in your context, check surrounding words. Sometimes a word will be represented by another member of its word family (**un café refroidi** from **refroidir** [*to cool off*]).

Mots nouveaux. En vous aidant de l'extrait du dictionnaire à gauche, répondez aux questions avec un(e) partenaire.

MOULIN [mulɛ] n. m. (lat. *molinum;* de *mola,* meule). Machine à moudre le grain, à piler, à pulvériser certaines matières ou à en exprimer le suc, etc. : *moulin à huile.* ‖ Édifice où cette machine est installée : *moulin à vent.* ● *Moulin à poivre,* petit moulin pour moudre le café, le poivre. ‖ *Moulin à paroles,* personne bavarde.
MOULINAGE n. m. Opération de consolidation de la soie grège, consistant à réunir et à tordre ensemble plusieurs fils.
MOULINER [muline] v. t. Faire subir le moulinage à la soie grège.
MOULINET [mulinɛ] n. m. Tourniquet que l'on place à l'entrée de certains chemins dont l'accès est réservé aux piétons. ‖ Appareil servant à mesurer la vitesse des cours d'eau. ‖ Sorte de bobine fixée au manche d'une canne à pêche, et sur laquelle s'enroule la ligne. ● *Faire le moulinet,* donner à un bâton, à une épée, etc., un mouvement de rotation rapide.
MOULINEUR, EUSE ou **MOULINIER, ÈRE** n. Ouvrier, ouvrière transformant en fil, par doublage et torsion, la matière textile.
MOULT [mult] adv. (lat. *multum*). Beaucoup, très (vx).
MOULU [muly], E adj. (de *moudre*). Rompu, brisé de fatigue : *avoir le corps moulu.* ● *Or moulu,* or réduit en poudre, employé au XVIIIᵉ s. pour la dorure des métaux.
MOULURE [mulyr] n. f. (de *mouler*). Saillie faisant partie d'une ornementation de serrurerie, d'architecture, d'ébénisterie, etc.
MOULURER v. t. Orner d'une moulure.
MOURANT, E adj. et n. Qui se meurt; qui va mourir. ‖ — Adj. *Fig.* Languissant : *regards mourants.* ● *Voix mourante,* voix langoureuse et traînante.
MOURIR [murir] v. i. (lat. *mori*) [conj. 19]. Cesser de vivre : *mourir de vieillesse.* ‖ *Par exagér.* Souffrir beaucoup de; être tourmenté par : *mourir de faim, de peur.* ‖ En parlant des choses, cesser d'être : *la gelée a fait mourir ces fleurs.* ‖ — *Fig.* Cesser d'exister, disparaître : *les empires naissent et meurent.* ‖ Finir peu à peu, s'affaiblir : *les vagues venaient mourir sur la grève.* ● *Mourir de sa belle mort,* mourir de mort naturelle et non de mort accidentelle ou violente. ‖ *Mourir de peur,* éprouver une peur extrême. ‖ *Mourir de rire,* rire aux éclats. ‖ — *Se mourir* v. pr. Être près de mourir. ‖ S'éteindre, disparaître.

1. Mettez un cercle autour de tous les noms (substantifs) que vous voyez. Combien sont masculins? féminins?
2. Combien de catégories de mots y a-t-il? Nommez-les.
3. Quelle est la définition des mots indiqués dans la phrase suivante? «**Je meurs** si je vous perds, mais **je meurs** si j'attends.» (Racine)

   a. Je cesse de vivre.
   b. Je souffre beaucoup.
   c. Je disparais.

4. Cochez parmi les définitions du mot *moulin* celle qui lui correspond dans le contexte suivant. «Ma cousine et son mari habitaient un vieux **moulin** quand ils étaient très jeunes.»
5. Sans consulter le dictionnaire, dites à quelle catégorie de mots appartient *moulinet* dans le contexte suivant: «Il faisait de grands **moulinets** avec sa canne pour éloigner son adversaire.»

   a. C'est un pronom.
   b. C'est un nom.
   c. C'est un adjectif.

   Que veut dire *moulinet* dans la phrase précédente?

> **U**n jour de loisir, c'est un jour d'immortalité.
>
> Proverbe

Mots et expressions

(s')améliorer to improve
l'angoisse (*f.*) anxiety, distress
battre to beat
le centre des sports et des loisirs recreation center
courir to run
dépasser to go beyond
s'entraîner to train, to practice

s'entretenir to stay in shape
faire concurrence à quelqu'un to compete with someone
pratiquer un sport to engage in a sport
la recherche research
le stade stadium

A. Associations. Indiquez avec quels termes vous associez les personnes suivantes.

1. les athlètes olympiques
2. les sportifs moyens (*average*)
3. vous
4. les entraîneurs
5. les scientifiques

B. Endroits. Où faut-il aller pour faire les activités suivantes? Précisez un lieu sur le campus ou dans votre ville.

1. pour courir
2. pour s'entretenir
3. pour nager
4. pour voir une équipe sportive battre ses adversaires

Sport: L'homme sans limites

Toujours plus, toujours mieux! Pour gagner quelques secondes, quelques centimètres, les sportifs sont prêts à tout. Même à modifier leur physique et leur mental. Dans les labos, scientifiques et psychologues ont parfois tendance à se prendre pour des Dr Mabuse.[1] Jusqu'où iront-ils?

«Citius, altius, fortius».[2] Plus vite, plus haut, plus fort… Depuis la fin du XIXe siècle et la rénovation des Jeux olympiques par le baron Pierre de Coubertin, une loi régit[3] le sport moderne: toujours plus, toujours mieux. Grignoter[4] des secondes, des centimètres. Le Moyen Age a inventé l'horloge[5] mécanique et ainsi discipliné le temps. Aujourd'hui, c'est le syndrome du record—il occupera encore tous les esprits pendant les 22e Jeux olympiques. Plus de 15 000 sportifs vont tenter de dépasser leurs limites. Quelques autres essaieront d'aller au-delà des «limites naturelles». Mais jusqu'où iront les champions? D'ailleurs, ces limites, existent-elles vraiment?

Le stade, la piscine ou le gymnase sont devenus des centres de recherche. Les sportifs de haut niveau se gavent[6] à la haute technologie.

Avec un masque à oxygène sur le visage ou un casque-caméra sur la tête. Et, sur le bord des pistes[7] ou des bassins,[8] on teste. On mesure. Tout. Toujours. Le potentiel métabolique. La consommation maximale d'oxygène. La vitesse d'impulsion. L'amplitude de la foulée.[9] Des escrimeurs[10] répètent leurs coups[11] favoris sur l'Arvimex, un panneau métallique hexagonal portant six petites cibles[12] circulaires munies d'une ampoule[13] en leur centre: dès que l'une s'allume, l'athlète doit la toucher. Et un ordinateur calcule son temps de réaction…

L'évolution du matériel[14] et de la technique est aussi directement liée[15] à la haute technologie. Aujourd'hui, le moindre geste sportif est décortiqué, décomposé, analysé par les ordinateurs des scientifiques. Ainsi, lorsqu'un nouveau geste, une nouvelle technique apparaissent[16] sur le stade,

[1]un supercriminel fictif qui préparait scientifiquement ses mauvaises actions avant de les exécuter   [2][le slogan des Jeux olympiques]
[3]governs   [4]To eat away   [5]clock   [6]se… stuff themselves full   [7]slopes   [8]pools   [9]stride   [10]fencers   [11]thrusts   [12]targets   [13]bulb   [14]equipment
[15]tied   [16]se montrent

«Les limites humaines seront un jour dépassées grâce aux apports de la technologie.»

«Les performances vont continuer de s'améliorer, explique Christian Plaziat, champion d'Europe du décathlon. Parce que c'est dans la nature de l'homme de se dépasser.» Des éléments connus et maîtrisés expliquent, en partie, ces progrès constants: l'évolution naturelle du corps humain (en 1948, le Français mesurait en moyenne 1,68 m; aujourd'hui, il mesure 1,76 m, et il se hissera[23] dans les prochaines années à 1,85 m), de meilleures installations et conditions d'entraînement, un meilleur matériel, une meilleure hygiène de vie et même… un meilleur dopage! Le corps du champion, lui, n'a plus rien de commun avec celui de M. Tout-le-Monde. Dans les laboratoires toujours voisins des stades et des gymnases, on a mis au point les méthodes destinées à modifier la nature même de tout individu participant à une compétition sportive. De l'homme, on veut faire un surhomme. Qui ne connaisse aucune limite.

L'entraînement

Un bâtiment ordinaire en brique rouge à l'Insep.[24] Des hommes et des femmes s'affairent[25] devant des ordinateurs. Ils sont biomécaniciens, physiciens, ingénieurs ou biologistes. Les scientifiques se sont mis au service du sport. Pour innover. Pour mettre l'athlète en situation de dépassement permanent de soi. «Dans un passé récent, explique l'un d'eux, le sportif s'entraînait de façon empirique au maximum deux heures par jour, et les compétences de son entraîneur n'étaient pas toujours évidentes. Aujourd'hui, au stade ou dans la piscine, il passe de sept à huit heures, six jours sur sept!»

Le dopage

«Le sport-spectacle pousse les athlètes à recourir[26] au dopage, confie le décathlonien Christian Plaziat. A présent, le dopage est partout. Pour l'éliminer, il faudrait que les pouvoirs publics et le milieu sportif aient le courage de prendre des

dans le gymnase ou la piscine, ils ne doivent rien au hasard.[17] Mieux: les entraîneurs, pour la plupart, réclament[18] aujourd'hui cette aide des scientifiques. A preuve, les mots de Jacques Piasenta, l'entraîneur de Marie-José Pérec (championne du monde du 400 m): «Cette collaboration est indispensable. Les scientifiques repoussent sans cesse les limites de l'exploit en apportant un petit plus.»

Hier, on sautait[19] avec une perche[20] en bambou (record du monde en 1932: 4,31 m), puis en Duralumin; aujourd'hui, elle est en fibre de verre[21] et l'Ukrainien Sergueï Bubka passe 6,10 mètres… Catégorique, un chercheur au laboratoire d'anthropologie du CNRS[22] affirme: «Les limites humaines seront un jour dépassées grâce aux apports de la technologie.»

[17]*chance*   [18]demandent   [19]*used to pole-vault*   [20]*pole*   [21]*glass*   [22]Centre national de la recherche scientifique   [23]*will pull himself up*
[24]Institut national des sports et de l'éducation physique   [25]*are busy*   [26]a… *to resort*

mesures draconiennes.[27] En rendant les contrôles obligatoires tout au long de l'année, par exemple.»

Au nom de la recherche et du progrès, des régimes politiques (telle l'ex-RDA[28]) ou des individus ne craignent pas d'utiliser le dopage, l'«arme fatale», pour mener l'homme au-delà de[29] ses limites. Pour quelques médailles de plus, on modèle, on façonne,[30] mais on casse[31] aussi des corps humains—machines performantes, mais terriblement fragiles.

La psychologie

A la fin des années 70, un chercheur américain, le Dr Henry Ryder, explique que «la barrière à une amélioration des records est plus psychologique que physiologique». Parce que le geste sportif est sous l'étroite dépendance du cerveau.[32] Donc, très vite, les psychologues ont travaillé avec les sportifs. Leur idée fixe: attaquer l'angoisse, l'«ennemi juré de tout athlète». En 1989, à Montpellier, a été créé le Centre de psychologie sportive (CPS). Depuis son ouverture, 300 athlètes s'y sont confessés aux psychanalystes et aux psychiatres; ils leur racontent tout: sensations physiques, plaisir ou ennui ressenti à

«Plus vite, plus haut, plus fort…»

l'entraînement, vie amoureuse, liens avec l'entourage sportif et familial…

Mais, déjà, psychiatrie et psychanalyse sont dépassées.[33] En effet, pour amener le sportif à se transcender, deux nouvelles techniques: la première s'inspire de diverses méthodes de concentration et de relaxation, d'origine orientale—dont la «focalisation», qui conduit l'athlète à retourner vers lui son attention (adversaires et public n'existent plus); la seconde, en pointe aux Etats-Unis et depuis peu en Europe de l'Ouest, est appelée «programmation neurolinguistique» (PNL). L'objectif: permettre à l'athlète d'entretenir les meilleurs rapports possibles avec ses adversaires et son entourage. La méthode: apprendre à analyser leurs discours, leurs comportements[34] et installer ainsi une meilleure communication. Parce que «remporter la victoire n'est pas toujours facile à assumer, explique Françoise Champiroux, psychothérapeute à la Clinique des sports, à Paris. Certains culpabilisent,[35] d'autres ne veulent pas devenir l'homme à abattre…».[36]

Les manipulations

«En 2054, un homme courra le 1 500 mètres en 3' 21"», annonce fièrement Jay T. Kierney, physiologiste et responsable de la commission médicale de l'Usoc, le Comité national olympique américain. Pourtant, il refuse de préciser quel type d'athlète battra ce record. Le sportif ressemblera-t-il encore à un humain? C'est la grande énigme du sport des prochaines années. Jusqu'où l'homme peut-il aller? A-t-il des limites naturelles? Sont-elles physiques, psychiques? Des questions qui en amènent une autre: existe-t-il un représentant standard de l'espèce? L'haltérophile[37] superlourd, le boxeur poids plume[38] ou la basketteuse géante? Jusqu'alors, des scientifiques ont travaillé dans les laboratoires américains, allemands, britanniques ou français sur le dopage biochimique ou électrique et sur le

---

[27]*sévères* [28]*République Démocratique Allemande* [29]*au-delà… beyond* [30]*shapes, molds* [31]*breaks* [32]*brain* [33]*sont… are becoming obsolete* [34]*behaviors* [35]*feel guilty* [36]*à… to take down* [37]*weightlifter* [38]*feather*

conditionnement de l'athlète, pour mieux le mener vers les «limites humaines». Mais, dans le même temps et dans le plus grand secret, d'autres chercheurs tentent de répondre à LA question, la seule: faut-il et peut-on fabriquer des individus adaptés au sport, façon Aldous Huxley dans «Le Meilleur des mondes»?[39] La réponse tient en deux mots: multiplication cellulaire. Autrement dit, manipulation génétique. Là, on plonge dans l'anticipation. L'horreur de la science-fiction, prétendent[40] d'autres, qui évoquent le frisson du futur…[41]

SERGE BRESSAN
SOURCE: abrégé de *L'Express*

[39] *Brave New World*   [40] *claim*   [41] évoquent… *talk about future shock*

AVEZ-VOUS COMPRIS?

A. **Sport et science.** Choisissez la réponse ou les réponses qui complète(nt) le mieux chaque question posée.

1. Le slogan des Jeux olympiques suggère que les athlètes _____.
   a. doivent connaître les limites du possible
   b. ont déjà battu tous les records physiques
   c. sont sans limites

2. Lequel des facteurs suivants a le plus changé l'entraînement des champions de nos jours?
   a. l'entraîneur   b. les records féminins   c. la technologie

3. D'après l'article, quelles sont les méthodes qui permettent aux sportifs d'aujourd'hui de se dépasser constamment?
   a. l'utilisation d'un masque à oxygène pendant l'entraînement
   b. l'augmentation des heures d'entraînement
   c. l'évolution naturelle du corps humain

4. Selon le texte, le dopage _____.
   a. aide les athlètes à améliorer leurs performances
   b. est bien contrôlé actuellement
   c. est partout

5. Selon le Dr Henry Ryder, le plus grand obstacle auquel doivent faire face les champions est d'ordre _____.
   a. physiologique   b. mental   c. financier

B. **Analyse.** Répondez brièvement aux questions suivantes.

1. Qui a relancé les Jeux olympiques à la fin du 19e siècle? Quel principe gouverne ces Jeux depuis ce moment-là?
2. Qu'est-ce qui explique l'amélioration constante des performances?
3. Qui participe à l'entraînement des champions de nos jours? Quel rôle jouent ces personnes? Comment? Quelle est l'attitude des entraîneurs à leur égard (*toward them*)? Pourquoi?

4. Comparez le record du saut à la perche en 1932 avec celui de 1998. Pourquoi un tel changement? S'agit-il de progrès technique ou humain? Expliquez.

5. D'après cet article, qui utilise le dopage? Pour quelles raisons? Quels en sont les résultats?

6. Etes-vous d'accord avec le Dr Ryder sur l'importance de la psychologie? Donnez un exemple.

7. Est-ce que les performances sportives vont encore s'améliorer, selon l'article? Pourquoi (pas)? Faut-il chercher à développer des champions parfaits? Expliquez.

A. Les limites. *L'homme sans limites* suggère les méthodes suivantes pour permettre aux athlètes de dépasser leurs limites actuelles. Qu'en pensez-vous? Discutez les avantages et les inconvénients de chaque méthode.

A DISCUTER

....

***En savoir plus:
Le sport***

A peu près 60% des
18–24 ans français
font du sport, mais
seulement 25% des
gens âgés de plus
de 65 ans en font.

....

1. Si un coureur de 100 mètres veut améliorer le record actuel, il faut qu'il ou elle se dope.

2. Si les marathoniens s'entraînent encore plus, ils pourront bientôt battre le record actuel.

3. Les athlètes peuvent maîtriser leur angoisse grâce à la méditation et à une amélioration des rapports avec leurs adversaires.

4. Pour réduire son temps de réaction, l'escrimeur a besoin de l'aide des scientifiques.

5. Pour pouvoir un jour créer l'athlète idéal, on devrait intervenir sur des embryons humains en vue de les adapter à de futures tâches bien spécifiques.

B. Les Sports. Selon le tableau droite, les femmes rattrapent (*are catching up with*) les hommes dans deux disciplines prestigieuses. Avec un(e) autre étudiant(e), répondez aux questions qui suivent.

1. Dans quelle discipline l'amélioration est-elle la plus spectaculaire? Qu'est-ce qui explique ce progrès à votre avis?

2. Selon vous, est-il important qu'une femme puisse un jour faire un marathon dans les mêmes temps qu'un homme? Pourquoi (pas)?

3. Nommez deux sportifs et deux sportives que vous admirez et dites pourquoi. En général, est-ce que les champions sportifs sont aussi respectés qu'autrefois? Commentez.

LA FEMME A LA POURSUITE DE L'HOMME

MARATHON	100 MÈTRES
1960	1960
FEMMES 3h 27' 45" — HOMMES 2h 13' 55"	FEMMES 11" 65 — HOMMES 10" 25
1h 13' 50"	1"40
Aujourd'hui	Aujourd'hui
FEMMES 2h 21' 06" — HOMMES 2h 06' 50"	FEMMES 10" 49 — HOMMES 9" 86
14' 16"	0"63

Nous, les adultolescents

Mise en route

Using the dictionary (continued). Here are some more suggestions for finding out the meaning of an unfamiliar word and getting more information about it.

5. If none of the listed meanings makes sense in context, perhaps you need to look up the entire expression rather than a single word; to do that, you must identify the key word to look up. Suppose you want to know the meaning of **la mise en scène.** If you look it up under **mise,** you may not find a meaning that makes sense in context. Under **scène,** you will find the meaning: *stagecraft, the production of a play or film.*

6. In addition to providing meanings and indicating parts of speech, a dictionary also gives etymologies and phonetic symbols (in brackets), a guide to the correct pronunciation of words.

MOUSSE [mus] n. m. (ital. *mozzo*). Jeune marin de quinze à seize ans.

MOUSSE n. f. (francique *mossa*). Plante formée d'un tapis de courtes tiges feuillues serrées l'une contre l'autre, vivant sur le sol, les arbres, les murs, les toits. (Les mousses appartiennent à l'embranchement des bryophytes.)

MOUSSE n. f. (du précédent). Ecume qui se forme à la surface de certains liquides. ‖ Crème fouettée parfumée au chocolat ou au café. ● *Mousse de platine,* platine spongieux, obtenu par la calcination de certains de ses sels.

MOUSSE adj. (du lat. *mutilus,* tronqué). Qui n'est pas aigu ou tranchant : *lame mousse.*

MOUSSEAU ou **MOUSSOT** [muso] adj. m. Se dit d'un pain fait avec de la farine de gruau.

MOUSSELINE [muslin] n. f. (ital. *mussolina,* tissu de Mossoul). Tissu peu serré, léger, souple et transparent : *mousseline de soie, de coton.* ‖ — Adj. inv. *Verre mousseline,* verre très fin. ‖ Se dit d'une sauce, d'une sorte de brioche légère.

MOUSSER [muse] v. i. Former, produire de la mousse : *le champagne mousse.* ● *Faire mousser quelqu'un* ou *quelque chose* (Fam.), faire valoir, vanter : *faire mousser ses amis.*

MOUSSERON [musr5] n. m. (bas lat. *mussirio*; d'orig. obscure). Champignon comestible délicat, poussant en cercle dans les prés, les clairières. (Famille des agaricacées, genre *tricholome.*)

MOUSSEUX, EUSE adj. Qui mousse : *bière mousseuse.*

MOUSSEUX n. m. Vin mousseux.

MOUSSOIR n. m. Cylindre de bois pour délayer une pâte, pour faire mousser le chocolat.

MOUSSON [mus5] n. f. (arabe *mausim,* saison). Nom donné à des vents qui soufflent, surtout dans l'Asie du Sud-Est, alternativement vers la mer et vers la terre pendant plusieurs mois : *la mousson d'été est humide.*

Renseignements. Répondez aux questions en vous aidant de l'extrait du dictionnaire à droite, puis comparez vos réponses avec celles d'un(e) partenaire.

1. Trouvez un mot d'origine italienne et un mot d'origine arabe.
2. Quel est le genre du nom **mousse?**
3. Nommez une chose qui mousse.
4. Que veut dire l'expression indiquée dans la phrase suivante? «Patrick **se fait mousser** auprès de ses supérieurs.»

   a. Il se coiffe avec de la mousse.
   b. Il demande à ses supérieurs de lui préparer une mousse au chocolat.
   c. Il exagère ses mérites devant ses supérieurs.

5. Soulignez la dernière lettre prononcée dans chacun des mots suivants: mousseline; mousseron; mousser.

Mots et expressions

la banlieue areas surrounding the core of a city; (*here*) neighborhood with housing projects and often violence and drugs

se débrouiller to manage, to cope on one's own

l'étape (*f.*) phase, stage
s'habituer à to get used to
insatisfait(e) dissatisfied
le malheur misfortune, hardship
le mélange combination, mixture

le milieu background, environment
mûr(e) mature;
   mûrir to mature
rempli(e) (de) full (of)

se sentir (bien ou mal) to feel (good or bad)
vide empty;
   le vide emptiness

A. Antonymes. Trouvez le contraire des expressions suivantes.

1. le bonheur
2. vide
3. content(e)
4. avoir besoin de l'aide des autres
5. la séparation

B. Synonymes. Trouvez l'équivalent des termes ci-dessous.

1. acquérir de la maturité
2. prendre l'habitude
3. l'ensemble des conditions dans lesquelles se développe un individu
4. une phase (de la vie, de la civilisation)
5. l'espace qui ne contient rien

C. Explications. Donnez une brève définition ou un exemple des expressions suivantes.

1. s'habituer à
2. la banlieue
3. une étape de la vie
4. un malheur
5. se sentir bien

Nous, les adultolescents

«Qu'est-ce qu'être adulte? L'êtes-vous déjà?» Tel est le sujet sur lequel[1] ont planché[2] à notre demande 130 élèves de 15 à 21 ans.

130 élèves âgés de 15 à 21 ans de tous milieux sociaux, scolarisés dans six établissements scolaires—un collège, quatre lycées et une école d'arts appliqués—ont planché pour nous, grâce à l'aide bienveillante[3] de leurs professeurs de lettres, sur un

[1]*which* [2]*pensé* [3]*kind*

redoutable[4] sujet: «Qu'est-ce qu'être adulte? L'êtes-vous déjà?»

De leurs copies jaillit[5] un explosif mélange de professions de foi, de certitudes, de contradictions et de doutes. Faut-il «*être adulte ou faire l'adulte*», demande l'un. «*Adulte, c'est un mot, écrit Séverine, qu'on ne peut pas prendre à la légère.*»[6] Pas de risque de ce côté-là...

On ne peut laisser dire à personne[7] que 20 ans est le plus bel âge de la vie. Etre jeune aujourd'hui reste une étape tumultueuse, remplie de blues devant l'avenir, compliqué de mille manières[8] de se contempler et de jouer avec le vide et l'extrême. Un collégien résume ainsi ses quinze années d'existence: «*Depuis tout petit je porte un sac sur le dos, je fais des devoirs qui ne m'ont rien appris, je n'ai jamais travaillé pour de l'argent, et j'ai toujours quelqu'un scotché à moi[9] pour me dire fais ci fais ça...*» Un étudiant se promet de «*ne jamais s'enfermer*[10] dans une routine écrasante[11] et de subir[12] l'autorité et la contrainte*»...

Mais c'est surtout la peur de l'avenir qui frappe.[13] Jusqu'à donner froid dans le dos.[14] On

voudrait rencontrer davantage de jeunes pour qui «*le mot "adulte" sent la grande vie*».[15] Mieux vaut l'oublier. Pour l'écrasante majorité d'entre eux, la sortie de l'adolescence ferait plutôt cauchemarder.[16] Pour Jules, 15 ans, cela donne: «*D'un côté, on peut faire ce qu'on veut, mais de l'autre il n'y a plus personne derrière nous.*» L'«autonomie» qu'ils évoquent nombreux[17] n'est pas... la liberté, et leurs «responsabilités» pèsent[18] toujours des tonnes.

Certes il faut relativiser et distinguer l'adolescence éternelle des caractéristiques de notre époque. En clair,[19] quitter papa-maman, perdre son enfance est depuis toujours une épreuve initiatique[20] comme le soulignent les psys.[21] Revient d'ailleurs souvent[22] cette vision de l'adulte solitaire, abandonné à lui-même, qui doit «*se débrouiller sans personne*», «*savoir ce qu'il veut*», et «*ne plus avouer[23] ses peurs*». Les plus lucides ont d'ailleurs[24] compris cet arrachement à l'enfance et le dédramatisent.[25] «*Adieu l'insouciance[26] adorée qui m'a protégé pendant l'enfance! écrit Laurent, 20 ans, adieu maman, adieu la fainéantise![27] En étant adulte, le monde s'ouvre à moi, je*

peux être mon bourreau ou mon ange gardien.»[28]

Mais, au-delà des généralités, ce qui les prend à la gorge[29] aujourd'hui, et malgré la reprise économique trompetée, c'est toujours et encore les interrogations sur l'argent et le travail. La crainte d'en manquer. La peur du chômage, du déclassement[30] ou de l'exclusion. Termes les plus fréquents: impôts[31]—«*un mot effroyable*»,[32] dit l'un d'eux— voire taxes, assurances, et électricité, ensuite logement, enfin—«*si Dieu le veut*»— enfants... Mariana: «*C'est un monde de brutes vers lequel j'avance. Etre adulte est un combat perpétuel contre le chômage. C'est se battre au quotidien[33] pour offrir la meilleure vie possible à ses enfants.*»

Les élèves de milieux défavorisés vont évidemment plus loin dans l'obsession de «*ramener de l'argent*», mais tous y sont hypersensibles. A Montreuil, Eddy, élève en BEP,[34] projette sa vie «*avec une femme et pas une petite amie, et pourquoi pas un enfant, des cartes de crédit et parfois des dettes, mais pour tout ça il faut avoir un travail régulier avec une paie*

---

[4]qui fait peur [5]sort [6]à... *lightly* [7]On... *No one can claim* [8]ways [9]scotché... *glued to my side* [10]lock himself [11]grueling [12](ne jamais) accepter [13]is striking [14]Jusqu'à... *To the point that it sends shivers down one's spine.* [15]sent... *suggests the good life* [16]ferait... *is more likely to give them nightmares* [17]en grand nombre [18]weigh [19]En... *To put it plainly,* [20]épreuve... *rite of passage* [21]psychiatres [22]Revient... *We keep thinking of* [23]acknowledge [24]moreover [25]cet... *this violent break from their childhood and play down its impact* [26]carefree life [27]loafing around [28]je... *it's up to me to make it or break it* [29]les... *catches in their throat, i.e., bothers them* [30]drop in status [31]taxes [32]horrible [33]se... *a constant struggle* [34]vocational/technical high school

À VOUS REGARDER, ÇA DONNE TROP PAS° ENVIE DE DEVENIR ADULTE !

AVEC LE MAL QU'ON SE DONNE POUR RESTER JEUNES ?

°ça. . . (*fam.*) cela ne donne pas trop

car il nous arrive trop de malheurs.»

Quoi qu'il en soit,[36] c'est souvent la liesse[37] lorsqu'on se souvient des toutes premières prises de responsabilités. Des premiers rites d'initiation. Quel souvenir radieux[38] lorsqu'on a ouvert un compte en banque, *«même pour y déposer une somme misérable»*! Que ce fut *«génial»* d'avoir *«su se débrouiller»* le soir où les deux bébés que l'on gardait *«se sont mis à pleurer en même temps»*! Et puis il y a ces stages[39] au supermarché, qui *«m'ont fait voir qu'on me faisait confiance.»* Même les aînés, des filles pour la plupart, témoignent[40] que les vrais jobs alimentaires[41] et le débarquement dans un premier chez-soi[42] vous pousse *«à être une grande».* Marie a ainsi *«découvert depuis cinq mois les petits matins qui ne chantent pas,[43] le frigo parfois vide, les difficultés pour s'habituer à Fred le fiancé»*… Elle qui *«se révoltait pour n'importe quoi»,[44]* elle se *«résigne aujourd'hui à devenir soucieuse,[45] impuissante et désarmée[46] devant la vie réelle et non rêvée»*… Mais elle n'en écrit pas moins: *«Etre adulte, c'est perdre l'insouciance de ceux qui ne portent rien.[47] Ça se construit et ça se continue toute la vie.»*

pour au moins vivre et payer tout ce que l'on doit payer tout le temps».

«En banlieue, lance Simon, *les jeunes deviennent plus vieux que les autres. Plus vous avez fait de bêtises, plus vous êtes adulte.*

En prison, on est comme des adultes. Y a peut-être des adultes du gouvernement qui disent nous comprendre, mais ils n'ont jamais fait de BEP et d'apprentissage[35] pour réussir. Il ne faut pas croire qu'être adulte, c'est être heureux,

[35]*apprenticeship* [36]*Quoi… Be that as it may,* [37]*joie* [38]*heureux* [39]*internships* [40]*déclarent* [41]*that barely pay enough to live on*
[42]*home of your own* [43]*qui… quand ça ne va pas* [44]*n'importe… anything* [45]*inquiète* [46]*helpless* [47]*ne… carry no responsibilities*

Alors, que conclure? Si différents de leurs prédécesseurs? Faut-il incriminer notre gouvernement, notre société? Sans doute. «*Dans une société comme la nôtre, écrit Eléonore, on n'éduque pas des gens, on forme des travailleurs, ceux qui entrent dans le moule.*»[48] Et d'insister: «*L'espérance de vie des adultes augmente tandis que[49] leurs rêves diminuent. Enfant, on ne les vit pas vraiment; adolescent, on veut les vivre vraiment; adulte, on n'a pas le temps; retraité,[50] on a du mal.*» Au fond,[51] sur quoi s'interroge Eléonore? Sur ce que nous, adultes, sommes devenus. Beau sujet, que se sont bien gardés d'aborder franchement nos élèves.[52]

Les adultes? Les parents? Des gens qui ont «*beaucoup de rendez-vous et sont très fatigués*», qui «*ont la valeur de l'argent*», qui «*prédisent[53] que je verrais plus tard comment il faut travailler dur pour avoir un emploi et payer les factures*»,[54] qui ont «*réussi*» quand ils ont «*un travail, une maison, le permis de conduire et une belle voiture*». Mais qui sont manifestement insatisfaits. Une phrase parmi des dizaines: «*Les vrais adultes pensent qu'il vaut mieux rester à l'école que d'aller travailler tous les jours. Ils disent qu'ils préfèrent rester enfants et regrettent d'être adultes.*»

Heureusement que ces ados[55] sont parfois plus grands qu'on le pense. Ainsi ce Romain, en BEP, qui a le courage d'écrire: «*Souvent mon père me dit qu'il préférerait être à ma place, il dit qu'être adulte, c'est trop de désagréments.[56] Je crois que tenir de tels propos[57] est une stupidité. Je crois qu'être libre de ses faits et gestes[58] mérite tous les désagréments du monde. Il dit aussi que c'est dur de travailler tous les jours pour nourrir[59] son enfant, moi je dis qu'avoir un enfant est une des plus belles choses que peut nous offrir la nature et que travailler durement pour l'élever est normal. L'adulte qui le fait devrait s'en vanter plutôt que de se plaindre.*»[60] ▨

ANNE FOHR

SOURCE: abrégé du *Nouvel Observateur*

TRISTE MONDE DE DEVOIR ATTENDRE D'AVOIR TRENTE ANS POUR FAIRE SON PREMIER ENFANT!

LUI SERA JEUNE, C'EST LE PRINCIPAL!

---

[48]mold [49]tandis... whereas [50]retired [51]Au... Basically, [52]que... which our students were careful not to broach directly [53]predict [54]bills [55]adolescents [56]choses désagréables [57]tenir... to say such things [58]libre... free to do and to say what you want [59]Pour... to provide for (lit. to feed) [60]s'en... be proud of it rather than complain about it

Elsa, 20 ans: «L'argent, l'argent...»

La société nous oblige à prendre conscience de l'importance de l'argent. Les 100 francs que l'on mettait dans sa tirelire[61] pour s'acheter des bonbons sont désormais[62] précieux et se mettent à la banque, sur un compte qui devient notre meilleur ami, et dont il faut vérifier la santé religieusement. L'argent devient le moteur principal d'une vie d'adulte.

Roland, 15 ans: «Je me sens adulte quand...»

Je me sens adulte quand: je sors avec mes amis sans mes parents; je vais m'acheter des affaires avec mon argent de poche; je fais des petits boulots l'été; je m'occupe de mes frères et mes sœurs quand mes parents sont absents; mes parents me parlent de conduite accompagnée; une personne m'appelle monsieur au téléphone. Je me sens encore adolescent quand: mes parents m'interdisent de sortir parce qu'il est trop tard ou que j'ai cours le lendemain; qu'on refuse de me laisser entrer voir un film interdit aux moins de 16 ans.

[61]*piggybank* [62]*from now on*

. . . .

A. En résumé. Relisez le texte et trouvez les expressions qui complètent les affirmations suivantes.

1. Selon ce texte, *adulte* est un mot que l'on ne peut pas prendre _____.
2. D'après cet article, être jeune est une étape de la vie _____.
3. Pour la majorité des jeunes Français, la sortie de _____ est cauchemardesque.
4. Bien que l'économie soit forte actuellement, les jeunes Français s'inquiètent beaucoup en ce qui concerne l'argent et _____.
5. En général, quand on se souvient de son enfance et de ses premières prises de responsabilité comme l'ouverture d'un compte en banque, on est _____.
6. Selon les jeunes mentionnés dans le texte, leurs parents ont beaucoup de _____ et ils sont très _____.

B. Analyse. Répondez brièvement.

1. Dans le texte, 130 jeunes Français ont répondu à deux questions difficiles. Quel âge ont-ils? De quel(s) milieu(x) viennent-ils? Quelles questions est-ce que l'on leur a posées?
2. Selon le texte, avoir 20 ans n'est pas facile. Pourquoi?
3. Deux aspects de leur avenir font particulièrement peur aux jeunes Français. Lesquels? Quand ils parlent de l'avenir, quels termes utilisent-ils fréquemment?
4. Quelle est l'obsession des élèves de milieux défavorisés? Pourquoi?
5. Quelles occasions signifient qu'un(e) enfant commence à mûrir? Comment les enfants se sentent-ils après avoir pris leurs premières responsabilités?

6. Selon la plupart des jeunes, comment sont les adultes/les parents? Quand ont-ils «réussi»?

7. Selon les jeunes dans le texte, qu'est-ce que les vrais adultes regrettent? Qu'est-ce qu'ils auraient préféré faire?

A DISCUTER

A. Discussion spontanée. (à deux ou à trois) Prenez un dé et jetez-le. Pendant une minute, un membre du groupe parle du sujet qui correspond au nombre indiqué sur la face du dé. (Votre professeur vous dira quand commencer et quand terminer la discussion.) Une minute après, un autre membre de chaque groupe fait la même chose. Puis chaque groupe choisit sa meilleure présentation et l'étudiant(e) choisi(e) fait cette présentation devant toute la classe.

1. «Je me sens adulte quand…»
2. «Je ne me sens pas adulte quand…»
3. «J'aurai réussi quand…»
4. Les étapes de la vie faciles et difficiles
5. Qui a assez de temps libre?
6. Les bonnes et mauvaises influences sur ma vie

En savoir plus: Le temps et l'argent
S'ils pouvaient choisir, 58% des Français préféreraient une augmentation de salaire à une réduction du temps de travail.

B. Débat. En groupes de quatre personnes, choisissez l'une des citations ci-dessous. La moitié de chaque groupe prépare les arguments «pour»; l'autre moitié prépare les arguments «contre». Puis chaque groupe présente ses opinions devant toute la classe.

1. Etre adolescent, c'est être malheureux.
2. Etre adulte, c'est être heureux.
3. On a réussi quand on a un travail, une maison, le permis de conduire et une belle voiture.
4. L'argent est le moteur principal d'une vie d'adulte.
5. Les adultes n'ont pas le temps de rêver.

Echos

A. Qu'en pensez-vous? Traitez oralement ou par écrit de l'un des sujets suivants.

1. **La concurrence.** Dans quels domaines de la vie voyez-vous de la concurrence (professionnel, personnel, politique ou scolaire)? Expliquez. Quels sont les avantages de la concurrence selon vous? et ses inconvénients? S'il y avait moins de concurrence, est-ce que votre vie serait plus agréable? Pourquoi (pas)? Quels sont les prix (de littérature, cinéma,

musique, sport, etc.) les plus prestigieux dans votre pays? Est-ce que c'est toujours le meilleur qui gagne? Justifiez votre réponse.

2. **Les étapes de la vie.** Selon vous, quelle est la définition d'un enfant, d'un adolescent et d'un adulte? Quelles sont les priorités des enfants? des adolescents? des adultes? les possessions? les activités? les gens? Donnez-en un exemple pour chaque tranche d'âge (*age group*). Dans votre pays, quel(s) événement(s) signale(nt) que l'on arrive à maturité? avoir 21 ans? un travail permanent? une famille? aller à l'université? autre chose? Expliquez. Quelle est l'étape de la vie la plus frustrante? la plus satisfaisante? Pourquoi?

B. Etes-vous d'accord? Dites si vous êtes d'accord ou non avec les idées suivantes. Justifiez vos réponses.

1. Un(e) champion(ne) doit faire d'énormes sacrifices pour réussir dans son sport.
2. Les champions ont autant de courage que les héros militaires.
3. Un jour, les femmes feront tout ce que font les hommes dans le domaine du sport.
4. En général, les athlètes célèbres sont d'excellents modèles pour les jeunes.
5. Vieillir fait peur à ma génération.
6. On fait les choses rapidement pour avoir l'impression de vivre intensément.
7. La lenteur a beaucoup de vertus.
8. Le mariage et les enfants sont favorables à la longévité.

Le français au bout des doigts

Le bien-être

Comment se sentir bien de nos jours? Avec tant de stress, tant de responsabilités, chaque personne doit découvrir comment retrouver son équilibre physique et psychologique. Heureusement, Internet peut fournir des renseignements utiles.

Les liens et les activités se trouvent à **www.mhhe.com/collage**.

CHAPITRE 10 LE FRANÇAIS DANS LE MONDE

Au Maroc: de délicieux fruits et légumes

Au début de la Deuxième Guerre mondiale, la France était la seconde puissance coloniale dans le monde. Cet empire s'est effondré après la guerre, mais le français est encore parlé dans de nombreux pays. Les pays du Maghreb (le Maroc, l'Algérie, la Tunisie) en font partie. Comme la France continue d'occuper une place importante dans l'économie de ces pays et que de nombreux Maghrébins ont émigré en France, cette partie de l'Afrique reste une préoccupation de la France à différents niveaux.

Le premier texte de ce chapitre offre, à travers une discussion entre une petite fille et son père, français d'origine marocaine, un regard éclairé et objectif sur le racisme. Dans le deuxième extrait, une jeune enseignante algérienne relate dans son journal sa vie au jour le jour en Algérie, ses joies et ses peurs, à l'époque des attentats provoqués par les extrémistes islamistes, opposants au gouvernement algérien.

Le racisme expliqué à ma fille

Mise en route

Simplifying complex sentences. Here are steps to keep in mind when reading complex sentences.

1. Identify the main parts of the sentence. Look for verbs, then find the subject of each one.
2. One way to find the main parts of a sentence (subject, verb, object) is to eliminate the nonessential parts. Prepositional phrases and subordinate clauses are easy to recognize.

Prepositional phrases are always introduced by a preposition—such as **à côté de, dans, pour,** and so on—followed by a noun or pronoun, which is the object (**complément**) of the preposition.

aux étrangers	sous des formes différentes
en Algérie	pour les droits des Noirs

Subordinate clauses begin with pronouns such as **(ce) qui, (ce) que, (ce) dont, à laquelle,** or conjunctions such as **où, quand, bien que,** etc. These clauses contain a subject and a verb, but they are subordinate because they don't express the main idea(s) of the sentence.

cet immigré <u>dont tu parles</u>   *that immigrant (<u>whom</u>) <u>you're talking about</u>*
il voit <u>ce qui pourrait nous arriver</u>   *he sees <u>what could happen to us</u>*

In the following sentence from the first reading, what is the subordinate clause (**proposition subordonnée**) and what is the main clause (**proposition principale**)?

Quand on oblige une communauté, ethnique ou religieuse, à se rassembler pour vivre isolée du reste de la population, on crée des ghettos.*

Propositions. Soulignez <u>la proposition subordonnée</u> des phrases suivantes (tirées de la première lecture du chapitre).

1. Le racisme existe partout où vivent les hommes.
2. Quand l'armée française ou les industries avaient besoin d'hommes, on allait les chercher en Algérie.
3. En 1957, à Little Rock, une petite ville du Sud des Etats-Unis, il a fallu l'intervention du président Eisenhower, de la police et de l'armée pour que neuf enfants noirs puissent entrer à la Central High School, une école pour blancs.

Mots et expressions

commun(e) common
le comportement behavior
le droit right
empêcher to prevent, stop
la haine hatred
un(e) inconnu(e) stranger

la lutte fight, struggle
se méfier de to be suspicious of
mépriser to despise, to look down on (someone)
le préjugé prejudice
rejeter to reject

APPLICATIONS

A. Antonymes. Trouvez le contraire des expressions suivantes.

1. un ami intime
2. admirer, apprécier
3. la paix, l'accord
4. accepter, approuver
5. faciliter, encourager
6. avoir confiance en

B. Synonymes. Trouvez l'équivalent des expressions suivantes.

1. un jugement prématuré
2. une aversion violente pour quelqu'un ou pour quelque chose
3. ce qui est défini par la constitution et considéré comme naturel
4. l'ensemble des actions observables
5. ordinaire, usuel, banal

---

*Answer: The main clause (**proposition principale**) of the complex sentence above is *"on crée des ghettos."* The subordinate clause (**proposition subordonnée**) is *"Quand on oblige une communauté, ethnique ou religieuse, à se rassembler pour vivre isolée du reste de la population..."*

Le racisme expliqué à ma fille

—C'est quoi le racisme?

—Le racisme est un comportement assez répandu, commun à toutes les sociétés, devenu, hélas!, banal dans certains pays parce qu'il arrive qu'on ne s'en rende pas compte. Il consiste à se méfier, et même à mépriser, des personnes ayant[1] des caractéristiques physiques et culturelles différentes des nôtres.

—Quand tu dis «commun», tu veux dire normal?

—Non. Ce n'est pas parce qu'un comportement est courant[2] qu'il est normal. En général, l'homme a tendance à se méfier de quelqu'un de différent de lui, un étranger par exemple; c'est un comportement aussi ancien que l'être humain; il est universel. Cela touche tout le monde.

—C'est quoi un **étranger**?

—Le mot «étranger» vient du mot «étrange», qui signifie du dehors, extérieur. Il désigne celui qui n'est pas de la famille, qui n'appartient[3] pas au clan ou à la tribu. C'est quelqu'un qui vient d'un autre pays, qu'il soit proche[4] ou lointain,[5] parfois d'une autre ville ou d'un autre village. Cela a donné le mot «**xénophobie**», qui signifie hostile aux étrangers, à ce qui vient de l'étranger. Aujourd'hui, le mot «étrange» désigne quelque chose d'extraordinaire, de très différent de ce qu'on a l'habitude de voir. Il a comme synonyme le mot «bizarre».

—«*Discrimination*»: que veut dire ce mot?

—C'est le fait de séparer un groupe social ou ethnique des autres en le traitant[6] plus mal. C'est comme si, par exemple, dans une école, l'administration décidait de regrouper dans une classe tous les élèves noirs parce qu'elle considère que ces enfants sont moins intelligents que les autres. Heureusement, cette discrimination n'existe pas dans les écoles françaises. Elle a existé en Amérique et en Afrique du Sud. Quand on oblige une communauté, ethnique ou religieuse, à se rassembler pour vivre isolée du reste de la population, on crée ce qu'on appelle des **ghettos.**

—C'est une prison?

—Le mot «ghetto» est le nom d'une petite île en face de Venise, en Italie. En 1516, les Juifs[7] de Venise furent envoyés dans cette île, séparés des

[1]*having* [2]commun [3]*belongs* [4]*near* [5]*far* [6]*treating* [7]*Jews*

autres communautés. Le ghetto est une forme de prison. En tout cas, c'est une discrimination.

—Est-ce que le racisme a toujours existé?

—Oui, depuis que l'homme existe, sous des formes différentes selon les époques.

Le racisme contre les Noirs a été et continue d'être très virulent en Amérique. Les Noirs ont mené des luttes terribles pour obtenir des droits. Avant, dans certains Etats, les Noirs n'avaient pas le droit de nager dans la même piscine que les Blancs, pas le droit d'utiliser les mêmes toilettes que les Blancs, ni d'être enterrés[8] dans le même cimetière que celui des Blancs, pas le droit de monter dans le même autobus ou de fréquenter les mêmes écoles que les Blancs. En 1957, à Little Rock, une petite ville du Sud des Etats-Unis, il a fallu l'intervention du président Eisenhower, de la police et de l'armée pour que neuf enfants noirs puissent entrer à la Central High School, une école pour Blancs… La lutte pour les droits des

Noirs n'a pas cessé malgré[9] l'assassinat, en 1968 à Atlanta, d'un des grands initiateurs de cette lutte, Martin Luther King. Aujourd'hui, les choses commencent à changer. C'est comme en Afrique du Sud où les Blancs et les Noirs vivaient séparés. C'est ce qu'on appelait l'**apartheid.** Les Noirs, plus nombreux, étaient discriminés par la minorité blanche qui dirigeait[10] le pays.

Il faut que je te dise aussi que les Noirs sont comme tout le monde, eux aussi ont des comportements racistes à l'égard des[11] personnes différentes d'eux. Le fait qu'ils soient souvent victimes de discrimination raciale n'empêche pas certains d'entre eux d'être racistes.

—Tu as dit que le colonialisme divisait les gens… C'est quoi le **colonialisme,** c'est aussi du racisme?

—Au XIXe siècle, des pays européens comme la France, l'Angleterre, la Belgique, l'Italie, le Portugal ont occupé militairement des pays africains et asiatiques. Le colonialisme est une domination. Le colonialiste considère qu'il est de son devoir, en tant qu'homme blanc et civilisé, d'aller «apporter»[12] la civilisation à des races inférieures». Il pense, par exemple, qu'un Africain, du fait qu'il est noir, a moins d'aptitudes intellectuelles qu'un Blanc, autrement dit qu'il est moins intelligent qu'un Blanc.

—Le colonialiste est raciste!

—Il est raciste et dominateur. Quand on est dominé par un autre pays, on n'est pas libre, on perd son indépendance. Ainsi l'Algérie, jusqu'en 1962, était considérée comme une partie de la France. Ses richesses ont été exploitées et ses habitants privés de[13] liberté. Les Français ont débarqué en Algérie en 1830 et se sont emparés[14] de tout le pays. Ceux qui ne voulaient pas de cette domination étaient pourchassés,[15] arrêtés[16] et même tués.[17] Le colonialisme est un racisme à l'échelle de l'Etat.[18]

«En 1957, à Little Rock, une petite ville au Sud des Etats-Unis, il a fallu l'intervention […] de la police et de l'armée pour que neuf enfants noirs puissent entrer à la Central High School…»

[8]*buried*   [9]*in spite of*   [10]*were running*   [11]*à… towards*   [12]*bring*   [13]*privés… stripped of*   [14]*se… took control*   [15]*pursued*   [16]*arrested*
[17]*killed*   [18]*à… on the governmental level*

—Comme a dit le poète algérien Jean Amrouche, en 1958:

Aux Algériens on a tout pris
la patrie[19] avec le nom
le langage avec les divines sentences
de sagesse[20] qui règlent la marche[21] de l'homme
depuis le berceau[22] jusqu'à la tombe
la terre avec les blés[23]
les sources[24] avec les jardins
le pain de la bouche et le pain de l'âme
[...]
On a jeté[25] les Algériens hors[26] de toute
patrie humaine
on les a faits orphelins[27]
on les a faits prisonniers
d'un présent sans mémoire et sans avenir

«C'est ça, le colonialisme. On envahit[28] le pays, on déposède les habitants, on met en prison ceux qui refusent cette invasion, on emmène les hommes valides travailler dans le pays colonisateur.

—C'est pour ça qu'il y a beaucoup d'Algériens en France?

—Avant l'indépendance, l'Algérie était un département français. Le passeport algérien n'existait pas. Les Algériens étaient considérés comme des sujets de la France. Quand l'armée française ou les industries avaient besoin d'hommes, on allait les chercher en Algérie. On ne demandait pas leur avis aux Algériens. Ils n'avaient pas le droit d'avoir un passeport. On leur délivrait un permis pour se déplacer. On leur donnait des ordres. S'ils refusaient de les suivre, ils étaient arrêtés et punis. Ce furent les premiers immigrés.

—Mais, avant l'arrivée des immigrés, est-ce qu'il y avait du racisme en France?

—Le racisme existe partout où vivent les hommes. Il n'y a pas un seul pays qui puisse prétendre qu'il n'y a pas de racisme chez lui. Le racisme fait partie de l'histoire des hommes. C'est comme une maladie. Il vaut mieux le savoir et apprendre à le rejeter, à le refuser. Il faut se contrôler et se dire «si j'ai peur de l'étranger, lui aussi aura peur de moi». On est toujours l'étranger de quelqu'un. Apprendre à vivre ensemble, c'est cela lutter contre le racisme.

Conclusion

La lutte contre le racisme doit être un réflexe quotidien. Notre vigilance ne doit jamais baisser. Il faut commencer par donner l'exemple et faire attention aux mots qu'on utilise. Les mots sont dangereux.

Il faut aussi agir,[29] ne pas laisser passer une dérive[30] à caractère raciste. Ne jamais se dire: «Ce n'est pas grave!» Si on laisse faire et dire, on permet au racisme de prospérer et de se développer même chez des personnes qui auraient pu éviter de sombrer dans ce fléau.[31] En ne réagissant[32] pas, en n'agissant[33] pas, on rend le racisme banal et arrogant. Sache que des lois existent. Elles punissent l'incitation à la haine raciale. Sache aussi que des associations et des mouvements qui luttent contre toutes les formes de racisme existent et font un travail formidable.

Sache enfin que chaque visage est un miracle. Il est unique. Tu ne rencontreras jamais deux visages absolument identiques. Qu'importe la beauté ou la laideur.[34] Ce sont des choses relatives. Chaque visage est le symbole de la vie. Toute vie mérite le respect. Personne n'a le droit d'humilier une autre personne. Chacun a droit à sa dignité. En respectant un être, on rend hommage, à travers lui, à la vie dans tout ce qu'elle a de beau, de merveilleux, de différent et d'inattendu.[35] On témoigne du respect pour soi-même en traitant les autres dignement. 🌺

par TAHAR BEN JELLOUN
SOURCE: adapté du *Racisme expliqué á ma fille*

---

[19]*homeland*   [20]*sentences... wise sayings*   [21]*règlent... determine the progress*   [22]*cradle*   [23]*wheat*   [24]*sources of water*   [25]*threw*   [26]*out*
[27]*orphans*   [28]*invades*   [29]*act*   [30]*abuse*   [31]*auraient... could have avoided being swallowed up in this plague*   [32]*reacting*   [33]*doing something*
[34]*ugliness*   [35]*unexpected*

A. **En résumé.** Relisez le texte et trouvez les expressions qui complètent les affirmations suivantes.

1. Le racisme est un comportement _____ à toutes les sociétés qui est devenu banal dans certains _____ où l'on ne se rend pas compte de son existence.
2. Un «étranger» est quelqu'un qui vient d'un _____ pays ou d'un(e) _____ Mais le mot «étrange» est synonyme de « _____ ».
3. En 1516, les Juifs qui vivaient à Venise ont été envoyés à l'île de Ghetto afin de les _____ des autres communautés.
4. _____ Amérique, les Noirs ont mené des _____ terribles pour obtenir des droits. Dans certains états, les Noirs n'avaient ni le droit de _____ ni de (d') _____.
5. Avant de gagner leur indépendance en 1962, les Algériens étaient considérés comme des _____ de la France. On emmenait _____ travailler en France.
6. Selon le poète algérien Jean Amrouche, les Algériens sont devenus des orphelins, des prisonniers qui n'avaient ni _____ ni _____.

B. **Analyse.** Répondez brièvement.

1. Selon ce texte, qu'est-ce que c'est que le racisme? Qui touche-t-il?
2. Qu'est-ce que c'est que la discrimination? Existe-t-elle dans les écoles françaises? Où a-t-elle existé selon ce texte?
3. En Amérique, pour quels droits est-ce que les Noirs ont lutté pendant les années 40 et 50? Que s'est-il passé à Little Rock, Arkansas en 1957? Et à Atlanta en 1968?
4. Qu'est-ce que l'apartheid? Où existait-il?
5. Selon les colonialistes, quel est leur «devoir»? Quels pays européens ont colonisé des pays africains et asiatiques?
6. Selon le poète algérien Jean Amrouche, qu'est-ce que les colonisateurs ont pris aux Algériens?
7. Comment est-ce que les Algériens sont devenus les premiers immigrants en France?
8. Selon cet auteur, comment peut-on commencer à lutter contre le racisme?

À DISCUTER

A. **Questions et réponses.** Vous avez la possibilité de poser des questions auxquelles Tahar Ben Jelloun répondra dans la deuxième édition de son livre. Avec un(e) camarade, écrivez cinq questions demandant quelques précisions sur les mots, les gens et les événements qui font partie de la discussion sur le racisme.

est-ce que…
explique-moi ce que c'est que…
que veut dire…
où existe…
pourquoi…
qui était…

l'anti-sémitisme
l'esclavage
la haine
Nelson Mandela
la phobie
les préjugés
Rosa Parks

?

Echangez maintenant vos questions avec un autre groupe d'étudiants en classe. Ensuite, avec votre camarade, essayez de répondre à deux des questions que vous venez de recevoir.

B. Sujets de discussion. *Le racisme expliqué à ma fille* fait partie d'une série de livres écrits pour tous ceux qui s'intéressent aux valeurs du monde francophone. D'autres livres dans cette série s'intitulent *La faim dans le monde expliquée à mon fils* et *L'immigration expliquée à ma fille*. Si on créait une telle série de livres dans votre pays, quels sujets devrait-on explorer? En groupes, proposez cinq titres ainsi que quelques idées qu'il faudrait discuter dans chaque œuvre. Ensuite, comparez vos réponses avec celles des autres groupes. Ces livres, est-ce que l'on les écrira un jour? Pourquoi (pas)?

SUGGESTIONS

l'amitié	l'indépendance	le succès
l'argent	la peur	la tolérance
le bilinguisme	la prison	la violence
la célébrité	le sexisme	?

expliqué(e)(s) aux…   adolescents/garçons/jeunes filles/parents/professeurs/?

C. Quatre positions. Lisez les affirmations ici tirées du livre *Le racisme expliqué à ma fille* et prenez une des positions suivantes sur chaque sujet:

    a. vous êtes plus ou moins d'accord avec cette idée
    b. vous êtes entièrement d'accord avec cette idée
    c. vous n'êtes pas vraiment d'accord avec cette idée
    d. vous n'êtes pas du tout d'accord avec cette idée

En groupes, discutez de tous les sujets, puis présentez oralement les meilleurs arguments de votre groupe sur ces questions au reste de la classe.

1. Le ghetto est une forme de prison.
2. Le racisme est un comportement commun.
3. Le racisme a été et continue d'être très virulent en Amérique.
4. Les minorités sont souvent victimes de discrimination raciale, ce qui n'empêche pas certains d'entre elles d'être racistes.

Le journal de Fatiah

Mise en route

Connecting words. Understanding relationships between clauses is extremely important when you are reading in any language. Connecting words, or conjunctions, indicate how clauses are related. They also perform the same function between phrases, sentences, or paragraphs.

In the following sentence, the conjunction **alors que** (*even though*) indicates a contrast between the ideas in the two clauses.

Ce matin, le marchand de
légumes s'est précipité pour me
servir, **alors que** j'étais arrivée
la dernière.

*This morning the vegetable vendor
rushed over to help me **even
though** I was last (in line).*

Connecting words fall into several general categories. A few of them are listed here. Pay special attention to connecting words as you read; if you misinterpret one, you may completely misunderstand the meaning of a sentence or paragraph.

1. Some introduce the *cause* of a situation or condition:

    à cause de *because of*   parce que *because*
    grâce à *thanks to*   puisque *since, because*

2. Some introduce the *effect* of a situation or condition:

    ainsi *thus*   par conséquent *as a result*
    donc *therefore*   pour que *so that*

3. Many introduce a *contrast*:

    au contraire *on the contrary*   alors que ⎫
    mais *but*   bien que ⎬ *although*
    par contre *in contrast*   quoique   ⎭

4. Some indicate a *necessary condition* for a certain consequence:

    à condition que ⎫ *provided that*   à moins que *unless*
    pourvu que   ⎭   si *if*

5. Some introduce a *similarity*:

    comme *like*   de même *similarly*
    comme si *as if, as though*

Rapports d'idées. Lisez chaque phrase et décidez si la conjonction indiquée exprime un rapport de cause, d'effet, de contraste, de condition nécessaire ou de similarité.

1. Les Algériens continuent à vivre leur vie, **bien que** la violence augmente dans les rues.

2. Fatiah se méfie de ses voisins **comme s'**ils étaient tous des extrémistes islamistes.
3. Elle est menacée **parce qu'**elle ne porte pas de voile.
4. Fatiah continuera à lutter (*struggle*) **pour que** la société algérienne devienne plus ouverte et plus démocratique.
5. La République algérienne ne sera sauvée que **si** on conserve la liberté de la presse.

Mots et expressions

améliorer to improve
le défi challenge
effrayer to frighten
exiger to demand; to require
la journée (*whole*) day
la manifestation (*political*) demonstration

se méfier de to be suspicious of
se mettre á (+ *infinitif*) to begin (+ *infinitive*)
n'importe any, no matter which
opprimer to oppress
se plaindre to complain
voilé(e) veiled

A. L'intrus. Trouvez dans chaque groupe le mot qui n'a aucun rapport avec les deux autres.

1. voilé(e)
   dévoilé(e)
   faire de la voile

2. la journée
   la soirée
   l'idée

3. n'importe
   l'importance
   l'importation

4. améliorer
   l'âme
   meilleur(e)

5. planter
   plaintif
   se plaindre

6. mettre
   mètre
   mis(e)

7. le défilé
   le défi
   la défiance

B. Synonymes. Trouvez l'équivalent des expressions suivantes.

1. l'expression publique d'une opinion collective
2. persécuter, tyranniser
3. demander, rendre obligatoire
4. changer en mieux
5. commencer à
6. exprimer son mécontentement, protester
7. alarmer, terrifier
8. manquer de confiance en

1830–1954	Occupation française de l'Algérie
1954–1962	Guerre d'indépendance (200 000 morts)
1962–1982	Gouvernement démocratique, modernisation, mais stagnation économique. Coopération culturelle et technique avec la France. Les fondamentalistes islamiques exercent de plus en plus d'influence.
fin des années 80	Le Front islamique du salut (FIS) est légalisé. Manifestations sanglantes, actes de violence.
1992	La guerre civile éclate: intégristes (fondamentalistes islamiques) contre démocrates.
aujourd'hui	La guerre civile continue. Magistrats, militaires, intellectuels et femmes occidentalisées (dévoilées) sont surtout menacés. Les Européens craignent une montée du terrorisme islamiste dans d'autres parties du monde.

«Comment vit-on aujourd'hui à Alger quand on est une femme moderne et libre?»

Le journal de Fatiah

ALGERIE. **Comment vit-on aujourd'hui à Alger, quand on est une femme moderne et libre? Fatiah, enseignante, fait partie de ces femmes courageuses qui affrontent chaque jour, à visage découvert, les menaces des Islamistes. Elle a écrit pour nous son journal, reflet d'une semaine ordinaire de sa vie, entre travail, enfants et maison, entre peur et rage, entre impuissance et espoir.**

Fatiah est enseignante. Elle vit avec ses deux enfants dans les environs d'Alger. Quand nous avions rencontré la première fois, cette jeune femme souriante, combative—une de ces femmes libres qui restent un des derniers espoirs de l'Algérie—elle nous avait confié ses apprehensions avec beaucoup de sincérité. On la sentait décidée, mais choquée, aussi, comme assommée[1] par cette vague[2] déferlante de haine qui déchire[3] des familles, qui conduit des Algériens à égorger[4] d'autres Algériens. Elle essayait de comprendre. Ces événements tragiques ont cela d'utile qu'ils vous obligent à un retour en arrière,[5] personnel et collectif. Les «démocrates romantiques», parmi lesquelles elle veut bien se ranger,[6] n'ont pas vu venir la vague islamiste à la fin des années 80. De cet aveuglement, il faudra un jour parler. Mais sa sincérité, son franc-parler, la rendait éminemment sympathique.

Sans hésiter, mais en prenant un minimum de précautions pour ne pas révéler son identité, Fatiah a bien voulu prendre la

---

[1]*stunned* [2]*wave* [3]*is tearing apart* [4]*slaughter* [5]à... *to examine the past* [6]se... *to count herself*

plume et écrire son journal pour *Télérama*.

La peur, la mort, et un espoir ténu,[7] aussi, en filigrane,[8] sont présents à chaque ligne de son carnet. Fatiah n'a pas reçu de menaces de mort dans sa boîte aux lettres ou au travail. Mais il suffit d'être une femme moderne, de ne pas être voilée et de participer à quelques manifestations pour craindre le pire.

—THIERRY LECLERE

Alger, jeudi. 7 heures du matin. Je viens de prendre mon café— un café noir bien sucré, comme je l'aime—c'est l'unique moyen de me réveiller. Depuis quelques temps, on en trouve normalement dans les magasins. Depuis quelque temps aussi, je dors bien. Pourtant, je passe et repasse en revue les événements des jours passés. Le problème de la vie et de la mort me hante. Je me rends compte que j'aime d'autant plus la vie que je risque de la perdre à tout moment. Je savoure maintenant chaque instant, des petits riens prennent de l'importance. Comme cette tasse de café noir du matin.

Hier, le boucher m'a regardée avec insistance. Pourquoi? Mon cœur s'est mis à battre. J'essaye de me trouver une explication valable pour me calmer. Peut-être a-t-il cru reconnaître en moi une de ces femmes qu'on a montrées à la télévision, lors de la marche contre le terrorisme, le 22 mars dernier? Je ne quitterai jamais ce pays que j'adore. Sauf si la mort, qui est probable, devient certitude. Chez moi, la peur a maintenant remplacé la terreur. Et c'est déjà un énorme progrès. Ça veut dire que je me maîtrise,[9] que je peux apprendre, réfléchir, écrire, organiser ma vie.

Vendredi. Je deviens imprudente, ce n'est pas le moment. Avant de me coucher, hier, j'ai oublié de fermer la porte blindée.[10] Je me suis réveillée en sursaut[11] à 3 heures du matin pour le faire. Le cœur battant, je suis allée voir mes deux enfants qui dormaient en paix dans leurs chambres.

—*Qui est-ce?*

Quelqu'un sonne à ma porte, cet après-midi. A travers l'œil-de-bœuf,[12] je ne vois personne.

—*Qui est-ce?*

On sonne plusieurs fois. Je n'en mène pas large.[13]

—*Nous sommes des terroristes, ouvrez!*

En reconnaissant la voix de Saadia, je la traite de[14] tous les noms. Ça l'amuse de me faire crever de trouille![15] Mon fils aussi joue de temps en temps à ce jeu-là. Une façon comme une autre d'exorciser sa peur.

Saadia est une amie de longue date. Professeur à l'université, elle est menacée, elle et son mari. On a passé tout l'après-midi à rire en se racontant nos propres frousses.[16] Saadia a piqué une belle frayeur[17] l'autre jour en voyant passer à ses côtés un homme en Golf noire (la voiture préférée des terroristes). Il roule lentement et la regarde avec insistance. Elle se met à courir… avant de réaliser qu'il ne s'agissait que d'un simple dragueur.[18] Il faudrait quand même que ces messieurs fassent un peu attention!

Samedi. Je reviens du marché, où les prix sont très élevés.[19] Les tomates, 60 dinars le kilo. Les cerises, 200 dinars (l'équivalent, à peu près, d'une journée de travail d'un smicard[20]).

Sur le marché, les gens sont détendus;[21] ils semblent même heureux, ce matin. On se sourit, on se congratule, on s'appelle *khowya* («frère») *oukhti* («sœur»), on fraternise comme si on revenait de loin, comme si on l'avait échappé belle.[22] Qu'importe le prix de la tomate ou du poivron,[23] pourvu qu'on soit vivants.

Dimanche. Comme toujours à Alger, après quelques jours de pluie tristounette et désespérante,[24] le printemps

---

[7] *tenuous* [8] *en… hidden between the lines* [9] *me… am in control* [10] *reinforced* [11] *en… with a start* [12] *peephole* [13] *Je… My heart is in my throat.* [14] *la… call her* [15] *de… to scare me to death* [16] *peurs* [17] *a piqué… had quite a fright* [18] (*fam.*) *un homme à la recherche de femmes* [19] *high* [20] *worker earning minimum wage* [21] *calmes* [22] *échappé… had a narrow escape* [23] (*green*) *pepper* [24] *depressing*

Entre sœurs, certaines se voilent, d'autres non. Mais ici, chacune respecte les croyances de l'autre.

éclate,[25] sans prévenir.[26] Les filles envahissent[27] les rues, en robes fleuries, les cheveux en cascade, plus belles que jamais.

Ce matin, le marchand de légumes s'est précipité[28] pour me servir, alors que j'étais arrivée la dernière. Les clients s'écartent[29] et acquiescent. Comme si j'avais, en tant que femme, acquis une dignité nouvelle. A moins qu'on leur fasse tout simplement de la peine… J'en entends un qui murmure doucement à un autre, mais suffisamment haut pour qu'on l'entende: «*Que font-elles de mal ces femmes dévoilées? C'est peut-être une veuve, une divorcée, une fille de famille pauvre qui travaille pour élever ses enfants ou ses frères et sœurs?*» Il aura donc fallu traverser l'horreur pour être acceptées comme des êtres humains. Il aura fallu, comme des hommes, faire preuve de bravoure, de patriotisme, descendre dans la rue, pour être acceptée en tant que femme dévoilée, en tant que citoyenne algérienne.

Lundi. 19 heures. J'écoute les informations à la radio algérienne et je regarde en même temps, sans le son, le journal de France 2. Si je me rends compte que la télé parle de l'Algérie, je remets le son sur la télévision. Il faut dire que la presse française, aussi bien écrite qu'audiovisuelle, s'est, à mes yeux, beaucoup améliorée. Elle est moins alarmiste, plus objective. On n'entend pas, comme avant, une seule version des faits. L'information est plus fouillée,[30] plus précise, plus proche de la réalité. C'est pour nous une grande victoire.

Il fut un temps où la rumeur battait les pavés[31] d'Alger avec férocité. Elle n'a presque plus de place. Sans la liberté de la presse, la rumeur et la désinformation auraient fait des ravages dans notre société malade. C'est la liberté de la presse, la résistance passive de la société civile, et en particulier des femmes, qui auront aussi sauvé[32] et consolidé la République algérienne. Qui lui auront donné la chance de devenir une société moderne, ouverte au monde.

C'est vrai que je dors mieux. Je me rends compte que je ne me réveille plus, plusieurs fois par nuit, pour vérifier que les trois verrous[33] de la porte blindée et les trois autres verrous de la porte en bois sont bien fermés. Comme si, par un effet magique, elles pouvaient s'ouvrir toutes seules! Mes cauchemars, qui me réveillaient, le visage en sueur,[34] ma main tâtant[35] mon cou,[36] diminuent. Les amies ont vidé[37] les bouteilles d'essence qu'elles avaient cachées pour pouvoir fabriquer des cocktails Molotov.

Mardi. Il est 20 heures. Mon fils n'est toujours pas rentré. Il commence lui aussi à être imprudent. Il est vrai que le couvrefeu[38] n'est qu'à 22 h 30. Mais quand même! Le couvre-feu m'ennuie mais je ne m'en plains pas vraiment. Si ça peut servir à assurer notre sécurité… De toute façon, les Algériens n'ont jamais été des noctambules.[39] Les restaurants

---

[25]*bursts forth* [26]*warning* [27]*fill* [28]*s'est… rushed over* [29]*step aside* [30]*researched* [31]*rues* [32]*saved* [33]*bolts* [34]*en… perspiring,* [35]*examining, checking* [36]*neck* [37]*emptied* [38]*curfew* [39]*night owls*

sont si chers que la majorité des clients—avant même nos problèmes—étaient des étrangers. On se rabat sur[40] la télévision, notre seule distraction.

J'ai aperçu mon garçon par la fenêtre. Adossé à[41] un mur sous un lampadaire, il doit palabrer[42] avec ses copains, parler du match de football. Il faut qu'il rentre, il a un examen demain. Depuis quelques temps, il travaille mieux. L'avenir lui paraît un peu moins incertain, et le risque de perdre ses parents, un peu moins fort, aussi.

Alors, voilà, on s'organise, on fait des projets, on planifie.[43] Bref, la vie continue. Il y a des jours avec. Il y a des jours sans… Mais pourquoi faut-il donc que les Hommes placent toujours l'espoir au bout de leur fusil?[44] ❦

SOURCE: abrégé de *Télérama*

[40]se… *fall back on* [41]Adossé… *With his back against* [42]*bavarder* [43]*make plans* [44]*rifle*

AVEZ-VOUS COMPRIS?

A. L'Algérie sous haute tension. Choisissez l'expression qui complète le mieux la phrase. Ensuite, discutez vos réponses avec un(e) partenaire.

1. Depuis 1992, l'Algérie est en période *de paix / de guerre avec la France / de guerre civile.*
2. Fatiah est *démocrate / islamiste.*
3. Les femmes qui *participent aux manifestations contre les Islamistes / portent le voile* sont menacées en Algérie.
4. Fatiah est menacée *parce qu'elle a des enfants / parce qu'elle travaille et ne porte pas de voile / parce qu'elle est anarchiste.*
5. Au moment où écrit Fatiah, la violence dans les rues *a augmenté / a diminué* en Algérie.
6. Les démocrates en Algérie veulent *un retour à la monarchie / une société tolérante et ouverte au monde.*
7. Il faut que les Algériens soient rentrés à *20 h / 22h 30* tous les soirs.
8. Le sentiment qui domine la vie de Fatiah au moment où elle écrit est *la peur / la colère / l'espoir.*

B. Analyse. Répondez brièvement.

1. Décrivez Fatiah. Comment réagit-elle à la vague récente de violence en Algérie?
2. **Jeudi:** Qu'est-ce qui suggère que sa vie reprend son cours normal? Pourquoi Fatiah trouve-t-elle sa vie plus précieuse qu'avant?
3. **Jeudi:** Si elle le pouvait, est-ce que Fatiah quitterait l'Algérie? Expliquez.
4. **Vendredi:** Qu'est-ce que Saadia a dit à Fatiah pour rire? Quelle a été la réaction de Fatiah? Quel incident avait effrayé Saadia quelques jours avant cette visite chez Fatiah?
5. **Dimanche:** Pourquoi Fatiah pense-t-elle que le marchand l'a servie avant son tour? Quelle remarque fait-on à propos des femmes dévoilées comme Fatiah? Que représente l'absence de voile en Algérie?
6. **Lundi:** Pourquoi Fatiah trouve-t-elle que la presse française s'est beaucoup améliorée? Qu'est-ce qui a sauvé l'Algérie selon elle?

7. **Mardi:** Comment Fatiah sait-elle que tout va mieux pour ses enfants? Pensez-vous que Fatiah mène une vie normale? Pourquoi (pas)?

8. Que pensez-vous de Fatiah? Qu'est-ce qui vous touche le plus, son passé inquiétant ou son avenir incertain? Pourquoi?

A DISCUTER

A. Une vie pas comme les autres. Pour votre cours de cinéma, tournez un film qui raconte la vie de Fatiah. Avec un(e) partenaire, répondez aux questions suivantes, puis comparez vos réponses avec celles des autres étudiants.

1. Trouvez deux ou trois exemples qui illustrent de façon dramatique les angoisses de Fatiah.
2. Décrivez son appartement. Qu'est-ce qui indique qu'elle se sent menacée?
3. Quels moments révèlent que sa vie reprend peu à peu une évolution normale?
4. Selon Fatiah, «il suffit d'être une femme moderne, de ne pas être voilée et de participer à quelques manifestations pour craindre le pire» en Algérie. Selon vous, à quelle(s) autre(s) femme(s) est-ce que Fatiah ressemble? Aux suffragettes qui manifestaient et se faisaient arrêter pour avoir le droit de vote? à Anne Frank, morte dans un camp de concentration? à Rosa Parks dans son bus à Birmingham? à Hester Prynne qui désobéissait au code sexuel très strict de sa communauté dans *The Scarlet Letter*? Commentez votre choix. Fatiah est-elle une femme héroïque? moyenne? Expliquez.
5. Le ton de votre film sera-t-il optimiste ou non? Quel en sera le thème: la peur? l'espoir? le courage? quelque chose d'autre? Quel sera le titre du film?

B. Associations. Choisissez cinq des concepts suivants et indiquez deux ou trois idées avec lesquelles vous les associez. Ensuite comparez vos réponses avec celles d'un(e) partenaire et discutez le sens de chaque mot.

MODELE: la sécularisation →
     une séparation entre la religion et l'état; les prières sont interdites à l'école publique lors d'une compétition sportive

1. la liberté de la presse 2. le biculturalisme 3. l'éducation bilingue 4. la démocratie 5. l'intégration 6. les droits des minorités 7. la tolérance envers les différences culturelles 8. la violence

En savoir plus: La mort en Algérie:
1 000 personnes sont mortes en Algérie entre le 13 janvier et le 31 mai, 2000 pendant des combats entre les militaires et les islamistes. Tous les deux ont refusé la «loi sur la concorde civile» du président Bouteflika, qui a nommé ces quatre mois une période de «réconciliation nationale».

Echos

A. Qu'en pensez-vous? Traitez par oral ou par écrit de l'un des sujets suivants.

1. **Immigration.** D'où viennent les immigrés qui veulent s'installer dans votre pays? Qu'est-ce qui rend la coexistence de deux modes de vie difficile: d'autres coutumes? une autre religion? une langue différente? le chômage?

la peur de perdre son identité en s'intégrant dans une autre société? Selon les habitants de votre pays, est-ce que l'immigration présente plus d'avantages ou d'inconvénients? Pourquoi?

2. **Solidarité.** Si vous étiez conscient(e) d'un problème de discrimination (raciale, sexuelle ou autre) dans votre université, que feriez-vous pour marquer votre opposition? Accepteriez-vous de signer une pétition? de participer à une manifestation? d'écrire aux journaux? de devenir membre d'un parti politique? de vous faire arrêter par la police? Seriez-vous prêt(e) à prendre d'autres mesures? Expliquez. De quelles causes vous sentez-vous le plus proche? A qui vous sentez-vous obligé(e) de porter assistance? Pourquoi? Est-ce que l'on naît solidaire ou est-ce qu'on le devient? Commentez.

B. Etes-vous d'accord? Dites si vous êtes d'accord avec les phrases suivantes. Justifiez vos réponses.

1. On ne naît pas raciste, on le devient.
2. Il ne faut pas mélanger la politique et la religion.
3. Le terrorisme international est un des problèmes actuels les plus importants.
4. Le racisme naît de la peur.
5. Le racisme naît de l'ignorance.
6. En général, les gens préfèrent s'associer avec ceux qui partagent leur langue et leur culture.
7. C'est notre devoir d'accepter les immigrés qui arrivent dans notre pays.
8. Les religions sont une source de conflit.
9. Il n'existe pas de culture supérieure à une autre.

Le français au bout des doigts

La francophonie

Les pays ayant en commun l'utilisation de la langue française participent à un très grand nombre d'organismes. Ceux-ci aident les pays dans plusieurs domaines: l'éducation, la culture, la santé, l'économie pour n'en citer que quelques-uns. Que pouvez-vous découvrir sur les organisations et institutions de la francophonie?

Les liens et les activités se trouvent à **www.mhhe.com/collage**.

CHAPITRE 11

LES BEAUX-ARTS

Le Grand Louvre, c'est le triomphe de la rigueur

> *L'art, c'est la plus sublime mission de l'homme,*
> *puisque c'est l'exercice de la pensée qui cherche à*
> *comprendre le monde et à le faire comprendre.*
>
> Auguste Rodin

L'Etat, en France, a toujours joué le rôle de protecteur des arts. Aujourd'hui, la mission du ministère de la Culture est de conserver, diffuser et enrichir le patrimoine culturel national. Les musées de France voient de plus en plus de visiteurs: 19 000 entrées par jour au Grand Louvre, plus de 10 000 entrées au Musée d'Orsay.

Mais même si la culture traditionnelle, et particulièrement les Beaux-Arts, représente toujours la référence en la matière, de nouvelles formes de culture se développent de plus en plus. Et l'art, bien que considéré aujourd'hui comme une richesse, n'était pas toujours reconnu au temps de ses auteurs. Le premier texte donne l'exemple du peintre Alfred Sisley, qui ne sera reconnu qu'après sa mort. Le second texte, lui, met en valeur toutes les différentes formes de culture dont les Français raffolent ces dernières années.

Et vous, que considérez-vous comme étant une activité culturelle? Aimez-vous les Beaux-Arts? Quelle est votre période préférée dans la peinture?

Sisley: Le magicien de la lumière

Mise en route

Identifying antecedents. Many words can be used to refer to something previously mentioned, or to something that is yet to come: demonstrative pronouns (**celui, celle(s), ceux**), relative pronouns (**qui, que, dont**), possessive adjectives and pronouns (**ses, les siens,** and so forth), as well as direct and indirect object pronouns. The words to which these pronouns and adjectives refer are called the *antecedents*. Sometimes you must consciously look for the antecedent in order to understand a written sentence or paragraph. The following sentences adapted from the reading provide practice identifying antecedents.

Antécédents. Indiquez par une flèche (←——) l'antécédent des mots indiqués. (Nous avons commencé l'exercice pour vous.)

1. Le père de Sisley, pourtant, comme **celui** de Paul Cézanne, **son** exact contemporain, n'était pas ce qu'on peut appeler un prolétaire.

2. L'impressionnisme doctrinaire s'y construit au milieu de longues discussions sur Delacroix, les paysagistes anglais et les estampes japonaises, **qu'**on vient de découvrir.

3. Mr Sisley dirigeait à Paris une maison de commission **dont** les affaires couraient comme les paquebots (*steamers*), du Havre à Valparaiso.

4. Sisley est français. Il **l'**est si bien qu'en 1857 **il** retourne à Paris, suppliant Mr Sisley père de l'**y** laisser désormais.

5. A l'atelier, le jeune Alfred se fait des amis: le Montpelliérain Frédéric Bazille, le Limougeaud Auguste Renoir et le Parisien Claude Monet. **Celui-là,** c'est un chef-né. Tous **l'**écoutent et **le** suivent.

6. C'est à ce moment que commence l'histoire de l'**un** des plus grands mouvements de peinture depuis la Renaissance: l'impressionnisme.

Mots et expressions

l'atelier (*m.*) workshop, studio
l'atmosphère (*f.*) atmosphere, ambiance
au-dessous below (it)
au-dessus above (it)
le chef-d'œuvre masterpiece
le fond background
la lumière light, lighting

le maître master
l'œuvre (*f.*) **d'art** work of art
l'ombre (*f.*) shadow
peindre to paint
le peintre painter, artist
la peinture painting
le premier plan foreground
la toile oil painting (*on canvas*); canvas

**PPLICATIONS** **A. Ressemblances.** Trouvez le terme qui complète chaque analogie.

1. la sculpture: le sculpteur; _____: le peintre
2. le garage: le mécanicien; _____: le peintre
3. le papier à musique: la composition musicale; _____: la peinture
4. derrière: devant; _____: le premier plan
5. les formes: les peintres cubistes; _____: les peintres impressionnistes
6. le dramaturge: le drame; _____: le chef-d'œuvre

B. Synonymes. Trouvez l'équivalent des expressions ci-dessous.

1. l'ambiance
2. ce qui rend les objets et les personnes visibles
3. le lieu où travaillent des ouvriers ou des artistes
4. l'obscurité, l'absence de lumière

C. Antonymes. Trouvez le contraire des expressions suivantes.

1. au-dessous
2. le fond
3. l'ombre
4. l'élève; l'apprenti

Sisley: Le magicien de la lumière

Il vécut en famille une pauvreté discrète, digne, presque clandestine

Monet—Sisley—Pissarro. De ces trois maîtres de la peinture impressionniste, Sisley est presque toujours cité au milieu, comme s'il allait tomber sans le soutien[1] des deux autres, comme s'il n'était là que pour faire nombre, masse,[2] école. Pauvre Yorick. Pauvre Sisley. Son père, pourtant, comme celui de Paul Cézanne, son exact contemporain (ils sont nés la même année, 1839), n'était pas ce qu'on peut appeler un prolétaire. Mr Sisley, négociant britannique, dirigeait à Paris une maison de commission dont les affaires couraient, comme les paquebots,[3] du Havre à Valparaiso. Docile, Alfred Sisley s'embarque pour Londres. C'est un petit garçon encore. Il est mince, vif et séduisant. Il ne changera plus guère. Toutefois, quelque chose frappe dans cette physionomie charmante: la tristesse, la pénétrante tristesse du regard.

Le voici, à 17 ans, sur le pavé du Strand. Il est anglais mais il n'y a qu'au musée, devant les toiles lumineuses de Turner et de Constable, qu'il retrouve son âme insulaire.[4] Le pied dehors,[5] il est français. Il l'est si bien qu'en 1857 il retourne à Paris, suppliant Mr Sisley de l'y laisser désormais.[6] Le père, pas méchant homme, acquiesce. Il acquiesce encore quand, brusquement, Alfred décide de se consacrer à la peinture.

En 1862, à 23 ans, il entre aux Beaux-Arts, dans l'atelier du peintre suisse Charles Gleyre. A l'atelier, le jeune Alfred se fait des amis: le Montpelliérain Frédéric Bazille, le Limougeaud Auguste Renoir et le Parisien Claude Monet. Celui-là, c'est un chef-né. Tous l'écoutent et le suivent. Et c'est lui qui va décider de leur sort.[7]

C'est à ce moment même que commence l'histoire de l'un des plus grands mouvements de peinture que l'on ait connus depuis la Renaissance: l'impressionnisme.

Les quatre amis quittent l'atelier pour la campagne, comme l'avaient fait avant eux Courbet, Corot, Manet, les aînés[8] qu'ils admirent. La nature les convoque «sur le motif».[9] La boîte à couleurs sur les reins,[10] ils s'en vont à Chailly, en lisière[11] de la forêt de Fontainebleau. Et ils peignent, ils peignent jusqu'à l'ivresse,[12] les bois, les ciels, les eaux. D'autres se joignent à eux, les encouragent: Pissarro de Pontoise, Boudin de Honfleur, Cézanne d'Aix.

Le père Sisley, fidèle à sa promesse, continue de subvenir aux[13] besoins de son fils, qui s'est marié et sera bientôt père. Avec l'argent qu'il a, Alfred fait figure d'amateur, presque de dilettante. Il laisse la beauté l'envahir,[14] l'imbiber,[15] plutôt qu'il ne la crée.

A Paris, quand il revient du «motif», Sisley rencontre ses amis au Café Guerbois. C'est une salle enfumée de l'avenue de Clichy où, dès 5 h 30, des tables sont réservées à ces «messieurs de l'art». L'impressionnisme doctrinaire s'y construit au milieu de longues discussions sur Delacroix, les paysagistes anglais et les estampes[16] japonaises, qu'on vient de découvrir.

Pendant ce temps, on fourbit[17] les canons. C'est 1870. Les Prussiens arrivent, et Mr Sisley Senior, malade et ruiné, s'envole au paradis des commissionnaires.[18] Plus de pension pour Alfred. C'est le commencement d'une longue faim.

---

[1]support [2]faire... to increase the numbers, to add mass [3]dont... whose work went back and forth, like steamships [4]de Grande-Bretagne [5]Le... Once outside (the museum) [6]from then on [7]destin [8]predecessors [9]sur... à la campagne [10]backs (lit., kidneys) [11]edge [12]jusqu... to the point of intoxication [13]subvenir... help meet the financial [14]overtake him [15]penetrate him [16]prints [17]is polishing [18]s'envole... meurt

«La Barque pendant l'inondation à Port-Marly» *Il aimait les fleuves, les bois, et le ciel de l'Ile-de-France. «Sisley fixe les moments fugitifs de la journée, observe un nuage qui passe et semble le peindre en son vol. Sur sa toile, l'air vif se déplace et les feuilles encore frissonnent et tremblent…» écrivait Mallarmé dès 1876.*

«L'inondation à Port-Marly» *La prédilection de Sisley pour le thème de l'eau se manifeste à l'évidence lors des inondations. «L'inondation à Port-Marly» montre les maisons de la rue de Paris dans une perspective où les verticales des arbres échappent à la rigidité grâce aux obliques des deux bateaux.*

«Pont de Moret»
Avec le «Pont de Moret», on voit que Sisley a atteint le sommet de son expression personnelle. Il est déjà celui qui deviendra le grand Sisley. Comment a-t-il pu transfigurer et recréer la beauté de ces paysages quotidiens?

Bien qu'il ait suivi jusqu'au bout la grande aventure de la peinture, Sisley sera le seul à n'en jamais toucher les dividendes. Pour boucler ses[19] fins de mois, il travaille éperdument. Il poursuit la fuyante[20] beauté des jours sous le ciel, à jamais choisi, de l'Ile-de-France. Marly, Bougival, Pontoise, Louveciennes, Argenteuil, bientôt Moret et ses environs, tels[21] sont ses voyages au pinceau.[22] A Moret,[23] il finit par se fixer. Il devient vite un personnage, ce petit homme frêle[24] et barbu, coiffé d'une casquette à oreillettes[25] ou d'une toque noire.

A Paris, cependant, la bataille pour l'art nouveau s'est engagée. En avril 1874, les amis du Café Guerbois, las[26] de se voir claquer au nez les[27] portes du Salon officiel, inaugurent leur propre exposition indépendante dans les salons du photographe Nadar. Deux ans après, Durand-Ruel organise le premier vrai Salon des impressionnistes, rue Le Peletier. La foule s'y rue.[28] On s'est donné le mot. Il faut aller les voir; c'est monstrueux, paraît-il.

Après cela, il s'agit bien de vendre. Par chance, Cézanne a sa pension paternelle, Renoir fait du portrait qui «passe» mieux la rampe,[29] et les autres, à force d'énergie, réussissent à écouler[30] quelques toiles. Seul Sisley n'est pas armé pour la lutte.[31] Il vend par hasard, et tire moins de 100 francs par toile quand ses confrères plus heureux, Monet et Pissarro, arrivent à 200 ou 300 francs. Pire même: un marchand faussaire lui achète des toiles, efface sa signature et lui substitue celle de Théodore Rousseau, plus «commercial». C'est pourtant ainsi[32] que, dépouillé[33] de tout, même de son nom, Sisley vit et fait vivre sa femme et ses deux enfants.

---

[19]Pour... *To pay his bills at the* [20]*fleeting* [21]*such* [22]*paintbrush* [23]ville fortifiée, très pittoresque d'Ile de France [24]faible [25]casquette... *cap with earflaps* [26]fatigués [27]se... être refusés aux [28]La... *The crowd rushes over* [29]passe... touche le public [30]vendre [31]bataille [32]*in this way* [33]*deprived*

Sa pauvreté ne fut pas délirante,[34] agressive, revendicatrice.[35] Elle resta discrète, presque clandestine. Ce fut l'effort sublime d'un homme fier pour garder sa dignité. Lui et les siens[36] vécurent à l'économie durant un quart de siècle, comme une lampe à pétrole dont on descend la mèche[37] pour qu'elle brûle plus longtemps. «Il supporta le sort,[38] écrivit Gustave Geffroy, avec cet héroïsme farouche et caché qui ennoblit si mystérieusement le solitaire.» S'il y a des chefs-d'œuvre moraux, cette vie en est un.

JEAN BEAUCHESNE et PATRICIA DE BEAUVAIS
SOURCE: Pierre Joffroy, Reportage
abrégé de *Paris Match*

[34]folle [35]*demanding* [36]les… sa famille [37]*wick* [38]destin

AVEZ-VOUS COMPRIS?

A. **Dates importantes.** Mettez les événements suivants dans l'ordre chronologique.

1. Les tableaux impressionnistes sont systématiquement refusés au salon officiel.
2. Alfred Sisley et Paul Cézanne naissent.
3. Les toiles de Sisley se vendent pour moins de 100 francs; il gagne à peine sa vie.
4. Sisley rencontre des artistes français, notamment Bazille, Renoir et Monet; le mouvement impressionniste commence.
5. Alfred Sisley quitte Paris pour aller à Londres.
6. La peinture impressionniste a la réputation d'être monstrueuse.
7. Quelques artistes impressionnistes créent leur propre exposition.
8. Alfred Sisley se consacre à la peinture.
9. Les impressionnistes tels que Renoir et Monet commencent à vendre leurs œuvres.

B. **Vrai ou faux?** Indiquez si chaque phrase est vraie ou fausse. Soulignez dans le texte la phrase ou l'expression qui justifie votre choix.

1. A 23 ans, Sisley s'est mis à faire des études de droit.
2. Turner et Constable travaillaient pour le père d'Alfred Sisley.
3. Courbet était le chef des impressionnistes.
4. Sisley et ses amis impressionnistes aiment les paysages campagnards.
5. Alfred Sisley a eu des ennuis financiers après la mort de son père.
6. Les impressionnistes aimaient surtout peindre des portraits de personnages célèbres.
7. Après le Salon des impressionnistes, Sisley n'a plus eu de problèmes financiers.
8. Certains tableaux de Sisley ont été vendus sous la signature de Pissarro, jugé plus «commercial».

6. L'impressionnisme. Placez chaque caractéristique de la liste suivante sous le nom de l'œuvre à laquelle elle se rapporte. Certaines expressions peuvent s'appliquer à plusieurs œuvres.

CARACTERISTIQUES

le jeu de la lumière, des reflets, des ombres
le ciel et l'eau se mélangent
le calme, un panorama, l'automne, le quotidien
des couleurs douces, le mouvement
le thème de l'eau, des nuages
une perspective verticale (horizontale)…

LA BARQUE PENDANT L'INONDATION A PORT-MARLY	L'INONDATION A PORT-MARLY	PONT DE MORET

A. Jeu artistique. Associez les artistes à gauche aux écoles de peinture de la colonne de droite, en travaillant en groupes de trois. Plusieurs peintres appartiennent à la même école, et l'un d'eux appartient à plus d'une école.

1. Monet
2. Dali
3. Picasso
4. Renoir
5. Delacroix
6. Degas
7. Matisse
8. Morisot
9. Seurat
10. Pissarro

a. cubisme
b. romantisme
c. impressionnisme
d. surréalisme
e. modernisme
f. pointillisme

Connaissez-vous d'autres artistes et d'autres écoles? Lesquels aimez-vous le mieux? Pourquoi? Quels musées d'art connaissez-vous? Quelles écoles y sont représentées?

B. La critique d'art. Apportez en classe la reproduction d'un tableau de maître très connu. Mettez-vous à deux, et montrez votre sélection à votre partenaire, sans en révéler le nom ou le créateur. Il (Elle) devra essayer de les deviner. Votre partenaire fera ensuite une description du tableau (sujet, style, couleurs, personnages, etc.) et dira ce qu'il (elle) en pense. Changez alors de rôles.

Ensuite, affichez dans la salle de classe les reproductions que vous avez apportées en cours. En faisant le tour de la «galerie», indiquez les tableaux et les artistes qui vous touchent particulièrement et ceux que vous n'aimez pas du tout. Commentez vos choix.

Variante: Décrivez l'œuvre que vous avez apportée en cours à votre partenaire sans la lui montrer. Il (Elle) essaiera de la dessiner d'après votre description. Comparez ensuite le dessin avec l'œuvre originale.

6. Interview. Imaginez que vous pouvez interviewer votre artiste préféré(e) sur sa vie et sur son art. Ecrivez cette interview imaginaire, puis présentez-la au reste de la classe sans révéler le nom de l'artiste. Les autres étudiants essaieront de deviner son identité. Le jour de l'interview, n'hésitez pas à apporter en cours des reproductions de ses œuvres pour familiariser vos collègues avec son style.

La culture en débat(s)

Mise en route

More about connecting words. In the previous chapter, we introduced a number of connecting words (conjunctions) that are important for understanding the relationship between two ideas. The prepositions below are also connecting words, linking nouns to descriptive elements.

1. Some prepositions indicate a *temporal* relationship:

   après *after*
   avant *before*
   pendant *during*

2. Some introduce additional *information*:

   comme *like*
   dans *in*
   à *to*
   de *from*
   sur *on*

3. Some show a *causal* connection:

   pour *for*
   par *by*

Prépositions. Lisez les phrases suivantes. Soulignez toutes les prépositions et indiquez si elles expriment un rapport temporel, un supplément d'informations, ou un rapport de cause.

1. La culture est plaisir et nécessité, comme tout ce qui est essentiel dans la vie.
2. Les nouvelles technologies rendent l'accès à la culture plus facile pour les jeunes. (2 prépositions)
3. Cent ans après sa mort, Nietzsche aimerait beaucoup le sondage *L'Express* sur la culture française. (2 prépositions)

Mots et expressions

accéder à to access, have access to
au courant (de) well informed (about), up to date (on)
un chef-d'œuvre (*pl.* **chefs-d'œuvre**) masterpiece
se cultiver to improve, cultivate one's mind
se distraire to have fun

manquer to miss, to lack
le plaisir (immédiat) pleasure (short-term gratification)
se réjouir (de) to be delighted (with)
le savoir knowledge
un sondage survey
la sortie outing, excursion, night out

A. Antonymes. Trouvez le contraire des expressions suivantes.

1. une œuvre d'art médiocre
2. l'ignorance
3. le déplaisir, la tristesse, l'ennui
4. s'ennuyer
5. avoir en quantité suffisante

B. Synonymes. Trouvez l'équivalent des expressions suivantes.

1. avoir accès à
2. former son esprit par l'éducation, l'instruction
3. avoir de la satisfaction, de la joie
4. une enquête ayant comme objet de déterminer les opinions d'une population sur une question
5. (bien) informé(e)
6. action de sortir pour se distraire

La culture en débat(s)

« Je ne crois qu'à[1] la culture française, et tiens que tout ce qui, en dehors d'elle, se décore en Europe du nom de "culture", commet une méprise. »[2] Cent ans tout juste après sa mort, Friedrich Nietzsche[3] se réjouirait du sondage Ifop-L'Express sur la culture à la française. Il semble en effet que les Français, tournant le dos aux années bof comme à l'ère des paillettes, soient réconciliés[4] avec la culture. Elle n'est plus une corvée[5] (3%), elle n'est pas un luxe[6] superflu (2%), mais un plaisir indispensable, une délicieuse nécessité. La culture est plaisir et nécessité, comme tout ce qui est essentiel dans la vie, de l'amour au bon vin. Plaisir et nécessité s'opposent en deux approches de la culture, mais se complètent aussi.

Pour que la culture soit « ce qui reste quand on a tout oublié », encore[7] faut-il savoir quelque chose. Neuf sondés[8] sur 10 considèrent qu'il est plus facile qu'hier d'accéder à la culture. Les voies[9] d'accès existaient: elles s'améliorent; la curiosité manquait: elle déborde.[10] Cette révolution culturelle profite d'ailleurs[11] aux moins diplômés et aux habitants des villes de province. Les élites parisiennes se cultivent autant et aussi facilement qu'avant, le «peuple de province», jadis[12] dans un désert culturel, gambade[13] aujourd'hui dans ces oasis que sont, notamment, les grandes villes. De plus, des nouvelles technologies est espéré[14] un accès encore plus facile à la culture (79% le croient), qui tourne au plébiscite pour les jeunes[15] (92% des 15–24 ans).

Mais Internet ne remplacera pas[16] l'école. Premier vecteur[17] d'accès à la culture pour 38% des Français—52% des 15–24 ans—son rôle est crucial. 46% des moins diplômés avouent[18]

Des écoliers au Palais de Justice de Rouen: une sortie culturelle

[1]ne... crois seulement à   [2]tiens... *maintain that everything else in Europe that calls itself "culture" is making a mistake*   [3]philosophe allemand (1844–1900) qui a influencé la pensée et la littérature françaises au XXe siècle   [4]tournant... *turning their backs on recent years when they were bored with life or intrigued primarily by glitz and glamour, have become reconciled*   [5]*chore*   [6]*luxury*   [7]*still*   [8]*of those surveyed*   [9]*means*   [10]*is overflowing*   [11]profite... *is particularly beneficial, by the way,*   [12]*formerly*   [13]*frolics around*   [14]des... *it is hoped that the new technologies will bring*   [15]tourne... *[and this belief] is almost universal among young people*   [16]ne... *will not replace*   [17]*means*   [18]*admit*

Les jardins de Versailles

s'être cultivés seuls; et l'action de la famille est décisive pour 20% des sondés—plus encore dans les milieux populaires.[19]

Affamée de[20] culture, la France ne se rassasie pas[21] dans un seul restaurant. La culture française est une nostalgie,[22] la réalité est celle des cultures françaises. Certains privilégient le pérenne, puisé dans les bouquins ou les études;[23] d'autres, curieux d'actualité,[24] valorisent[25] le neuf[26] et l'éphémère.[27] Et, si nombre de Français—femmes, jeunes,

personnes âgées et moins riches—ont comme livre de chevet[28]... la télévision, notre pays demeure[29] le royaume de l'écrit, qui choisit Bernard Pivot[30] en monarque.[31] Le palmarès des personnalités[32] révèle d'ailleurs bien des fractures[33] culturelles, plus symboliques que graves. Les jeunes sont dans[34] la culture du plaisir immédiat, leurs aînés fidèles[35] au savoir, à la culture d'apprentissage.[36]

Les sondés négligent d'ailleurs les sorties[37] (10% se

cultivent in vivo[38]), que ce soit[39] dans les musées ou les salles de spectacle. En progrès, les Français ont encore du retard.[40] Quand ils entendent le mot «culture», ils sortent... nulle part![41] Ou plutôt ils sortent pour se distraire, non pour se cultiver. 54% considèrent, il est vrai, que le coût des biens culturels est un handicap. Ces diversités troublent[42] le «modèle culturel français», qui ne leur semble pas vraiment menacé: affaire de goût plus que d'intérêt

---

[19]*working-class* [20]Affamée... *Starving for* [21]ne... *doesn't satisfy its appetite* [22]*concept that no longer exists* [23]privilégient... *prefer the traditional (culture), learned from books or studies* [24]*current events* [25]*value* [26]*plus récent* [27]*short-lived* [28]*nightstand* [29]*reste* [30]*host of a popular television show featuring lively discussion of books and current intellectual issues* [31]*en... at the top of their list (of the most cultured of France's VIPs [see following gloss])* [32]Le... *The hit parade of the ten most cultured French VIPs* [33]bien... *a lot of divides* [34]dans... *into* [35]*committed* [36]*learning (literally: apprenticeship)* [37]négligent... *undervalue cultural outings* [38]se... *like to get their culture live* [39]que... whether it is [40]En... *Things are getting better, but the French are still behind.* [41]nulle... *nowhere* [42]diversités... *differences complicate the picture of*

industriel,[43] la culture américaine est classée dangereuse par ceux qui en consomment peu.[44] Et les moins cultivés sont les plus américanisés: la culture protège la culture, or l'éducation forge la culture.[45] Ce duel[46] se gagnera donc plus à l'école qu'à l'OMC[47]… ◼

SOURCE: Christophe Barbier et Thierry Gandillot, abrégé de *L'Express*

[43]intérêt… *an economic issue* [44]ceux… *those who use it the least* [45]la… *culture protects itself, while education is what forms culture to begin with* [46]battle [over whether or not French culture is threatened by American culture] [47]l'Organisation mondiale du commerce (*World Trade Organization*) [48]honnête… *man on the street* [49]division

Sondage : le Français honnête homme[48]

Pour vous, une personne cultivée, c'est quelqu'un... En premier ? Et ensuite ?	En premier	Total des citations*
Qui lit beaucoup	48 %	70 %
Qui est très au courant de l'actualité	21	44
Qui a fait de longues études	12	27
Qui va souvent dans les musées, les expositions	7	23
Qui va au spectacle (théâtre, concert...)	5	13
Qui regarde la télévision	4	11
Qui surfe sur Internet	1	5
Ne se prononce pas	2	2

(*) Total des réponses supérieur à 100% en raison des réponses multiples.

Pour chacun des éléments suivants, dites si, selon-vous, il constitue plutôt un avantage ou plutôt un inconvénient pour accéder à la culture aujourd'hui.	Plutôt un avantage	Plutôt un inconvénient	Ne se prononcent pas
Les nouvelles technologies de l'information	79 %	16 %	5 %
La répartition[49] des équipements et des événements culturels entre Paris et la province	61	34	5
Le temps passé devant la télévision	47	50	3
Le coût des produits culturels (disques, livres, etc.)	45	54	1

Pour vous la culture, c'est...	
Un plaisir	48 %
Une nécessité	47
Une corvée	3
Un luxe	2

Vous vous êtes cultivé avant tout...	
Grâce à l'école	38 %
Seul	32
Grâce à votre famille	19
Par vos sorties culturelles	10
Ne se prononcent pas	1

Parmi les domaines suivants, dans lequel la culture française paraît-elle menacée par la culture américaine aujourd'hui ?	
Le cinéma	43 %
La production télévisuelle	32
Les parcs d'attractions	11
La musique	9
La littérature	2
Ne se prononcent pas	3

Sondage réalisé par l'Ifop pour *L'Express* et France Culture les13 et 14 janvier 2000, auprès d'un échantillon de 1004 personnes représentatif de la population âgée de 15 ans et plus. Méthode des quotas.

AVEZ-VOUS COMPRIS?

A. La culture française. Choisissez la meilleure réponse (ou les meilleures réponses) parmi les possibilités données.

1. Qui a dit «Je crois seulement à la culture française»?

   a. le président de la France   **b.** l'auteur de ce texte   **c.** Friedrich Nietzsche

2. Selon un sondage récent, les Français trouvent que la culture est _____:

   a. un plaisir   **b.** une nécessité   **c.** un luxe

3. Comment les Français apprennent-ils à accéder à la culture?

   a. tout seuls   **b.** avec l'aide de leur famille   **c.** à l'ecole

4. Selon ce texte, quels Français sont les plus américanisés?

   a. les plus cultivés   **b.** les moins cultivés   **c.** les hommes/femmes d'affaires

B. Analyse. Répondez brièvement.

1. Qui est Friedrich Nietzsche? Que dit-il à propos de la culture française et le reste de l'Europe?

2. Selon les Français, qu'est-ce qui est nécessaire dans la vie?

3. Quels changements rendent la culture plus accessible aux Français? Qui se cultive plus facilement qu'avant grâce à ces améliorations?

4. Selon le texte, il y a diverses cultures françaises? Quelles deux cultures en particulier sont décrites dans cet article? Comment apprend-on la culture traditionelle?

5. Que veut dire «notre pays demeure le royaume de l'écrit»? Qui est la personnalité française la plus cultivée selon ce sondage?

6. Est-ce que la plupart des Français vont souvent aux musées et aux spectacles selon ce sondage? Pour quelle raison aiment-ils sortir?

7. Quels domaines de la culture américaine menacent particulièrement la culture française, selon ce sondage? Quels Français sont les plus influencés par la culture américaine?

8. D'après cet article, les gens cultivés ne perdent pas leur culture. Quelle est l'institution qui crée des gens cultivés?

En savoir plus: La lecture

Au cours de l'an 2000, les Français ont lu en moyenne 15 livres, contre 17 en 1989. Les jeunes lisent plus que les aînés; 30% des livres achetés sont des romans (classiques ou contemporains). L'Américain moyen a lu un roman au cours des douze derniers mois.

A. Se cultiver. Quelles sont vos réactions aux idées présentées dans ce sondage? En groupes, discutez des questions suivantes puis comparez vos réponses avec celles des autres groupes.

A DISCUTER

1. Selon vous, qu'est-ce qu'une personne cultivée? Nommez deux activités qu'elle préfère faire et deux qu'elle n'aime pas faire. S'amuse-t-elle? Expliquez vos réponses.

2. Est-ce que les activités suivantes sont des sorties culturelles? Pourquoi (pas)?

acheter un CD	aller au parc d'attractions comme Eurodisney
acheter un magazine	assister à un spectacle
aller à la bibliothèque	faire un voyage
aller au cinéma	manger au restaurant
aller au musée	

Laquelle de ces activités aimez-vous le plus? Pourquoi?

3. Qui est cultivé? A côté des noms suivants, mettez un nombre qui indique combien ces gens sont cultivés: 5 = très cultivé(e); 1 = peu cultivé(e). Justifiez vos réponses.

_____ Simone de Beauvoir	_____ Katie Couric	_____ Dr. Frasier Crane
_____ Hillary Clinton	_____ Bill Cosby	_____ Marie-Antoinette
_____ Homer Simpson	_____ Jesse Ventura	_____ ?

4. Selon vous, qu'est-ce que c'est que la culture? Donnez-en des exemples.

5. Comment et quand est-ce que vous vous êtes cultivé(e)? Faut-il faire un effort pour devenir cultivé(e)? Expliquez.

6. Dans votre pays, qui a accès à la culture? Qui ne l'a pas? Pourquoi?

B. **Actuelle ou traditionnelle?** Avec un(e) camarade, nommez deux choses ou deux personnes dans les catégories suivantes, dont l'une fait partie de la culture actuelle et l'autre de la culture traditionnelle de votre pays. Justifiez vos choix au reste de la classe.

1. un livre ou un écrivain
2. une œuvre musicale ou un compositeur / une compositrice
3. un poème ou un poète
4. une œuvre d'art ou un(e) artiste
5. une date importante
6. un personnage fictif

Que faut-il étudier à l'école: la culture traditionnelle? la culture contemporaine? les deux? Pourquoi?

C. **Débat.** En groupes de quatre personnes, choisissez l'une des citations ci-dessous. La moitié de chaque groupe prépare les arguments affirmatifs; l'autre moitié prépare les arguments négatifs. Puis chaque groupe présente ses opinions devant toute la classe.

1. La culture populaire est aussi importante que la culture classique.
2. Les films américains et la télévision américaine menacent les cultures d'autres pays.
3. Il faut attendre cent ans pour savoir si quelque chose ou quelqu'un va faire partie de la culture traditionelle d'un pays.
4. Tout le monde est capable d'apprécier les chefs-d'œuvre universels de l'humanité.
5. Se cultiver demande plus de temps que d'argent.

 **chos**

A. **Qu'en pensez-vous?** Traitez par oral ou par écrit de l'un des sujets suivants.

1. **Les musées.** Depuis François Ier, les rois français humanistes ont rassemblé des collections d'objets d'art pour la postérité. En 1791, le musée du Louvre est devenu le premier musée européen. Quels musées d'art avez-vous visités? Aimez-vous aller au musée? Pourquoi (pas)? Qu'est-ce qui rend une visite agréable? Découvrir seul(e) une œuvre qui vous touche? suivre le tour guidé d'un musée avec une cassette louée? partager vos sentiments avec l'ami(e) qui vous accompagne? écouter les commentaires des autres visiteurs? Quels chefs-d'œuvre voulez-vous absolument voir durant votre vie? La chapelle Sixtine? la Joconde? le Penseur de Rodin? un autre? Pourquoi?

2. **L'art.** Quel est le rôle de l'art dans la société? Est-ce une source de plaisir et de beauté? Nous pousse-t-il à voir et à penser d'une façon différente? En général, quelles œuvres d'art appréciez-vous? Pourquoi? Parmi tous les arts, lequel vous touche le plus? Dans quel sens? Le monde serait-il moins riche sans les beaux-arts? Donnez des exemples qui soutiennent votre point de vue.

B. **Etes-vous d'accord?** Discutez des opinions suivantes avec un(e) partenaire, et justifiez votre position.

1. En général, les gens ont du mal à comprendre les chefs-d'œuvre de leur époque.
2. Les meilleurs artistes vivent dans la misère.
3. Le goût ne s'apprend pas.
4. La culture classique est en général réservée aux élites; la classe ouvrière n'y a pas accès.
5. Les adultes ayant plus de 30 ans ne comprennent pas la culture des jeunes.
6. On devrait étudier et Mozart et les Beatles à l'école.

Le français au bout des doigts

La culture

«La culture» est un terme qui comprend énormement de choses: l'art, la musique, la façon de s'habiller, ce qu'on mange, etc. Que se passe-t-il quand les cultures se rencontrent? Il y a souvent des changements des deux côtés. Les Francophones sont particulièrement conscients de l'importance de la culture. Regardons quelques sites qui démontrent cette importance.

Les liens et les activités se trouvent à **www.mhhe.com/collage**.

CHAPITRE
12
LA FRANCE ET L'AMERIQUE DU NORD

McGill: l'une des universités prestigieuses du Québec

Le Québec et l'Acadie: des régions nord-américaines où on vit et pense en français et où on a toujours lutté pour maintenir sa langue, sa culture et sa religion. C'est l'expérience d'être francophone dans un pays où domine la culture anglophone qu'évoque un poète acadien dans ce chapitre. Que ressentiriez-vous si vous viviez dans un état entouré par des millions de gens parlant une autre langue et ayant une culture basée sur des événements historiques tout à fait différents? Pour répondre à cette question et à bien d'autres qui touchent à ce sujet, continuez la lecture.

L'Acadie ma seule patrie

Mise en route

Paying attention to details. The structure of the poem «L'Acadie ma seule patrie» is simple; you should have little trouble following the ideas presented. The frequent repetition, however, might cause you to skip over important shifts in meaning from line to line unless you pay close attention. What is the difference between the following lines?

> Je déteste qu'on n'aime pas en Acadie
>
> Je déteste qu'on n'aime pas l'Acadie

How does the shift from the preposition **en** to the article **l'** change the meaning of the verse?

Mots et expressions

abaisser to humble; to reduce
chômer to be out of work
en ce qui concerne concerning
enlever to take away
haïr to hate

l'isolement (*m.*) isolation
traiter de to call (*by some name or other*)
s'unir to unite

APPLICATIONS

A. Antonymes. Trouvez le contraire des expressions suivantes.

1. se séparer
2. aimer, adorer
3. glorifier
4. avoir du travail
5. le contact
6. donner, accorder

B. Synonymes. Trouvez l'équivalent des expressions ci-dessous.

1. à propos de
2. appeler d'un nom
3. la solitude, la séparation des autres
4. former une union

A PROPOS... de l'Acadie

De nos jours, le nom Acadie désigne les provinces canadiennes maritimes: la Terre-Neuve, la Nouvelle-Ecosse, le Nouveau-Brunswick et l'Ile du Prince-Edouard. Qui sont les Acadiens? Ce sont des Français venus de France au début du 17e siècle. Au cours de ce siècle, l'Acadie appartenait tantôt aux Français, tantôt aux Anglais. Elle a changé de mains neuf fois en cent ans. Finalement en 1713, l'Acadie est passée définitivement sous la domination anglaise.

Peu après, les Anglais ont réclamé un pacte d'alliance avec les Acadiens qui l'ont refusé car il ne contenait pas de clause stipulant qu'ils ne seraient jamais obligés de prendre les armes contre les Français. Par conséquent, en 1755, 6 500 Acadiens ont été déportés aux Etats-Unis, et en 1758–1759, 3 000 en Angleterre. La plupart des Acadiens envoyés aux USA se sont installés en Louisiane, une colonie française à l'époque. Beaucoup d'Acadiens dispersés en Europe ont regagné la Bretagne, en France.

«Evangéline» par Henry Wadsworth Longfellow, publié en 1847 et traduit en français canadien en 1865, a fait connaître au monde la tragique histoire de la déportation des Acadiens. C'est l'histoire d'une jeune fille, Evangéline Bellefontaine, cruellement séparée de son fiancé, Gabriel Lajeunesse, pendant la déportation de Grand Pré, Nouvelle-Ecosse, en 1755. Evangéline recherche son amant partout en Louisiane et dans les états voisins, mais le destin ne joue pas en sa faveur. Enfin, après de longues années, sa fidélité et sa ténacité

Nouvelle-Ecosse: statue d'Evangéline, la tragédie de la séparation

sont récompensées: elle est infirmière dans un hospice à Philadelphie, où elle retrouve son Gabriel, qui meurt dans ses bras.

Pour beaucoup d'Acadiens, Evangéline représente le triomphe de leurs ancêtres sur la diaspora dévastatrice de 1755. Dans le parc historique national de Grand-Pré, la statue d'Evangéline rend hommage aux Français ayant survécu ces événements tragiques et demande silencieusement aux Acadiens de ne jamais oublier leur histoire, leur culture ou leur identité.

L'Acadie ma seule patrie

Le poème suivant a été écrit par Clarence Comeau. Il s'exprime avec le même esprit que beaucoup d'autres militants acadiens qui veulent voir l'Acadie acadienne et libre.

France, Espagne, Angleterre surtout pas toi
Italie, Belgique, Etats-Unis bien moins
Si le Français aime sa France
Si le Russe aime sa Russie
5 Si beaucoup aiment la Provence
Moi j'aime mon Acadie

J'aime, et… je déteste

Je déteste parce que l'heure a sonné pour détester
Je déteste parce que j'ai longtemps appris à avoir honte
10 Je déteste parce que j'ai vu trop de choses détestables
Je déteste parce que j'ai vu mes parents pleurer à cause de l'élite

Je déteste qu'on m'enlève mes droits
Je déteste qu'on me traite de «bunch of trash»
Je déteste qu'on amende à ma culture sous prétexte d'évolution
15 Je déteste qu'on joue en Acadie
Je déteste que l'Acadie soit mise dans les vitrines
Je déteste qu'on aliène l'Acadie
Je déteste qu'on sous-estime l'Acadie
Je déteste qu'on abaisse en Acadie
20 Je déteste qu'on abaisse l'Acadie
Je déteste qu'on ait faim en Acadie
Je déteste qu'on ait des mises à pied[1] en Acadie
Je déteste qu'on chôme parce qu'il y a une élite en Acadie

Je déteste qu'on ne chante pas en Acadie
25 Je déteste qu'on ne danse pas en Acadie
Je déteste qu'on n'aime pas en Acadie

[1]mises… *layoffs*

Je déteste qu'on n'aime pas l'Acadie
Je déteste qu'on insulte en Acadie
Je déteste qu'on insulte l'Acadie
30 Je déteste qu'on ait pitié de l'Acadie
Je déteste qu'on anglicise l'Acadie
Je déteste qu'on américanise l'Acadie
Je déteste qu'on ne respecte pas la liberté humaine en Acadie
Je déteste qu'on prenne des quasi-mesures de guerre en Acadie
35 Je déteste que la police ne soit plus une gardienne en Acadie
Je déteste que la police, la Loi ne comprenne pas l'étudiant de l'Acadie
Je déteste qu'on ne croie plus que l'étudiant est humain en Acadie
Je déteste que l'Humain ne soit plus pour l'Université[2] de notre Acadie
Je déteste qu'on assomme[3] notre Université afin que l'élite domine l'Acadie
40 Je déteste qu'on ferme le département de Sociologie en Acadie

Je déteste que les Sciences Sociales soient la Honte de l'Acadie
Je déteste qu'on se moque du département de Français en Acadie
Je déteste qu'on aliène le département de Philosophie en Acadie
Je déteste qu'on se fiche[4] du mot «Université» de l'Acadie
45 Je déteste qu'on élimine ceux qui pensent en Acadie

Je déteste parce que mon père a dû lui aussi détester en Acadie
Je déteste parce que J'AIME, parce que j'aime mon Acadie
Je déteste parce que j'aime en Acadie
Je déteste parce qu'on ne déteste pas le mal fait à l'Acadie
50 Je déteste qu'on déteste la personne au lieu du mal qu'elle a fait à l'Acadie
Oui je déteste parce qu'on veut corrompre[5] l'Acadie
Je déteste ce que j'ai toujours détesté en Acadie
Je déteste tant qu'il y aura de quoi à détester en Acadie
Je déteste ce qu'on voudrait que l'Acadie soit...
55 Je déteste... et j'aime

Si le Français aime sa France
Si le Russe aime sa Russie
Si beaucoup aiment la Provence
Moi j'aime mon Acadie.

SOURCE: tiré d'*Acadie/Expérience*, Choix de textes acadiens:
complaintes, poèmes et chansons

[2]l'Université de Moncton, la seule université francophone hors du
Québec [3]*overpower, overwhelm* [4]se... (*fam.*) se moque [5]*to corrupt*

Un joueur de violon au Nouveau Brunswick

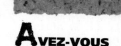
A. Thèmes. Voici quelques idées importantes que l'on trouve dans ce poème. Trouvez deux ou trois vers qui traitent de chacun des sujets suivants.

1. l'amour pour son pays
2. la souffrance
3. l'oppression de la culture dominante
4. la non-valeur de la culture française
5. le manque de vie intellectuelle

B. Analyse. Répondez brièvement, puis comparez vos réponses avec celles d'un(e) partenaire.

1. Qui a écrit ce poème? Quel est son pays? Pourquoi l'aime-t-il?
2. Avec quels pays ne s'identifie-t-il pas? Pourquoi?
3. Trouvez deux ou trois expressions qui montrent que l'auteur fait partie d'un groupe minoritaire dans son pays.
4. Nommez trois choses que l'on ne fait pas en Acadie. Pourquoi pas?
5. Quelle langue et quelle culture seront sacrifiées si l'on «anglicise» et «américanise l'Acadie»?
6. Nommez trois départements universitaires dont on ne reconnaît pas la valeur en Acadie. Quel est le rapport entre ces départements et la culture française?
7. Soulignez les verbes et les noms qui se répètent dans ce poème. Selon vous, quel est l'effet de ces répétitions? Est-ce qu'elles stimulent vos émotions? vos pensées? Commentez votre réponse.

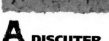
A. Idées et sentiments. Avec un(e) partenaire, répondez aux questions suivantes, et comparez vos réponses avec celles des autres groupes.

1. En général, qu'est-ce qui est plus marquant dans ce poème, les idées ou les émotions? Citez les idées ou les émotions qui vous ont touché(e) en particulier.
2. Que pensez-vous de l'attitude du poète? Comprenez-vous sa haine? Trouvez-vous que son attitude contribue à son manque d'intégration à la culture anglophone? Expliquez.
3. Pourquoi pensez-vous que cet auteur a écrit un poème et non pas un article de journal? Comment exprimeriez-vous une douleur ou un bonheur indescriptibles? Pourquoi?
4. Pensez à un personnage historique exilé que vous connaissez. Quelles adversités a-t-il (-elle) confrontées? Est-ce que ce personnage est une victime? Pourquoi (pas)? Est-il un symbole du courage? de la soumission et de la résignation? Expliquez.

B. Caractéristiques. Mettez-vous par groupes de quatre et indiquez si vous associez les phénomènes suivants avec l'Amérique du Nord francophone, l'Amérique du Nord anglophone, les deux ou aucune de ces entités. Justifiez vos réponses.

1. la domination d'une culture sur l'autre
2. la préservation des deux cultures
3. le désir de se séparer
4. le désir de résoudre les différences entre ethnies
5. la lutte contre l'injustice
6. la démocratie
7. le bilinguisme
8. les mêmes opportunités pour toutes les ethnies
9. des groupes minoritaires au chômage
10. la protection des droits des groupes minoritaires

C. Jugements. En vous inspirant de ce poème, décrivez les aspects positifs et/ou négatifs de votre culture. Faites un poème ou une rédaction, et employez les mots «Je déteste» ou «J'aime» en suivant le texte comme modèle. Ensuite, affichez toutes les œuvres (anonymes ou signées) au tableau pour que tout le monde les lise. Quelles sont les réactions?

Echos

A. Qu'en pensez-vous? Traitez par oral ou par écrit de l'un des sujets suivants.

1. **Les langues.** Quelles langues connaissez-vous bien? Qu'est-ce qui rend l'acquisition d'une langue facile ou difficile? Le talent linguistique? la motivation? les traditions familiales? les écoles? l'attitude de la société? Expliquez. Combien de langues se parlent dans votre pays? Pourquoi? Combien de langues est-ce que vos parents parlent? vos grands-parents? Combien de langues apprendrez-vous durant votre vie? Commentez vos réponses. Peut-on connaître un pays ou une culture sans en parler la langue? Expliquez.

2. **L'Amérique du Nord.** Quand vous pensez à l'Amérique du Nord, quelle est la première image qui vous vient à l'esprit? Comment vous représentez-vous sa géographie? A quel pays pensez-vous en premier? Pensez-vous à certaines villes? Des gens en particulier? Expliquez. Selon vous, est-ce que le Canada et les Etats-Unis se ressemblent? En quel sens? Comment sont-ils différents? Aimeriez-vous habiter un autre pays d'Amérique du Nord? Commentez.

B. Etes-vous d'accord? Discutez les phrases ci-dessous avec un(e) partenaire. Justifiez vos réponses.

1. Le Canada n'est pas bilingue. C'est un pays anglais où survit une minorité d'origine française.
2. Pour l'immigrant(e) qui veut s'assimiler dans un pays étranger, seule la première période d'adaption est difficile. Après une (ou deux) génération(s), les descendants sont tout à fait intégrés à la nouvelle culture.
3. Ceux qui s'assimilent oublient leur identité et ne se sentent jamais vraiment à l'aise.
4. Il est important d'établir des écoles bilingues, même dans un pays unilingue.

Le français au bout des doigts

L'Acadie

Parmi les sites Internet que l'on peut trouver sur l'Acadie, il y en a sur la culture traditionnelle acadienne, mais il y en a aussi sur l'actualité acadienne. Allons-y, à la rencontre d'une culture pleine d'histoire et pleine de vie!

Les liens et les activités se trouvent à **www.mhhe.com/collage**.

Lexique

This end vocabulary provides contextual meanings of French words used in this text. It does *not* include proper nouns (unless the French equivalent is quite different in spelling from English), most abbreviations, exact cognates, most near cognates, regular past participles used as adjectives if the infinitive is listed, or regular adverbs formed from adjectives listed. Adjectives are listed in the masculine singular form; feminine forms are included when irregular. Irregular past participles are listed, as well as third-person forms of irregular verbs in the **passé simple**. Other verbs are listed in their infinitive forms only. An asterisk (*) indicates words beginning with an aspirate *h*.

Abbreviations

A.	archaic	*inf.*	infinitive	*poss.*	possessive
adj.	adjective	*interj.*	interjection	*p.p.*	past participle
adv.	adverb	*interr.*	interrogative	*prep.*	preposition
art.	article	*intrans.*	intransitive	*pron.*	pronoun
conj.	conjunction	*inv.*	invariable	*p.s.*	passé simple
contr.	contraction	*irreg.*	irregular (verb)	*s.*	singular
exc.	exception	*lit.*	literary	*s.o.*	someone
f.	feminine	*m.*	masculine	*s.th.*	something
fam.	familiar or colloquial	*n.*	noun	*subj.*	subjunctive
Gram.	grammatical term	*neu.*	neuter	*tr. fam.*	very colloquial, argot
hist.	historical	*pl.*	plural	*trans.*	transitive

A

à *prep.* to; at; in

abaisser to humble; to reduce

abandonner to give up; to abandon; to desert

abattu *p.p. of* **abattre**; *adj.* to cut down; to kill

abolir to abolish

abondance *f.* wealth, abundance; **l'abondance des bras** a lot of manual labor

abonder to abound

abonné(e) *m., f.* subscriber; *adj.* subscribed

abord: d'abord *adv.* first, first of all

aborder to approach; to address

abrégé *adj.* abridged, summarized

s'absenter to be absent, stay away

absolu *adj.* absolute

absorber to consume; to absorb

abus *m.* abuse; overuse

abyssal *adj.* very deep

Acadie *f.* Acadia (*Nova Scotia*)

acadien(ne) *adj.* Acadian; **Acadien(ne)** *m., f.* Acadian (*person*)

accaparer to monopolize, take over

accéder (j'accède) à to access, gain access to

accentuer to accentuate, emphasize, stress

accepter (de) to accept; to agree (to)

accès *m.* access; approach; **avoir accès à** to have access to

accompagnement *m.:* **mesures** (*f. pl.*) **d'accompagnement** accompanying measures

accompagner to accompany, go along with

accomplir to accomplish, fulfill, carry out

accord *m.* agreement; **être d'accord** to agree, be in agreement; **se mettre d'accord** to reconcile, come to an agreement

accorder to grant, bestow, confer; **s'accorder** to be in agreement, come to an agreement

accouchement *m.* childbirth, delivery

accoucher to give birth

accoutumé *adj.* accustomed, usual

accroché à *adj.* hooked on to; hanging on to

accroissement *m.* growth

accroître (*like* **croître**) *irreg.* to increase, add to

accru *p.p. of* **accroître**; *adj.* increased

accrurent *p.s. of* **accroître**

accrut *p.s. of* **accroître**

accueil *m.* greeting, welcome

accueillir (*like* **cueillir**) *irreg.* to welcome; to greet

accueillirent *p.s. of* **accueillir**

accueillit *p.s. of* **accueillir**

accumuler to accumulate, gather

accuser (de) to accuse (of)

acheter (j'achète) to buy

acheteur/euse *m., f.* buyer

achever (j'achève) to complete, finish (*a task*); **s'achever** to close, (come to an) end

acquérir (*p.p.* **acquis**) *irreg.* to acquire, obtain

acquiescer (nous acquiesçons) to acquiesce, agree

acquirent *p.s. of* **acquérir**

acquis *p.p. of* **acquérir**; *adj.* acquired

acquit *p.s. of* **acquérir**

acte *m.* act; action; law; certificate; **passer à l'acte** to do something (about it)

actif/ive *adj.* active; working; **population** (*f.*) **active** working population, workers; **vie** (*f.*) **active** (one's) professional life

action *f.* action; *pl.* stocks, investments

actualité *f.* piece of news; present day; *pl.* current events; news; **d'actualité** relevant, today's

actuel(le) *adj.* present, current

actuellement *adv.* now, at the present time

adapter to adapt; **s'adapter à** to get accustomed to

adhérent(e) *m., f.* member

adieu (*pl.* **adieux**) *m., interj.* good-bye

admettre (*like* **mettre**) *irreg.* to admit, accept; to assume

admirent *p.s. of* **admettre**

admirateur/trice *m., f.* admirer

admirer to admire

admis *p.p. of* **admettre**; *adj.* admitted, allowed

admit *p.s. of* **admettre**

adolescent(e) (*fam.* **ado**) *m., f., adj.* adolescent, teenager

adopter to adopt

adorer to love, adore

adossé à *adj.* with one's back against

adresse *f.* address; cleverness; skill

s'adresser à to speak to; to appeal to

adulte *m., f., adj.* adult; **faire l'adulte** to play at being an adult

adversaire *m., f.* opponent, adversary

aérien(ne) *adj.* aerial; by air; airline; **contrôleur/euse** (*m., f.*)

aérien(ne) air-traffic controller; **navigation** (*f.*) **aérienne** air traffic

aérogare *f.* air terminal

aéroport *m.* airport

s'affaiblir to weaken, become weaker

affaire *f.* affair, matter; *pl.* business; (personal) belongings; **chiffre** (*m.*) **d'affaires** turnover, sales figure (*business*); **faire des affaires** to do business; **homme (femme)** (*m., f.*) **d'affaires** businessman (-woman); **se tirer d'affaire** to pull through

s'affairer to busy oneself

affamé de *adj.* starving for

affecter to affect

afficher to post; to stick up (*on a wall*); **s'afficher** to be displayed

affirmer to affirm, assert

affronter to face, confront

afin de *prep.* to, in order to; **afin que** *conj.* so, so that

Afrique *f.* Africa; **Afrique du Sud** South Africa

agaricacée *f.* (capped) mushroom, fungus

âge *m.* age; years; epoch; **moyen âge** *m. s.* Middle Ages; **tranche** (*f.*) **d'âge** age group

âgé *adj.* aged; old; elderly

agencer (nous agençons) to organize, arrange

agenda *m.* day planner, calendar

agent *m.* agent; **agent de police** police officer

agir to act; **il s'agit de** it's a question, a matter of

agneau (agnelle) *m., f.* lamb

agricole *adj.* agricultural

agriculteur/trice *m., f.* farmer, grower

agronome *m., f.* agronomist

aide *f.* help, assistance

aider to help

aigu *adj.* sharp; acute

ailleurs *adv.* elsewhere; **d'ailleurs** *adv.* moreover; anyway

aimable *adj.* likable

aimer to like; to love; **aimer bien** to like

aîné(e) *m., f., adj.* older, oldest (sibling); predecessor

ainsi *conj.* thus, so, such as; in this way; **ainsi que** *conj.* as well as, in the same way as

air *m.* air; look; **avoir l'air (de)** to seem, look (like)

aise *f.* ease, comfort; **être à l'aise** to be at ease, relaxed; **être mal à l'aise** to be uncomfortable; **se sentir à l'aise** to be at ease, comfortable

aisé *adj.* comfortable; well-off

aisément *adv.* comfortably, easily

ajouter to add

alerte *adj.* lively, agile; *f.* alarm

Alger Algiers (*capital of Algeria*)

Algérie *f.* Algeria

algérien(ne) *adj.* Algerian; **Algérien(ne)** *m., f.* Algerian (*person*)

aliéner (j'aliène) to alienate; to give up

aliment(s) *m.* food (*items*); nourishment

alimentaire *adj.* alimentary, pertaining to food

alimentation *f.* food, feeding, nourishment

alimenté *adj.* nourished

allègrement *adv.* cheerfully, merrily

Allemagne *f.* Germany

allemand *adj.* German; **Allemand(e)** *m., f.* German (*person*)

aller *irreg.* to go; **aller + *inf.*** to be going (*to do s.th.*); **allons-y!** here goes!; **s'en aller** to go off, away

allergène *adj.* allergenic

allier to combine

allumer to light (*a fire*); to turn on (*lights*)

allure: à grande allure *adv.* very quickly

alors *adv.* so; then, in that case; **alors que** *conj.* while, whereas

altération *f.* deterioration; modification

alternativement *adv.* alternately, in turn

amant(e) *m., f.* lover

amateur *m.* fan, lover (*of something*); *adj.* amateur, non-professional

ambiance *f.* atmosphere, surroundings

ambigu *adj.* ambiguous

âme *f.* soul; spirit

amélioration *f.* improvement

(s')améliorer to improve, (get) better

aménagement *m.* planning, development

amender to improve, amend

amener (j'amène) to bring (*a person*); to take

américaniser to Americanize

Amérique *f.* America; **Amérique du Nord (du Sud)** North (South) America; **Amérique latine** Latin America

ami(e) *m., f.* friend; **petit(e) ami(e)** *m., f.* boyfriend, girlfriend

amical *adj.* friendly

amitié *f.* friendship

amour *m.* love

amoureux/euse *adj.* loving, in love; **vie** (*f.*) **amoureuse** love life

amour-propre *m.* self-esteem; pride

ampleur *f.* extent

amplifier to amplify

amplitude *f.* magnitude; range

ampoule *f.* bulb; light bulb

amusant *adj.* funny; amusing, fun

amuser to entertain, amuse; **s'amuser (à)** to have fun, have a good time (*doing s.th.*)

an *m.* year; **avoir... ans** to be . . . years old; **il y a... ans** . . . years ago

analphabète *adj.* illiterate

analyse *f.* analysis

analyser to analyze

ancêtre *m., f.* ancestor

ancien(ne) *adj.* old, antique; former; ancient

âne *m.* donkey, ass; **bonnet** (*m.*) **d'âne** dunce cap

ange *m.* angel

anglais *adj.* English

Angleterre *f.* England

angliciser to Anglicize

anglophone *m., f., adj.* English-speaking (*person*)

angoisse *f.* anxiety, distress

animateur/trice *m., f.* host (hostess) (*radio, T.V.*); motivator

animé *adj.* lively; animated

animer to animate; to motivate

année *f.* year; **l'année dernière (passée)** last year; **l'année prochaine** next year; **les années**

(cinquante, soixante) the decade (era) of the (fifties, sixties)

anniversaire *m.* anniversary; birthday

annoncer (nous annonçons) to announce, declare

anonyme *adj.* anonymous

antérieur *adj.* earlier, previous

anthropologue *m., f.* anthropologist

antichambre *f.* anteroom, waiting room

anticiper to anticipate, expect

apaisé *adj.* calmed, pacified

apercevoir (*like* **recevoir**) *irreg.* to see, perceive

aperçu *p.p. of* **apercevoir**; *adj.* noticed

aperçurent *p.s. of* **apercevoir**

aperçut *p.s. of* **apercevoir**

apparaître (*like* **connaître**) *irreg.* to appear

appareil *m.* apparatus; device; appliance

apparenté *adj.* related; similar

appartement (*fam.* **appart**) *m.* apartment

appartenance *f.* belonging, attachment

appartenir (*like* **tenir**) **(à)** *irreg.* to belong (to)

appartenu *p.p. of* **appartenir**

appartinrent *p.s. of* **appartenir**

appartint *p.s. of* **appartenir**

apparu *p.p. of* **apparaître**; *adj.* appeared

apparurent *p.s. of* **apparaître**

apparut *p.s. of* **apparaître**

s'appauvrir to become impoverished, poor

appel *m.* call; **faire appel à** to call on, appeal to

appeler (j'appelle) to call; to name; **s'appeler** to be named, called

applaudissements *m. pl.* applause

appliqué *adj.* applied; **adresse** (*f.*) **appliquée** applied skill; **arts** (*m. pl.*) **appliqués** practical arts

appliquer to apply; **s'appliquer à** to be applied to

apport *m.* contribution

apporter to bring, carry; to furnish

apprécier to appreciate; to value

apprendre (*like* **prendre**) *irreg.* to learn; to teach; **apprendre à** to learn (how) to

apprenti(e) *m., f.* apprentice

apprentissage *m.* learning; apprenticeship

apprirent *p.s. of* **apprendre**

appris *p.p. of* **apprendre**; *adj.* learned

apprit *p.s. of* **apprendre**

approche *f.* advance, approach

(s')approcher to approach

approprié *adj.* appropriate, proper, suitable

s'approprier to appropriate, take over

approuver to approve

après *prep.* after; afterward; **après avoir (être)...** after having . . .; **après tout** after all, anyway; **d'après** *prep.* according to

après-midi *m.* afternoon

aquarelle *f.* watercolor (*painting*)

arabe *adj.* Arabic

arbre *m.* tree

ardemment *adv.* ardently

are *m.* are (= *100 square meters*)

argent *m.* money; silver; **économiser (gagner) de l'argent** to save (to earn) money; **sans-argent** *m., pl.* the poor

arme *f.* weapon, arm

armée *f.* army

arrachement *m.* wrench; tearing (away)

s'arracher de to tear oneself away from

s'arranger (nous nous arrangeons) to get better, improve

arrêt *m.* stop; stoppage; **sans arrêt** ceaselessly

arrêter (de) to stop; to arrest; **s'arrêter (de)** to stop (oneself); **se faire arrêter** to get arrested

arrière *adv.* back; **en arrière** in back, behind; **retour** (*m.*) **en arrière** flashback

arrivé(e) *m., f.* new arrival; newcomer

arrivée *f.* arrival

arriver to arrive, come; to happen; **arriver à** to succeed in

s'arroger (nous nous arrogeons) to claim

arrondissement *m.* (administrative) district (*in Paris*)

art *m.* art; **arts** (*pl.*) **appliqués**; practical arts; **beaux-arts** *pl.* fine arts; **objet** (*m.*) **d'art** artwork, curio; **œuvre** (*f.*) **d'art** work of art

artisanat *m.* crafts, handicrafts

asiatique *adj.* Asian, Asiatic; **Asiatique** *m., f.* Asian (*person*)

aspirateur *m.* vacuum cleaner

assassinat *m.* murder

s'asseoir (*p.p.* **assis**) to sit down

assez *adv.* somewhat; rather, quite; **assez de** enough

assiette *f.* plate; bowl

s'assimiler to assimilate

assis *p.p. of* **s'asseoir**; *adj.* seated; **une place assise** a seat

assistance *f.* assistance, help; social welfare; audience

assistant(e) *m., f.* assistant; member of the audience

assister to help, assist; **assister à** to attend, go to (*concert, etc.*)

associer to associate; **s'associer avec** to associate with

assommé *adj., fam.* unconscious, stunned

assommer to slaughter; to fell; to overpower

assourdissant *adj.* deafening

assumer to assume; to take on

assurance *f.* assurance; insurance

assurer to insure; to assure

astrologue *m., f.* astrologer

atelier *m.* workshop; (art) studio

atmosphère *f.* atmosphere, ambiance

atout *m.* advantage, asset; trump (*in cards*)

attaché *adj.* attached; buckled; **fichier** (*m.*) **attaché** attachment (*file*)

s'attacher à to become attached to

attaquer to attack; to decry

atteignirent *p.s. of* **atteindre**

atteignit *p.s. of* **atteindre**

atteindre (*like* **craindre**) *irreg.* to attain, reach; to affect

atteint *p.p. of* **atteindre**; *adj.* stricken; affected

attelage *m.* team (*horses, oxen*)

attendre (de) to wait for (to); **s'attendre à** to expect

attendu *adj.* expected, anticipated

attentat *m.* (terrorist) attack; crime

attente *f.* waiting; expectation

attention *f.* attention; **faire attention à** to pay attention to, watch out

for; **prêter attention à** to pay attention to

atterrissage *m.* landing (*plane*)

attester de to attest to

attitré *adj.* appointed

attraction *f.* attraction; ride; event; **parc** (*m.*) **d'attractions** amusement park

attraper to catch (up); to make it

attribuer to attribute

au (aux) *contr.* à + le (à + les)

aubaine *f.* stroke of good luck; windfall

aube *f.* dawn

aucun(e) (**ne... aucun[e]**) *adj., pron.* none; no one, not one, not any; anyone; any

au-dedans *adv.* within

au-dessous *adv.* below (it)

au-dessus *adv.* above (it)

audience *f.* hearing, session; **tenir audience** to hold a hearing, an audience

augmentation *f.* increase

augmenter to increase

aujourd'hui *adv.* today; nowadays

auprès de *prep.* close to; with; for

auquel. *See* **lequel**

aussi *adv.* also; so; as; consequently; **aussi bien que** as well as; **aussi... que** as . . . as

autant *adv.* as much, so much, as many, so many; rather, just as soon; **autant (de)... que** as many (much) . . . as; **d'autant plus (que)** especially, particularly (because); **pour autant** with, for all that

auteur *m.* author

autodéfense *f.* self-defense

automatique *adj.* automatic; **laverie** (*f.*) **automatique** laundromat, coin laundry

automne *m.* autumn, fall

autonome *adj.* autonomous

autoritaire *adj.* authoritarian, strict

autour de *prep.* around

autre *adj., pron.* other; another; *m., f.* the other; *pl.* the others, the rest; **d'autre part** on the other hand; **l'un(e) l'autre** one another; **personne d'autre** no one else;

quelqu'un d'autre someone else; **rien d'autre** nothing else; **tout autre que** anybody but

autrefois *adv.* formerly, in the past

autrement *adv.* otherwise; **autrement dit** in other words

autrui *pron.* others, other people

aux *contr.* à + les

auxquel(le)s. *See* **lequel**

avaler to swallow

avancer (nous avançons) to advance

avant *adv.* before (*in time*); *prep.* before, in advance of; *m.* front; **avant de** + *inf.* (*prep.*) before; **avant tout** above all

avec *prep.* with

avenir *m.* future

aventure *f.* adventure; **à l'aventure** aimlessly; **film** (*m.*) **d'aventures** action movie

s'avérer (**je m'avère**) to prove (to be), turn out (to be)

averti *adj.* forewarned; experienced

aveuglement *m.* (moral, mental) blindness

avion *m.* airplane; **en avion** by plane

avis *m.* opinion; **à mon (ton, votre) avis** in my (your) opinion

avoir (*p.p.* **eu**) *irreg.* to have; **avoir accès à** to have access to; **avoir... ans** to be . . . years old; **avoir besoin de** to need; **avoir confiance en** to have confidence in; **avoir de la chance** to be lucky; **avoir du mal à** to have trouble, difficulty; **avoir du succès** to be successful; **avoir envie de** to feel like; to want to; **avoir faim** to be hungry; **avoir *honte (de)** to be ashamed (of); **avoir horreur de** to hate; **avoir l'air (de)** to look (like); **avoir le courage de** to have the courage, strength to; **avoir le dessus** to have the upper hand; **avoir le droit de** to have the right to; **avoir le temps de** to have (the) time to; **avoir lieu** to take place; **avoir l'impression de** to have the feeling of; **avoir peur (de)** to be afraid (of); **avoir pitié de** to have pity on; **avoir raison** to be right;

avoir recours à to resort to; **avoir tendance à** to tend to; **en avoir ras le bol** to be sick and tired of it

avoisiner to border on, be close to

avouer to confess, admit

avril April

B

baccalauréat (*fam.* **bac**) *m.* baccalaureate (*French secondary school diploma*); **bac général** college preparatory diploma; **bac professionnel** trade school diploma; **bac technologique** technical diploma

bachelier/ière *m., f.* secondary school graduate, baccalaureate recipient (*France*)

baguette *f.* rod, wand, stick

bain *m.* bath; **salle** (*f.*) **de bains** bathroom

baisser to lower; **baisser les bras** to give up

bal *m.* dance, ball

balade *f., fam.* stroll; outing

bande *f.* band; region

Bangladais(e) *m., f.* Bangladeshi (*person*)

banlieue *f.* suburbs

banque *f.* bank; **compte** (*m.*) **en banque** bank account

banquier/ière *m., f.* housing projects; banker

baraque *f.* shack; stall

barbe *f.* beard

barbu *adj.* bearded

barque *f.* boat, fishing boat

barrière *f.* barrier; fence; gate

bas(se) *adj.* low; bottom; *adv.* low, softly; **bas de gamme** low-level, low-end; **en bas** at the bottom; downstairs; **là-bas** over there; **Pays-Bas** *m., pl.* Netherlands

basketteur/euse *m., f.* basketball player

bassin *m.* basin; pond; wading pool

bateau *m.* boat

bâtiment *m.* building

bâtir to build

battant *adj.* beating; **le cœur battant la chamade** with one's heart racing

battirent *p.s. of* **battre**

battit *p.s. of* **battre**

battre (*p.p.* **battu**) *irreg.* to beat; to overcome; **battre les pavés** to run the streets; **battre le record** to beat the record; **l'homme à battre** the one to defeat; **se battre** to fight; **se battre au quotidien** to carry on a constant struggle

battu *p.p. of* **battre**; *adj.* beaten; **les sentiers** (*m. pl.*) **battus** the beaten paths

bavard *adj.* talkative

bavarder to chat; to talk

beau (**bel, belle** [**beaux, belles**]) *adj.* handsome; beautiful; **échapper belle** to have a narrow escape; **faire beau** (**il fait beau**) to be good weather; **mourir de sa belle mort** to die a natural death

beaucoup (de) *adv.* very much, a lot; much, many

beaux-arts *m. pl.* fine arts

bébé *m.* baby

bêche *f.* spade

Belgique *f.* Belgium

belliqueux/euse *adj.* warlike, aggressive

bénéfice *m.* benefit

bénéficier (de) to profit, benefit (from)

bénéfique *adj.* profitable; beneficial, rewarding

bercé *adj.* rocked

berceau *m.* cradle

besoin *m.* need; **avoir besoin de** to need

bête *f.* beast; animal; *adj.* silly; stupid

bêtise *f.* silly, stupid thing or act

biais *m.* means

bibliothèque *f.* library

bidonville *f.* ghetto, slum

bien *adv.* well, good; quite; much; comfortable; *m.* good; *pl.* goods, belongings; **aussi bien que** as well as; **bien commun** the common good; **bien de (des)** a lot of; **bien que** + *subj.* (*conj.*) although; **bien sûr** *interj.* of course; **mener à bien** to be successful; **ou bien** or; **si bien que** so that; and so; **vouloir bien** to be willing (to)

bien-être *m.* well-being; welfare

bientôt *adv.* soon

bienveillant *adj.* kind

bienvenu *adj.* welcome

bière *f.* beer

bijou *m.* jewel

bijoutier/ière *m., f.* jeweler

bilan *m.* results; summary

bilingue *adj.* bilingual

bilinguisme *m.* bilingualism

billard *m. s.* billiards, pool (*game*)

biochimique *adj.* biochemical

biologique (*fam.* **bio**) *adj.* organic, organically grown; biological; **épicier/ière bio** health food store owner

biomécanicien(ne) *m., f.* biomechanic

blague *f.* joke

blâmer to blame

blé *m.* wheat; grain

bleu *adj.* blue

blindé *adj.* armored, bomb-proof; invulnerable

blouson *m.* jacket; windbreaker

blues *m., inv.* depression, "blues"; blues song

bobine *f.* reel; spool

bocal *m.* wide-mouthed jar

bœuf *m.* beef; ox; **œil-de-bœuf** *m.* small circular window, peephole

bof! *interj. and gesture of skepticism*

boire (*p.p.* **bu**) *irreg.* to drink

bois *m.* wood; forest, woods

boisage *m.* woodcutting

boisson *f.* drink, beverage

boîte *f.* box; can; nightclub; **boîte à couleurs** paint box; **boîte aux lettres** mailbox

bol: en avoir ras le bol to be sick and tired (of it)

bon(ne) *adj.* good; right, correct; coupon, chit; **bon marché** *adj. inv.* cheap, inexpensive; **bonne nouvelle** *f.* good (piece of) news; **en bonne forme** fit, healthy

bonbon *m.* (piece of) candy

bondé *adj.* packed with people (*vehicle*)

bonheur *m.* happiness

bonhomme *m.* (little) fellow

bonjour *interj.* hello, good day

bonnet *m.* cap; bonnet; **bonnet d'âne** dunce cap

bonsoir *interj.* good evening

bonté *f.* goodness, kindness

bord *m.* board; edge; bank, shore; **au bord de** on the edge of; on the banks (shore) of

Bosniaque *m., f.* Bosnian (*person*)

bosser *fam.* to work hard

bouche *f.* mouth; **de bouche à oreille** by word of mouth

boucher/ère *m., f.* butcher

bouchon *m.* bottle cap; cork

boucler to buckle; to meet (*budget*); **boucler la boucle** to come full circle; **boucler les fins de mois** to make ends meet

bouffon(ne) *m., f.* clown, fool

bougeotte *f., fam.* a need to move

bouger (nous bougeons) to move

bougrement *adv., fam.* damn; a lot

bouillie *f.* porridge

bouillon *m.* broth

bouleversé *adj.* upset; changed

bouleverser to disrupt

boulot *m., fam.* job; **métro, boulot, dodo** *fam.* the rat race

bouquin *m., fam.* book

bourdonnant *adj.* buzzing, humming

Bourgogne *f.* Burgundy

bourreau *m.* executioner

bourse *f.* stock market

boursier/ière *adj.* stock, referring to the stock market

bousculer to bump against; to shake up; **se bousculer** to jostle (one another)

bout *m.* end; bit; morsel; **attraper le bout (de l'an)** to make it to the end (of the year); **au bout (de)** at the end (of); **jusqu'au bout** until the very end; **le bout du monde** *fam.* a tremendous accomplishment

bouteille *f.* bottle

boxeur *m.* boxer; **boxeur poids plume** feather-weight boxer

branche *f.* twig, branch

branché *adj.* plugged in, connected (*computer*); *fam.* "with it," up to date

bras *m.* arm; **baisser les bras** to give up

brassier *m., fam.* laborer

bravoure *f.* bravery, gallantry

brebis *f.* sheep, ewe

bref (brève) *adj.* short, brief; **(en) bref** in short

brésilien(ne) *adj.* Brazilian

Bretagne *f.* Brittany (*region of France*); **Grande-Bretagne** *f.* Great Britain

bricolage *m.* do-it-yourself, home projects

bride *f.* bridle

brièvement *adv.* briefly

briller to shine

brioche *f.* brioche, sweet bread

brique *f.* brick

brisé *adj.* broken; **brisé de fatigue** tired out

britannique *adj.* British; **Britannique** *m., f.* British, English (*person*); **Colombie-Britannique** *f.* British Columbia

brosse *f.* brush

brousse *f.* bush

brouter to browse (*on grass*); to graze

bruit *m.* noise

brûlé(e) *m., f.* burn victim

brûler to burn (up)

brusquement *adv.* abruptly, bluntly

brut *adj.* gross (*salary, profit*)

bruyant *adj.* noisy

bryophyte *f.* bryophyte, moss

bu *p.p.* of **boire**; *adj.* drunk

bûcher *fam.* to work

bulle *f.* bubble

bureau *m.* desk; office; **bureau de vote** polling place

burent *p.s.* of **boire**

but *m.* purpose; objective; goal; **avoir pour but de** to have the goal of

but *p.s.* of **boire**

buvande *f., fam.* light, local wine

C

ça *pron.* this, that; it

çà et là *adv.* here and there

cabane *f.* cabin; cottage

cabinet *m.* office; study; closet

cacher to hide

cadeau *m.* present, gift

cadre *m.* frame; setting; scope; *m.* executive; manager

café *m.* café; (cup of) coffee; **moulin** (*m.*) **à café** coffee grinder

calcination *f.* calcination (*drying out with heat*)

calculer to calculate, figure

calendrier *m.* calendar

calmer to calm (down)

camarade *m., f.* friend, companion; **camarade de classe** classmate, schoolmate

cambodgien *m.* Cambodian (*language*)

cambriolage *m.* burglary

caméra *f.* movie camera; **casque-caméra** *m.* movie camera mounted on a helmet

campagnard(e) *adj.* rural, country; *m., f.* country man, -woman

campagne *f.* country(side); campaign (*military, political*); **à la campagne** in the country

canne *f.* cane; **canne à pêche** fishing rod

canon *m.* cannon

capitalisation *f.* value, valuation; **capitalisation boursière** market value

car *conj.* for, because

caractère *m.* character

la Caraïbe the Caribbean

caritatif/ive *adj.* charitable

carlingue *f.* cabin (*airplane*)

carnet *m.* notebook; booklet

carré *adj.* square; **kilomètre** (*m.*) **carré** square kilometer

carreau *m.* (window) pane

carrefour *m.* intersection, crossroad

carrément *adv.* squarely, in a straightforward manner

carrière *f.* career

carte *f.* card(s); menu; map; **carte de crédit** credit card; **carte de visite** business card; calling-card

carton *m.* cardboard; carton

cas *m.* case; **au cas par cas** on a case by case basis; **auquel cas** in which case; **en cas de** in case of; **en tout (tous) cas** in any case; **le cas échéant** if needed

cascade *f.* waterfall, cascade; **en cascade** flowing

case *f.* hut

casque *m.* helmet; **casque-caméra** *m.* movie camera mounted on a helmet

casquette *f.* cap; (bike) helmet

casse *f.* damage; *fam.* violence

casser to break

casseur *m.* breaker

cauchemar *m.* nightmare

cauchemarder to cause nightmares

cauchemardesque *adj.* nightmarish

cause *f.* cause; **à cause de** because of

causer to cause; to chat, discuss

ce (c') *pron. neu.* it, this, that

ce (cet, cette, ces) *adj.* this, that

cela (ça) *pron. neu.* this, that

célèbre *adj.* famous

célibataire *m., f., adj.* single (*person*)

celle(s) *pron., f. See* **celui**

celui (ceux, celle, celles) *pron.* the one, the ones, this one, that one, these, those

cent *adj.* one hundred

centaine *f.* about one hundred

centième *m.* one-hundredth

centime *m.* cent, centime

centimètre *m.* centimeter

centre *m.* center; **centre commercial** shopping center, mall; **centre des sports et des loisirs** recreation center

centre-ville *m.* downtown

cependant *adv.* in the meantime; meanwhile; *conj.* yet, still, however, nevertheless

céramique *f. s.* ceramics, pottery

céréales *f. pl.* cereal; grains

cérémonial *m.* court etiquette, ceremonial

cerise *f.* cherry

certain *adj.* sure; particular; certain; *pron., pl.* certain ones, some people

certes *interj.* yes, indeed

certitude *f.* certainty

cerveau *m.* brain

ces *adj., m., f. pl. See* **ce**

cesse *f.* ceasing; **sans cesse** unceasingly

cesser (de) to stop, cease

c'est-à-dire *conj.* that is to say

cet *adj., m. s. See* **ce**

cette *adj., f. s. See* **ce**

ceux *pron., m. pl. See* **celui**

chacun(e) *pron., m., f.* each, everyone; each (one)

chaise *f.* chair

chaleur *f.* heat; warmth

chaleureux/euse *adj.* warm; friendly

chamade: le cœur battant la chamade with one's heart racing

chambre *f.* (bed)room; hotel room; **chambre à coucher** bedroom; **valet** (*m.*) **de chambre** valet, manservant

champ *m.* field

champagne *m.* champagne; **champagne moussé** sparkling champagne

champignon *m.* mushroom

chance *f.* luck; possibility; opportunity; **avoir de la chance** to be lucky; **par chance** luckily, by good fortune; **tenter sa chance** to try one's luck

changement *m.* change, alteration

changer (nous changeons) to change; **changer de main** to change hands; **changer d'habit** to change one's clothing

chanson *f.* song; **chanson à succès** hit song

chant *m.* song; birdsong

chanter to sing

chanteur/euse *m., f.* singer; **chanteur/euse de variété** popular, pop singer

chanvre *m.* hemp

chaque *adj.* each, every

chargé (de) *adj.* in charge (of), responsible (for); *adj.* heavy; loaded; busy (with)

charmant *adj.* charming

chasse *f.* hunting; **partir (aller) à la chasse** to go hunting

chasser to hunt

chat(te) *m., f.* cat

château *m.* castle, chateau; **château fort** fort, fortress

chaud *m.* warmth; **au chaud** warm (and safe)

chaussure *f.* shoe

chef *m.* leader; head; chef, head cook; **chef de gare** station chief; **chef d'entreprise** company head, top manager, boss; **chef d'état** head of state

chef-d'œuvre (*pl.* **chefs-d'œuvre**) *m.* masterpiece

chef-né born leader

chemin *m.* way; road; path

chèque *m.* check

cher (chère) *adj.* expensive; dear; **coûter cher** to be expensive

chercher to look for; to seek; to pick up; **chercher à** to try to

chercheur/euse *m., f.* seeker; researcher

cheval *m.* horse; **à cheval** firm, intransigent

chevet *m.* nightstand; **livre** (*m.*) **de chevet** bedside reading

cheveu (*pl.* **cheveux**) *m.* hair

chez *prep.* at, to, in (the house, family, business or country of); among, in the works of; **chez moi** at my place

chez-soi *m.* home of one's own

chien(ne) *m., f.* dog

chiffre *m.* number, digit; **chiffre d'affaires** sales figures, turnover (*business*)

chimie *f.* chemistry

chimique *adj.* chemical

Chinois(e) *m., f.* Chinese (*person*)

chirurgien(ne) *m., f.* surgeon

choc *m.* shock

chocolat *m.* chocolate; hot chocolate; **mousse** (*f.*) **au chocolat** chocolate mousse

choisir (de) to choose (to)

choix *m.* choice

chômage *m.* unemployment; **au chômage** unemployed; **taux** (*m.*) **de chômage** unemployment rate

chômer to be unemployed; to be idle

chômeur/euse *m., f.* unemployed person

choquer to shock; to strike, knock

chorégraphe *m., f.* choreographer

chose *f.* thing; **autre chose** something else; **pas grand-chose** not much; **quelque chose** something

chou (*pl.* **choux**) *m.* cabbage

chouchouté *adj.* spoiled, coddled

cible *f.* (round) target

ciblé *adj.* targeted

ci-dessous *adv.* below

ci-dessus *adv.* above, previously

ciel (*pl., lit.* **cieux**; *pl., peinture* **ciels**) *m.* sky; heaven

cimetière *m.* cemetery

cinéma (*fam.* **ciné**) *m.* movies, cinema; movie theater; **aller au cinéma** to go to the movies; **vedette** (*f.*) **de cinéma** movie star

cinquième *adj.* fifth

circuler to circulate; to travel (around)

cirque *m.* circus

citadin(e) *m., f.* city dweller

citation *f.* quotation, quote

cité *f.* (area in a) city; housing project; **cité-dortoir** bedroom community; **cité universitaire** (*fam.* **cité-U**) university residence complex

citer to cite, quote; to list

citoyen(ne) *m., f.* citizen

civil *adj.* civil; civilian, non-military; **guerre** (*f.*) **civile** civil war

clair *adj.* light, bright; clear; **en clair** to put it plainly; **voir clair** to see clearly

clairière *f.* clearing, glade

claquer to snap; to slam; **claquer la porte au nez (de)** to slam the door (*on s.o.*); to refuse (*s.o.*)

clarté *f.* light; brightness; **échappées** (*f. pl.*) **de clarté** glimpses of light

classe *f.* class; classroom; **camarade** (*m., f.*) **de classe** classmate; **la classe ouvrière** the working class; **salle** (*f.*) **de classe** classroom

classé *adj.* classed; classified

classement *m.* classification

classique *adj.* classical; classic; **musique** (*f.*) **classique** classical music

clé (clef) *f.* key; **mot-clé** *m.* key word

clergé *m.* clergy

client(e) *m., f.* customer; client

clinique *f.* clinic; private hospital

cliquer to click; to tap

cobaye *m.* guinea-pig

cocher to check off (*list*)

cocon *m.* cocoon

cœur *m.* heart; **au cœur de** at the heart, center of; **le cœur battant**

(la chamade) with a beating heart; with one's heart racing; **sans-cœur** *m. inv.* heartless

cohabitation *f.* living together; coexistence

coiffé (de) *adj.* wearing (*a hat*)

se coiffer to do one's hair

coin *m.* corner; patch, nook

colère *f.* anger

collation *f.* (small) meal

collecteur/trice *m., f.* collector; **collecteur/trice d'impôts** tax collector

collectionner to collect

collège *m.* junior high school (*in France*)

collégien(ne) *m., f.* junior high school student

collègue *m., f.* colleague

Colombie (*f.*)-**Britannique** British Columbia

colonialiste *m., f.* colonialist, one who believes in colonialism

colonisateur/trice *m., f., adj.* colonizing, settling

coloniser to colonize

colonne *f.* column

combatif/ive *adj.* pugnacious, combative

combattirent *p.s. of* **combattre**

combattit *p.s. of* **combattre**

combattre (*like* **battre**) *irreg.* to fight

combattu *p.p. of* **combattre**

combien (de) *adv.* how much; how many

comblé *adj.* happy, satisfied; overwhelmed

combler to fill (up); to fulfill

comédien(ne) *m., f.* actor, actress; comedian

comestible *adj.* edible

comité *m.* committee

commande *f.* order; **passer commande de** to order (*s.th.*)

commander to order; to give orders

comme *adv.* as, like, how; since; **comme si** as if, as though

commencement *m.* beginning

commencer (nous commençons) (à) to begin (to); to start; **commencer par** to begin by (*doing s.th.*)

comment *adv.* how

commentaire *m.* commentary, remark

commenté *adj.* commented upon; guided (*visit*)

commenter to comment (on); to analyze

commérage *m.* gossip

commerçant(e) *m., f.* shopkeeper, storeowner

commerce *m.* business; shop; **l'Organisation mondiale du commerce** World Trade Organization (WTO)

commercial *adj.* commercial; business-related, marketing; **centre** (*m.*) **commercial** shopping center, mall

commercialiser to commercialize

commettre to commit

commirent *p.s. of* **commettre**

commis *p.p. of* **commettre**; *adj.* committed

commission *f.* commission; errand; **maison** (*f.*) **de commission** brokerage house

commissionnaire *m.* commission agent; messenger

commit *p.s. of* **commettre**

commodité *f.* practicality, ease of use

commun *adj.* ordinary, common, shared; **bien** (*m.*) **commun** common good; **en commun** in common

communautaire *adj.* community, communal

communauté *f.* community

commune *f.* commune; town

communiquer to communicate

compagnon (compagne) *m., f.* companion

comparaison *f.* comparison; **en comparaison de** in comparison with

comparer to compare

compenser to compensate; to make up for (*s.th.*)

compétence *f.* skill, competency

compétitivité *f.* competitiveness

complainte *f., A.* plaint, lament

complètement *adv.* completely

compléter (je complète) to complete, finish

comportement *m.* behavior

comporter to include; **se comporter** to behave; to conduct oneself

composer to compose; to make up; **se composer de** to be made, composed of

compositeur/trice *m., f.* composer

composition *f.* (*musical*) composition

compréhensif/ive *adj.* understanding

comprendre (*like* **prendre**) *irreg.* to understand; to comprise, include

comprirent *p.s. of* **comprendre**

compris *p.p. of* **comprendre**; *adj.* included; **y compris** including

comprit *p.s. of* **comprendre**

compte *m.* account; **au bout du compte** in the last analysis; **se rendre compte de/que** to realize (that); **tout compte fait** all in all

compter to count (on); to include; **compter sur** to count on; to plan on; to intend

comptoir *m.* counter; bar (*in café*)

concentrer to concentrate; **se concentrer sur** to concentrate on

concepteur/trice *m., f.* creative director

concernant *prep.* concerning, regarding

concerner to concern; to interest; **en ce qui concerne** concerning, with regard to

concevoir (*p.p.* **conçu**) to conceive, imagine

conclure (*p.p.* **conclu**) *irreg.* to conclude; to transact

conclurent *p.s. of* **conclure**

conclut *p.s. of* **conclure**

concorde *f.* harmony, agreement

concours *m.* competition; competitive exam

concrètement *adv.* in practical terms, clearly

conçu *p.p. of* **concevoir**; *adj.* conceived, designed

conçurent *p.s. of* **concevoir**

concurrence *f.* competition; **faire concurrence à** to compete with (*s.o.*)

concurrent(e) *m., f.* competitor

conçut *p.s. of* **concevoir**

condition *f.* condition; situation;

social class; **à condition de/que** provided that

conditionnement *m.* conditioning

conducteur/trice *m., f.* driver

conduire (*p.p.* **conduit**) *irreg.* to drive; to lead; **permis** (*m.*) **de conduire** driver's license; **se conduire** to behave

conduisirent *p.s. of* **conduire**

conduisit *p.s. of* **conduire**

conduit *p.p. of* **conduire**

conduite *f.* behavior; conduct; guidance; driving (*car*)

confectionner to create; to put together

confesser to confess

confesseur *m.* confessor (*Catholic church*)

confiance *f.* confidence; **avoir confiance en** to have confidence in; to trust; **faire confiance à** to trust; **manquer de confiance en** to lack, have no confidence in; **mettre en confiance** to reassure

confier to confide; to give

confirmer to strengthen; to confirm

conflit *m.* conflict

confort *m.* comfort; amenities

confrère *m.* colleague, fellow-member

confronter to confront, face

congratuler *lit.* to congratulate (excessively)

conjugal *adj.* marriage, conjugal

connaissance *f.* knowledge; acquaintance

connaître (*p.p.* **connu**) *irreg.* to know; to be familiar with; **se connaître** to get to know one another; to meet (*for the first time*)

se connecter to get connected

connecteur *m.* connector (*electrical*)

connexion *f.* link, connection

connu *p.p. of* **connaître**; *adj.* known; famous

connurent *p.s. of* **connaître**

connut *p.s. of* **connaître**

conquérir (*p.p.* **conquis**) *irreg.* to conquer

conquirent *p.s. of* **conquérir**

conquis *p.p. of* **conquérir**; *adj.* conquered

conquit *p.s. of* **conquérir**

consacrer to consecrate; to devote

conscience *f.* conscience; consciousness; **prendre conscience de** to become aware of

conscient (de) *adj.* conscious (of)

conseil *m.* (piece of) advice; council; **Conseil d'état** Council of State; **demander conseil** to ask advice; **tenir conseil** to hold (royal) council

conseiller (de) to advise (to)

conseiller/ère *m., f.* adviser; counselor

consentir to agree

conséquent: par conséquent *conj.* therefore, accordingly

conservateur/trice *m., f., adj.* conservative

conserver to conserve, preserve

considérer (**je considère**) to consider

consigne *f.* luggage locker

consister (à, en) to consist (in, of)

consolider to consolidate

consommateur/trice *m., f.* consumer

consommation *f.* consumption; consumerism; drink (*in a restaurant*)

consommer to consume

constamment *adv.* constantly

constater to notice; to remark

constituer to constitute

construire (*like* **conduire**) *irreg.* to construct, build

construisirent *p.s. of* **construire**

construisit *p.s. of* **construire**

construit *p.p. of* **construire**; *adj.* constructed, built

consulter to consult

contact *m.* contact; **rester en contact avec** to remain in contact with

se contacter to contact one another

se contempler to meditate on oneself

contemporain(e) *m., f., adj.* contemporary

contenir (*like* **tenir**) *irreg.* to contain

content *adj.* happy, pleased; **être content de** + *inf.* to be happy about

contenter to please, make happy; **se contenter de** to be content with, satisfied with

contenu *m.* contents; *p.p. of* **contenir**; *adj.* contained, included

contestation *f.* dispute, contestation
continrent *p.s. of* **contenir**
contint *p.s. of* **contenir**
continuel(le) *adj.* continual
continuer (à, de) to continue
contrainte *f.* constraint
contraire *adj.* opposite, contrary; *m.* opposite; **au contraire** on the contrary
contrairement (à) *adv.* contrarily, contrary (to)
contre *prep.* against; contrasted with; **le pour ou le contre** the pros and the cons; **par contre** on the other hand, in contrast
contredanse *f., A.* quadrille, country dance
contribuer to contribute
contrôle *m.* check-point; inspection; control; **poste** (*m.*) **de contrôle** control station, console
contrôler to inspect, monitor; to control
contrôleur/euse (*m., f.*) **aérien(ne)** air-traffic controller
convaincre (*like* **vaincre**) (**de**) *irreg.* to convince (*s.o. to do s.th.*)
convaincu *p.p. of* **convaincre**; *adj.* convinced
convainquirent *p.s. of* **convaincre**
convainquit *p.s. of* **convaincre**
convenir (*like* **venir**) *irreg.* to fit; to be suitable
convenu *p.p. of* **convenir**; *adj.* agreed (upon), stipulated
converger (nous convergeons) to converge
converser to converse
convinrent *p.s. of* **convenir**
convint *p.s. of* **convenir**
convive *m., f.* guest
convoquer to summon, invite, convene
coordinateur/trice *m., f.* coordinator
coordonner to coordinate
copain (copine) *m., f., fam.* friend, pal
copie *f.* paper
copieux/euse *adj.* copious, abundant
coq *m.* cock, rooster
cordon *m.* cord, tie; **cordon ombilical** umbilical cord

Corée *f.* Korea
corps *m.* body; **Corps de la paix** Peace Corps; **esprit** (*m.*) **de corps** esprit de corps, collective feeling
correspondance *f.* correspondence; connection
correspondant *adj.* corresponding
correspondre to correspond
corriger (nous corrigeons) to correct
corrompirent *p.s. of* **corrompre**
corrompit *p.s. of* **corrompre**
corrompre (*like* **rompre**) *irreg.* to corrupt
corrompu *p.p. of* **corrompre**; *adj.* corrupted
cortège *m.* procession
corvée *f.* burden; difficult task
côte *f.* coast
Côte d'Azur *f.* French Riviera
Côte-d'Ivoire *f.* Ivory Coast
côté *m.* side; **à côté (de)** *prep.* by, near, next to; at one's side; **à mes (ses) côtés** at my (his/her) side; **d'un côté... de l'autre côté** on the one hand . . . on the other hand; **de votre (son) côté** from your (his/her) point of view; **mettre de côté** to put aside, save
se côtoyer (ils se côtoient) to exist side by side, rub elbows
cou *m.* neck
coucher to put to bed; to sleep; *m.* going to bed; **chambre** (*f.*) **à coucher** bedroom; **se coucher** to go to bed
couchette *f.* sleeping compartment, berth (*on a train*)
couleur *f.* color; **boîte** (*f.*) **à couleurs** paint box
couloir *m.* corridor, hall(way)
coup *m.* blow; coup; (gun)shot; influence; **coup de feu** gunshot; **coup de fil** *fam.* phone call; **coup de tête** impulsive act; **donner un coup de main** to help out, lend a hand; **du coup** as a result
coupable *adj.* guilty
coupe *f.* cut; haircut
couper to cut; to divide (up)
coupole *f.* dish (*satellite*); dome
coupure *f.* break, cut
cour *f.* (royal) court; yard; barnyard

courageux/euse *adj.* courageous
courant *adj.* general, everyday; *m.* current; **être (se tenir) au courant de** to be well informed about; **monnaie** (*f.*) **courante** common practice; **prise** (*f.*) **de courant** electrical outlet
courbé *adj.* stooped, bent
coureur/euse *m., f.* runner
courir (*p.p.* **couru**) *irreg.* to run
courrier *m.* mail; **faire son courrier** to answer one's mail
cours *m.* course; class; exchange rate; price; **au cours de** during, in the course of; **cours d'eau** river, stream
course *f.* race; errand
court *adj.* short, brief (*not used for people*)
courtisan *m.* courtier (*to the king*)
couru *p.p. of* **courir**
coururent *p.s. of* **courir**
courut *p.s. of* **courir**
coût *m.* cost
coûter to cost; **coûter cher** to be expensive
coûteux/euse *adj.* costly, expensive
coutume *f.* custom
couturier *m.* fashion designer
couvert *m.* table setting; *p.p. of* **couvrir**; **couvert(e) de** *adj.* covered (with)
couvre-feu *m.* curfew
craignirent *p.s. of* **craindre**
craignit *p.s. of* **craindre**
craindre (*p.p.* **craint**) *irreg.* to fear
craint *p.p. of* **craindre**
crainte *f.* fear
créateur/trice *m., f.* creator; *adj.* creative
crèche *f.* day-care center
crédit *m.* credit; *pl.* funds, investments; **carte** (*f.*) **de crédit** credit card
credo *m.* credo, creed
créer to create
crème *f.* cream; **crème fouettée** whipped cream
crépuscule *m.* dusk, twilight
creuser to dig; to deepen; to widen
crevé *adj., fam.* dead; tired out, exhausted
crever (je crève) *fam.* to die; to burst;

crever de trouille to be scared to death

cri *m.*: **dernier cri** the very latest, state-of-the-art

crise *f.* crisis; (*economic*) recession; depression

critique *f.* criticism; critique; *m., f.* critic; *adj.* critical

crochet *f.* detour, side-trip

croire (*p.p.* **cru**) (**à**) *irreg.* to believe (in)

croiser to pass; to come across

croissance *f.* growth, development

croissant *adj.* growing, increasing

croyance *f.* belief

cru *adj.* raw; untreated; crude

cru *p.p. of* **croire**

cruellement *adv.* cruelly

crurent *p.s. of* **croire**

crut *p.s. of* **croire**

cuisine *f.* cooking; food, cuisine; kitchen

cul (*m.*) **par-dessus tête** *fam.* upside-down

culinaire *adj.* culinary, cooking

culotte *f.* (*pair of*) short pants; **culottes** (*pl.*) **courtes** *fam.* thoughtless youngsters

culpabiliser to feel guilty

culpabilité *f.* guilt

cultivé: espèce (*f.*) **cultivée** species that is cultivated

cultiver to cultivate; to farm; **se cultiver** to become cultivated, sophisticated

culture *f.* education; culture; agriculture

culturel(le) *adj.* cultural

curé *m.* priest, parish priest

cureur/euse *m., f.* cleaner; scraper; **cureur de fosses** ditch-cleaner

curieux/euse *adj.* curious

cybercafé *m.* cybercafé, Internet café

cyberélite *f.* elite of the Internet world

cyberentreprise *f.* Internet business

cycle *m.* cycle; fad, fashion

cyclisme *m.* cycling

cycliste *m., f.* cyclist, biker

D

d'abord *adv.* first, first of all, at first

d'accord *interj.* O.K., agreed

d'ailleurs *adv.* besides, moreover

dangereux/euse *adj.* dangerous

dans *prep.* within, in; **dans deux ans** in two years

danse *f.* dance; dancing

danser to dance

date *f.* date (*time*); **de longue date** long standing

dater de to date from

dauphin *m.* dolphin

d'autres *pron.* others

davantage *adv.* more

de (**d'**) *prep.* of, from, about

débarquement *m.* landing; unloading

débarquer to disembark, alight, land

se débarrasser de to get rid of; to rid oneself of

débat *m.* debate

débattirent *p.s. of* **débattre**

débattit *p.s. of* **débattre**

débattre (*like* **battre**) **sur** *irreg.* to debate, discuss

débattu *p.p. of* **débattre**; *adj.* discussed

déborder to overflow

débouché *m.* outlet; career outlet

déboucher to uncork; to open; **déboucher sur** to emerge, open out onto

se débrider to free oneself

débrouillard *adj.* resourceful

se débrouiller to manage; to get along, get by

début *m.* beginning; **au début (de)** at the beginning (of)

débutant(e) *m., f.* beginner

débuter (**par**) to begin (with)

décalage *m.* (time) difference; gap

décathlonien(ne) *m., f.* Decathlete

décembre December

décennie *f.* decade

décès *m.* death

déchirer to tear; to divide

décider (**de**) to decide (to)

décideur/euse *m., f.* decision-maker

déclarer to declare; to name

déclassement *m.* fall, drop in status

décoller to take off (*airplane*)

décomposé *adj.* split up, analyzed

décortiqué *adj.* husked; dissected

découvert *p.p. of* **découvrir**; *adj.* uncovered, bare; discovered

découverte *f.* discovery

découvrir (*like* **ouvrir**) *irreg.* to discover; to learn

découvrirent *p.s. of* **découvrir**

découvrit *p.s. of* **découvrir**

décrire (*like* **écrire**) *irreg.* to describe

décrit *p.p. of* **décrire**; *adj.* described

décrivirent *p.s. of* **décrire**

décrivit *p.s. of* **décrire**

décrocher to obtain (*a job*); to get; to unhook

décroissant *adj.* decreasing, diminishing

déculpabilisant *adj.* guilt-reducing

dedans *prep., adv.* within, inside

dédramatiser to play down the importance of

défaut *m.* fault, flaw

défavorisé *adj.* disadvantaged

défendre to defend; to promote

déferlante: vague (*f.*) **déferlante** breaker (*wave*)

défi *m.* challenge

défiance *f.* distrust, suspicion

déficience *f.* deficiency

défilé *m.* parade; procession

défini *adj.* defined; definite

définitivement *adv.* definitively; permanently

degré *m.* degree; level

se déguiser en to disguise oneself as

dehors *adv.* outdoors; outside; **en dehors de** outside of, besides

déjà *adv.* already

déjeuner to have lunch; *m.* lunch; **petit déjeuner** *m.* breakfast

delà: au-delà de *prep.* beyond

délai *m.* time limit

délainer to shear (*sheep*)

se délasser to rest, relax

délayer (**je délaie**) to add water to; to thin (down)

délirant *adj.* delirious, raving

délivrer to set free, deliver

demain *adv.* tomorrow

demande *f.* request; application

demander to ask (for), request; **se demander** to wonder

démarche *f.* measure, step; procedure

se démarquer to distinguish oneself

démarrer to start (*a car*); to take off

déménagement *m.* moving (*a household*)

déménager (nous déménageons) to move (*house*), change residence

démesuré *adj.* huge; excessive

demeurer to stay, remain

demi *m., adj.* half

demi-douzaine *f.* half dozen

demi-heure *f.* half-hour

démontrer to demonstrate

dénoncer (nous dénonçons) to denounce, expose

dénoter to denote, point out

dentelé *adj.* jagged, serrated

dénuement *m.* poverty

départ *m.* departure; beginning

département *m.* department; district, county (*France*)

dépassé *adj.* obsolete, outdated

dépassement *m.* overtaking, surpassing

dépasser to go beyond, exceed; to pass, surpass

dépeignirent *p.s. of* **dépeindre**

dépeignit *p.s. of* **dépeindre**

dépeindre (*like* **craindre**) *irreg.* to depict

dépeint *p.p. of* **dépeindre**; *adj.* depicted

dépendance *f.* dependency; outbuilding

dépendre (de) to depend (on)

dépense *f.* expense; spending

dépenser to spend (*money*)

se déplacer (nous nous déplaçons) to move around, go somewhere

déplaire (*like* **plaire**) **à** *irreg.* to displease, not to please

déplaisant *adj.* disagreeable, unpleasant

déplaisir *m.* displeasure

déployer (je déploie) to deploy; to spread out

déplu *p.p. of* **déplaire**

déplurent *p.s. of* **déplaire**

déplut *p.s. of* **déplaire**

déporté *adj.* deported

déposer to deposit; to leave (*objects*)

déposséder (je dépossède) to dispossess

dépouillé (de) *adj.* stripped (of)

depuis (que) *prep.* since, for

déranger (nous dérangeons) to bother, disturb

dérivant: filet (*m.*) **dérivant** drift net

dérive *f.* excess; abuse

dernier/ière *adj.* last; most recent; past; *m., f.* the latter; **dernier cri** the very latest, state-of-the-art

déroulement *m.* unfolding; development

se dérouler to unfold, develop; to take place

derrière *prep.* behind

des *contr. of* **de** + **les**

dès *prep.* from (then on); **dès que** *conj.* as soon as

désaffection *f.* disenchantment

désagrément *m.* annoyance; trouble

désarmé *adj.* helpless; disarmed

désastreux/euse *adj.* disastrous

descendre to go down; to get off; to take down

descente *f.* descent; **descente de lit** throw rug

déserter to abandon, desert

désespérant *adj.* depressing; hopeless

désespéré *adj.* desperate, without hope

se déshabiller to get undressed

désigner to designate, refer to

désinformation *f.* disinformation, misleading information

désintéressé *adj.* unselfish, disinterested

désinvolture *f.* ease, easy manner

désirer to desire, want

désobéir (à) to disobey

désormais *adv.* henceforth

dessein *m.* plan, scheme, project

desserrer to loosen, relax

dessin *m.* drawing

dessiner to draw; to design

dessous *adv.* under, underneath; **au-dessous de** below, underneath; **ci-dessous** below

dessus *adv.* above; over; on; **au-dessus de** above; **ci-dessus** above, previously; **cul par-dessus tête** upside down

destin *m.* fate

destiné (à) *adj.* designed (for), aimed (at)

se détacher de to separate; to break loose

détecter to detect

se détendre to relax

détendu *adj.* relaxed

détenir (*like* **tenir**) *irreg.* to hold, control

détente *f.* relaxation; detente

détenu *p.p. of* **détenir**; *adj.* held; detained

détériorer to deteriorate

déterminer to determine

détester to detest, hate

détinrent *p.s. of* **détenir**

détint *p.s. of* **détenir**

détour: au détour de in the course of

se détromper to disabuse oneself

détruire (*like* **conduire**) *irreg.* to destroy

détruisirent *p.s. of* **détruire**

détruisit *p.s. of* **détruire**

détruit *p.p. of* **détruire**; *adj.* destroyed

dette *f.* debt

deuxième *adj.* second

deux-pièces *m., inv.* two-room apartment (*not counting kitchen*)

devant *prep.* before, in front of; *m.* front

dévastateur/trice *adj.* devastating

dévasté *adj.* devastated

développement *m.* development; **pays** (*m.*) **en voie de développement** developing, third-world countries

(se) développer to spread out, expand; to develop

devenir (*like* **venir**) *irreg.* to become

devenu *p.p. of* **devenir**; *adj.* became

dévider to unwind; to wind into a ball

deviner to guess

devinrent *p.s. of* **devenir**

devint *p.s. of* **devenir**

devise *f.* motto, slogan

dévoilé *adj.* uncovered; unveiled

devoir (*p.p.* **dû**) *irreg.* to owe; to have to, be obliged to; *m.* duty; homework; **faire ses devoirs** to do one's homework

dialoguer to dialogue, discuss

dicter to dictate, determine

diététique *adj.* dietetic; nutritional

dieu *m.* god

différer (je diffère) to differ

difficile *adj.* difficult

difficilement *adv.* with difficulty

difforme *adj.* deformed

diffuser to broadcast; to disseminate

digne *adj.* worthy; deserving

dignement *adv.* with dignity; justly

dimanche *m.* Sunday

dîme *f.* tithe

diminuer to lessen, diminish

diminution *f.* decrease, reduction

dinar *m.* dinar (*No. African currency*)

dîner to dine, have dinner; *m.* dinner

diplôme *m.* diploma, certificate

dire (*p.p.* **dit**) *irreg.* to say, tell; **c'est-à-dire** that is to say, namely; **vouloir dire** to mean, signify

direct *adj.* direct, straight; **en prise directe avec** directly involved with

directement *adv.* right away; directly

directeur/trice *m., f.* manager, head; director, CEO

direction *f.* direction; management; leadership; **secrétaire** (*m., f.*) **de direction** executive secretary

dirent *p.s.* of **dire**

diriger (**nous dirigeons**) to direct; to govern, control; **se diriger vers** to go, make one's way, toward

discours *m.* speech; discourse

discret/ète *adj.* discreet; unobtrusive

discriminé *adj.* discriminated against

discuter (**de**) to discuss

disparaître (*like* **connaître**) *irreg.* to disappear

disparition *f.* disappearance

disparu *p.p.* of **disparaître**; *adj.* missing; dead

disparurent *p.s.* of **disparaître**

disparut *p.s.* of **disparaître**

disponible *adj.* available

disposer de to have (available); to make use of

disposition *f.* disposition; ordering; **à votre (sa) disposition** at your (his/her) disposal

disque *m.* disk; record

disséminé *adj.* disseminated, scattered

distance *f.* distance; **enseigner à distance** to teach by distance learning

distinguer to distinguish

distraction *f.* recreation; entertainment

se distraire (*like* **traire**) *irreg.* to have fun, enjoy oneself

distrait *p.p.* of **distraire**; *adj.* distracted, absent-minded

distribuer to distribute

dit *p.p.* of **dire**; *p.s.* of **dire**; *adj.* called; so-called

divertissement *m.* amusement, entertainment

diviser to divide

dizaine *f.* about ten

dodo *m. fam.* sleep; **métro, boulot, dodo** the daily grind, the rat race

doigt *m.* finger

domicile *m.* domicile, home; **à domicile** at home

dominateur/trice *adj.* domineering, overbearing

dominer to rule, dominate

dominical *adj.* (pertaining to) Sunday

dommage *m.* damage; pity; too bad; **c'est dommage** it's too bad, what a pity

don *m.* talent; gift

donc *conj.* then; therefore

données *f. pl.* data

donner to give; to supply; **donner froid dans le dos** to send shivers down one's spine; **donner lieu à** to give rise to; **donner naissance à** to give birth to

dont *pron.* whose, of which, of whom, from whom, about which; **la façon dont** the way in which

dopage *m.* doping (*giving drugs to athletes, racehorses, etc.*)

se doper to take drugs (*athlete*)

doré *adj.* gold(en); gilded

dormir (*p.p.* **dormi**) *irreg.* to sleep

dormirent *p.s.* of **dormir**

dormit *p.s.* of **dormir**

dortoir *m.* dormitory; **cité-dortoir** *f.* bedroom community

dorure *f.* gilding

dos *m.* back; **donner froid dans le dos** to send shivers down one's spine; **sac** (*m.*) **à dos** backpack; **tourner le dos à** to turn one's back on

dossier *m.* file, record; case history

doté de *adj.* endowed with

doublage *m.* doubling

doubler to double

doucement *adv.* gently; softly

douceur *f.* softness; gentleness

douche *f.* shower (*bath*); **prendre une douche** to take a shower

douleur *f.* pain; grief

doute *m.* doubt; **sans doute** probably, no doubt

douter (**de**) to doubt

doux (douce) *adj.* pleasant; soft; **eau** (*f.*) **douce** fresh water

douzaine *f.* dozen; about twelve; **demi-douzaine** half dozen

douze *adj.* twelve

draconien(ne) *adj.* Draconian, harsh, severe

draguer *fam.* to cruise (*pick up dates*)

dragueur *m., fam.* pick-up artist

dramaturge *m., f.* playwright

dressé *adj.* set up, standing up

dresser to create, draw up

drogue *f.* drug(s)

droit *m.* law; right, privilege; **avoir droit à** + *n.* to have the right to; **avoir le droit de** + *inf.* to be allowed to; **droits** (*pl.*) **de l'homme** civil rights; **études** (*f. pl.*) **de droit** legal, law studies

droit(e) *adj.* right; straight; *adv.* straight on; *f.* right; right hand; **à droite (de)** on, to the right (of); **de droite** on the right, right-hand; **en droite ligne** in a direct line

droiture *f.* rectitude, honesty

drôle (de) *adj.* funny, odd

du *contr.* of **de** + **le**

dû (due) *p.p.* of **devoir**; *adj.* due, owing to

dur *adj., adv.* hard; difficult; **travailler dur** to work hard

durant *prep.* during

durée *f.* duration, length

durement *adv.* hard; harshly, severely

durent *p.s.* of **devoir**

durer to last, continue

dut *p.s.* of **devoir**

E

eau *f.* water; **cours** (*m.*) **d'eau** watercourse, stream, river; **eau potable** drinkable, drinking water

ébénisterie *f.* cabinetwork

s'écarter to draw apart; to move aside

ecclésiastique *adj.* ecclesiastical; church

échange *m.* exchange; interaction

s'échanger (nous nous échangeons) to exchange

échantillon *m.* sample

échappée *f.* escape; glimpse; burst

échapper (à) to escape (from); **échapper belle** to have a narrow escape; **s'échapper de** to escape; to leak out

échéant: le cas échéant if needed

échelle *f.* scale; ladder

éclairé *adj.* enlightened; educated

éclairer to enlighten; to inform

éclat *m.* outburst, blaze, display; **rire aux éclats** to laugh heartily, roar with laughter; **voler en éclats** to smash to pieces

éclater to break out; to explode, burst out

éclipser to eclipse, overshadow; to obscure

école *f.* school

économie (*fam.* **éco**) *f.* economics; economy; *pl.* savings

économique *adj.* economic; financial; economical; **crise** (*f.*) **économique** recession; **sciences** (*f. pl.*) **économiques** economics

économiser to save (up); **économiser de l'argent** to save money

Ecosse *f.* Scotland; **Nouvelle-Ecosse** *f.* Nova Scotia

écoulement *m.* flow; passing

écouler to sell (off), dispose of

écoute *f.* listening; **à l'écoute** listening (in); **faire de l'écoute** to listen (in)

écouter to listen to

écouteur *m. s.* earphones; headphones

écran *m.* screen

écrasant *adj.* crushing; grueling

écrasé *adj.* crushed; mashed

s'écrier to cry out, exclaim

écrire (*p.p.* **écrit**) (**à**) *irreg.* to write (to)

écrit *m.* writing, written part; *p.p. of* **écrire**; *adj.* written; **par écrit** in writing

écrivain *m.* writer

écrivirent *p.s. of* **écrire**

écrivit *p.s. of* **écrire**

écru *adj.* unbleached, natural (*cloth*)

écume *f.* foam, froth

édifice *m.* building

éditeur/trice *m., f.* publisher; editor

éducation *f.* upbringing; breeding; education

éduquer to bring up; to educate

effacer (nous effaçons) to erase, obliterate

effarant *adj.* frightening, alarming

effaré *adj.* frightened, alarmed

effectivement *adv.* actually, really

s'effectuer to happen; to carry out

effet *m.* effect; **effets** (*pl.*) **spéciaux** special effects; **en effet** as a matter of fact, indeed

efficace: faire efficace to be efficient

efficacement *adj.* efficiently

s'effondrer to collapse

effort *m.* effort; attempt; **faire un effort (pour)** to try, make an effort (to)

effrayer (j'effraie) to frighten

effroyable *adj.* appalling, horrifying

égal *adj.* equal

également *adv.* equally; likewise, also

égaler to equal, be equal to

égalité *f.* equality

égard *m.* consideration; **à l'égard de** toward, about; **à leur égard** about them

église *f.* (Catholic) church

égorger (nous égorgeons) to cut the throat of; to butcher, massacre

éhonté *adj.* shameless, brazen

électeur/trice *m., f.* voter; elector

électoral *adj.* voting; electoral

électronique *f. s.* electronics; *adj.* electronic

élevage *m.* rearing, raising (*of livestock*)

élève *m., f.* pupil, student

élevé *adj.* elevated; high

élever (j'élève) to raise; to lift up

éleveur/euse *m., f.* breeder (*of animals*)

éliminer to eliminate

élire (*like* **lire**) *irreg.* to elect

elle *pron., f. s.* she; her; **elle-même** *pron., f. s.* herself; **elles** *pron., f. pl.* they; them

éloigné (de) *adj.* distant; far

éloigner to remove to a distance; to push back

s'éloigner to get farther away

élu(e) *p.p. of* **élire**; *m., f., adj.* elected, chosen (*person*)

élurent *p.s. of* **élire**

élut *p.s. of* **élire**

emballage *m.* packing; package

s'embarquer to get into (*a train, plane*); to leave

embauché *adj.* hired

embellir to beautify, embellish; to grow beautiful

embouteillage *m.* traffic jam

embranchement *m.* branch, branching; junction

embryon *m.* embryo

embryonnaire *adj.* embryonic

émigrer to emigrate

éminemment *adv.* eminently, to a high degree

émission *f.* television or radio show, program

emmener (j'emmène) to take (*s.o. somewhere*); to take along

émouvant *adj.* moving, touching; thrilling

émouvoir (*p.p.* **ému**) *irreg.* to move, touch (*emotionally*); **s'émouvoir** to be moved

s'emparer (de) to take hold of, take control

empêcher (de) to prevent (*s.o. from doing s.th.*); to stop; **(il) n'empêche que** nevertheless, all the same

emplir to fill (up)

emploi *m.* use; usage; job, employment; **emploi du temps** schedule

employé(e) *m., f.* employee; white-collar worker; *adj.* used, employed

employer (j'emploie) to use; to employ; **s'employer à** to devote oneself to

employeur/euse *m., f.* employer

empocher to pocket

emprunt *m.* loan; borrowing

emprunter (à) to borrow (from)

emprunteur/euse *m., f.* borrower

ému *p.p.* of **émouvoir**; *adj.* moved, touched (*emotionally*)

émurent *p.s.* of **émouvoir**

émut *p.s.* of **émouvoir**

en *prep.* in; to; within; into; at; like; in the form of; by; *pron.* of him, of her, of it, of them; from him, by him, etc.; some of it; any; **en ce qui concerne** concerning

enceinte *adj., f.* pregnant

enchères *f. pl.* auction

enclave *f.* chamber, recess

encombrement *m.* congestion

encore *adv.* still, yet; again; even; more; **ne... pas encore** not yet

encourager (nous encourageons) (à) to encourage (to)

endormi *p.p.* of **endormir**; *adj.* asleep; sleepy

s'endormir to fall asleep

s'endormirent *p.s.* of **s'endormir**

s'endormit *p.s.* of **s'endormir**

endroit *m.* place, spot

enfance *f.* childhood

enfant *m., f.* child; **petit-enfant** (*pl.* **petits-enfants**) *m.* grandchild

enfer(s) *m., s. or pl.* hell

s'enfermer to lock oneself (in, into)

enfin *adv.* finally, at last

enfumé *adj.* smoky, smoke-filled

engagé *adj.* hired; committed; politically active

engagement *m.* (political) commitment

engager (nous engageons) to hire; to take on; to engage, encourage; **s'engager (à, vers)** to commit oneself (to); to take off, be launched

engendrer to create, engender

engloutir to swallow up, devour

engrais *m.* fertilizer

engrenage *m.* gear assembly; system

énigme *f.* riddle, enigma

enlèvement *m.* kidnapping, abduction

enlever (j'enlève) to remove, take off; to take away

ennemi(e) *m., f.* enemy

ennoblir to ennoble; to elevate

ennui *m.* trouble; problem; worry; boredom

ennuyer (j'ennuie) to bother; to bore; **s'ennuyer** to be bored, get bored

ennuyeux/euse *adj.* boring; annoying

énorme *adj.* huge, enormous

énormément *adv.* enormously; hugely; **énormément de** a great deal; a great many

enquête *f.* inquiry; investigation

enregistrable *adj.* recordable

enregistré *adj.* recorded

enregistrement *m.* registration; recording

enregistrer to register; to record; to check in

enrichir to enrich

enrichissant *adj.* enriching

s'enrouler to wind, coil

enseignant(e) *m., f.* teacher, instructor

enseignement *m.* teaching; education

enseigner (à) to teach (how to)

ensemble *adv.* together; *m.* ensemble; whole, general effect; harmony

ensoleillé *adj.* sunny

ensuite *adv.* then, next

entamer to begin, undertake

(s')entasser to pile up; to collect

entendre to hear; to understand; **entendre parler de** to hear (s.th. talked) about; **sous-entendre** to imply

enterrer to bury

entier/ière *adj.* entire, whole, complete; **à part entière** in one's own right, full-fledged; **en entier** entirely

entièrement *adv.* entirely

entourage *m.* circle of friends, set

entourer (de) to surround (with)

entraînement *m.* (athletic) training, coaching

entraîner to carry along; to cause; to drag; **s'entraîner** to work out; to train; to practice

entraîneur/euse *m., f.* (athletic) coach

entre *prep.* between, among

entrée *f.* entrance, entry

entreprenaute *m., f.* Internet entrepreneur

entrepreneur/euse *m., f.* entrepreneur; businessman (-woman)

entreprise *f.* business, company; **chef** (*m.*) **d'entreprise** company head, top manager, boss

entrer (dans) to enter; **entrer en bourse** to enter the stock market

entretenir (*like* **tenir**) *irreg.* to maintain, keep up; to support (*s.o.*); **s'entretenir** to stay in shape; to converse with

entretenu *p.p.* of **entretenir**

entretinrent *p.s.* of **entretenir**

entretint *p.s.* of **entretenir**

envahir to invade; to overtake

envergure *f.* breadth, span

envers *prep.* to; toward; in respect to

envie *f.* desire; **avoir envie de** to want; to feel like

environ *adv.* about, approximately; *m. pl.* neighborhood, surroundings; outskirts

environnement *m.* environment; milieu

envisager (nous envisageons) to picture, imagine

s'envoler to fly away; to take off

envoyer (j'envoie) to send; **envoyer promener** *fam.* to send (*s.o.*) packing

s'épanouir to spread (out)

épée *f.* sword

épelé *adj.* spelled

éperdument *adv.* madly

éphémère *adj.* short-lived, ephemeral

épi *m.* stalk (*of wheat*)

épicerie *f.* (*small*) grocery store

épicier/ière *m., f.* grocer, food-store owner

épidémie *f.* epidemic

épinglé *adj.* pinned; criticized

époque *f.* period, era, time, epoch

épreuve *f.* test; trial; examination

éprouver to feel, experience

épuisant *adj.* exhausting

épuisé *adj.* exhausted; drained

équilibre *m.* balance

équilibré *adj.* balanced

équipe *f.* team; working group; **esprit** (*m.*) **d'équipe** team spirit

équivaloir (*like* **valoir**) *irreg.* to be equivalent, equal in value

équivalu *p.p.* of **équivaloir**

équivalurent *p.s.* of **équivaloir**

équivalut *p.s.* of **équivaloir**

ère *f.* era
errer to wander, roam
esclavage *m.* slavery
escrimeur/euse *m., f.* fencer (*sports*)
espace *m.* space
Espagne *f.* Spain
espagnol *m.* Spanish (*language*)
espèce *f.* species; **espèce cultivée (sauvage)** species that is cultivated (that grows in the wild)
espérance *f.* hope
espérer (j'espère) to hope (to)
espoir *m.* hope
esprit *m.* mind; spirit; wit; **esprit de corps** esprit de corps, collective feeling; **esprit d'équipe** team spirit
essai *m.* trial; experiment; attempt; **à l'essai** on a trial basis
essaimer to spread, expand; to scatter
essayer (j'essaie) (de) to try on; to try (*to do s.th.*)
essence *f.* gasoline, gas; essence
essentiel(le) *adj.* essential; *m.* the important thing
essentiellement *adv.* essentially, mainly
essor *m.* flight; rapid rise
estampe *f.* print, engraving
estampille *f.* stamp, mark
estimation *f.* estimate
estimer to consider; to believe; to estimate; **sous-estimer** to underestimate
estival *adj.* summer
et *conj.* and
établir to establish, set up
établissement *m.* settlement; institution
étagère *f.* shelf; shelving
étalon *m.* standard; yardstick
étape *f.* phase, stage; stopping place
état *m.* state; shape; **chef** (*m.*) **d'état** head of state; **Conseil d'état** State Council; **état d'âme** state of mind
Etats-Unis *m. pl.* United States (of America)
été *m.* summer
été *p.p.* of **être**
éteignirent *p.s.* of **éteindre**
éteignit *p.s.* of **éteindre**

éteindre (*like* **craindre**) *irreg.* to put out; to turn off; **s'éteindre** to die, pass away
éteint *p.p.* of **éteindre**; *adj.* extinguished; dead
éthique *f.* ethics
ethnie *f.* ethnic group
ethnologue *m., f.* ethnologist, anthropologist
étiquetage *m.* labeling
étiquette *f.* etiquette; label
étoffe *f.* fabric, cloth
étoile *f.* star
étonnant *adj.* astonishing, surprising
étonner to surprise, astonish; **s'étonner** to be astonished
étouffant *adj.* stifling, suffocating
étrange *adj.* strange
étranger/ère *adj.* foreign; *m., f.* stranger; foreigner; **à l'étranger** abroad, in a foreign country; **langue** (*f.*) **étrangère** foreign language
être (*p.p.* **été**) *irreg.* to be; *m.* being; **être à la hauteur de** to be level with, equal to; **être à l'aise** to be comfortable; **être d'accord** to agree; **être de garde** to be on call; **être en bonne (mauvaise) santé** to be in good (bad) health; **être en tête des ventes** to be at the top of the charts; **être** (*m.*) **humain** human being; **être prêt(e) à** to be ready to; **peut-être** perhaps, maybe
étroit *adj.* narrow, tight
étude *f.* study; *pl.* studies; **faire des études** to study
étudiant(e) *m., f., adj.* student (*university*)
étudier to study
eu *p.p.* of **avoir**
eurent *p.s.* of **avoir**
euro *m.* Euro, European currency
européen(ne) *adj.* European; **Européen(ne)** *m., f.* European (*person*)
eut *p.s.* of **avoir**
eux *pron., m. pl.* them; **eux-mêmes** *pron., m., pl.* themselves
évaluer to evaluate; to estimate
évasion *f.* escape

s'éveiller to awaken
événement *m.* event
s'éventer to go flat (*beer*)
éventuel(le) *adj.* possible
évidemment *adv.* obviously, evidently
évident *adj.* obvious, clear
éviter to avoid
évoluer to evolve, advance
évolution *f.* development; evolution
évoquer to evoke, call to mind
exagéré *adj.* exaggerated; outlandish
exagérer (j'exagère) to exaggerate
examen (*fam.* exam) *m.* test, exam; examination
examiner to examine; to study
exaspérer (j'exaspère) to exasperate
exception *f.* exception; **à l'exception de** with the exception of
excès *m.* excess
exciter to excite
exclu *m., f.* excluded (*person*); outsider; *p.p.* of **exclure**; *adj.* excluded
exclure (*like* **conclure**) *irreg.* to exclude
exécuter to carry out, perform; to execute
exemplaire *m.* copy (*of book, statue*)
exemple *m.* example; **par exemple** for example
exercer (nous exerçons) to exercise; to practice
exhaler to exhale
exigeant *adj.* demanding
exiger (nous exigeons) to require, demand
s'exiler to go into exile; to leave (one's home)
exister to exist
ex nihilo from the ground up
exorciser to exorcise
expédier to send
explication *f.* explanation
expliquer to explain
exploitation *f.* (free) use; exploitation
exploiter to exploit; to profit from
explorer to explore
exportation *f.* export
exposition *f.* exhibition; show
(s')exprimer to express (oneself)
extérieur *m.* exterior; *adj.* outside; foreign

extrait *m.* excerpt; extract

extrême *adj.* extreme; **d'extrême justesse** *adv.* very narrowly

F

fabricant(e) *m., f.* maker, manufacturer

fabriquer to manufacture, make

face *f.* face; façade; facet; **en face de** across from, facing; **face à** in the face of; **faire face à** to confront, face

fâché *adj.* angry; annoyed

facile *adj.* easy

faciliter to facilitate

façon *f.* way (*of doing s.th.*), manner, fashion; **de façon (logique)** in a (logical) way; **de façon que** in such a way that; **de la même façon** in the same way; **de toute façon** anyhow, in any case; **la façon dont** the way in which

façonner to fashion; to shape, mold

facture *f.* bill, statement

faible *adj.* weak; small

faiblesse *f.* weakness

faillir + *inf.* to be on the point of; to almost do (*s.th.*)

faim *f.* hunger; **avoir faim** to be hungry

fainéantise *f.* idleness, loafing around

faire (*p.p.* **fait**) to do; to make; to form; to be; **faire attention (à)** to be careful (of); to watch out (for); **faire concurrence à** to compete with; **faire confiance à** to trust; **faire de la peine à** to distress (s.o.); **faire de la voile** to go sailing; **faire des études** to study; **faire des progrès** to make progress; **faire du commerce** to do business **faire du mal à** to hurt, injure; **faire du roller** to go roller-blading, in-line skating; **faire du sport** to participate in or do sports; **faire efficace** to be efficient; **faire face à** to face, confront; **faire faire** to have done, make (*s.o. do s.th.*); **faire feu des quatre fers** to make the most of one's resources; **faire figure de** to play the part of; **faire fortune** to make one's fortune; **faire froid** to

be cold (out); **faire l'adulte** to play at being an adult; **faire la moisson** to harvest; **faire le moulinet** to twirl; **faire les provisions** to buy groceries; **faire nombre** to fill out the crowd, add to the numbers; **faire partie de** to be part of, belong to; **faire peur à** to scare, frighten; **faire plaisir à** to please; **faire preuve de** to give proof of; to show; **faire recette** to be a winner, a big success; **faire ses devoirs** to do one's homework; **faire ses prières** to say one's prayers; **faire ses valises** to pack one's bags; **faire sombre** to grow dark; **faire son courrier** to do one's mail; **faire un effort (pour)** to try, make an effort (to); **faire une pause** to take a break; **faire une pause-café, une pause-thé** to take a coffee break, tea break; **faire un tour** to take a tour; **faire un voyage** to take a trip; **faire valoir** to make the most of, to set (*s.th.*) off to advantage

fait *m.* fact; **libre de ses faits et gestes** free to say and do what one wants; *p.p. of* **faire**; *adj.* made

falloir (*p.p.* **fallu**) *irreg.* to be necessary, have to; to be lacking

fallu *p.p. of* **falloir**

fallut *p.s. of* **falloir**

famélique *adj.* starving, famished

familial *adj.* (*related to*) family

familiariser to familiarize

famille *f.* family

fantasme *m.* fantasy

farine *f.* flour

farouche *adj.* fierce, wild; timid

fascinant *adj.* fascinating

fatigué (de) *adj.* tired (of)

faucille *f.* scythe

faune *f.* fauna, animal life

faussaire *m., f.* forger, counterfeiter

faut: il faut it is necessary to; one needs

faute *f.* fault, mistake; **faute de (quoi)** for lack of (which)

fauteuil *m.* armchair, easy chair

faux (fausse) *adj.* false

faveur *f.* favor; **en faveur de** supporting, backing

favorable à *adj.* sympathetic to

favori(te) *adj.* favorite

favoriser to favor

fébrile *adj.* febrile; feverish

féerique *adj.* magical

femme *f.* woman; wife; **sage-femme** *f.* midwife

fenaison *f.* haymaking

fenêtre *f.* window

fer *m.* iron; **faire feu des quatre fers** to make the most of one's resources

ferme *adj.* firm; *f.* farm

fermer to close

fermier/ière *m., f.* farmer

fête *f.* holiday; celebration, party; feast; *pl.* Christmas holidays

feu *m.* fire; traffic light; **coup de feu** gun or rifle shot; **couvre-feu** *m.* curfew; **faire feu des quatre fers** to make the most of one's resources

feuille *f.* leaf; sheet

feuillu *adj.* leafy

feutier *m., A.* servant who lights the fire

feutré: à pas feutrés silently, with a quiet step

fève *f.* bean; broad bean

février February

fiable *adj.* reliable

fibre *f.* fiber, filament; **fibre de verre** fiberglass

se ficher de *fam.* not to give a damn

fichier *m.* (computer) file; **fichier attaché** attachment

fictif/ive *adj.* fictional

fidèle *adj.* faithful

fidélité *f.* loyalty, faithfulness

fier (fière) *adj.* proud

fièrement *adv.* proudly

figurant(e) *m., f.* extra, walk-on (*role*), minor part (*film, theater*)

figuration *f. s.* (crowd of) extras (*theater*)

figure *f.* face; figure; **faire figure de** to play the part of; **figure phare** highly influential person

figurer to appear

fil *m.* thread; cord; wire; **au fil des mois** month after month; **coup de fil** *fam.* phone call

filé *adj.* spun

filer *fam.* to fly, leave quickly; to spin (*yarn*); **se filer un coup de main** *fam.* to give each other a hand

filet *m.* net; **filet dérivant** drift net

fileur/euse *m., f.* spinner (*of yarn*)

filière *f.* course of study, curriculum

filigrane *m.* filigree; **en filigrane** hidden between the lines

fille *f.* girl; daughter; **jeune fille** girl, young woman

film *m.* movie, film; **passer un film** to show a movie; **tourner un film** to make a movie

filon *m.* seam, lode (*mine*); opportunity

fils *m.* son

fin *adj.* delicate; fine, thin

fin *f.* end; purpose; **à la fin (de)** at the end (of); **au fin fond de** from the heart of, depths of; **en fin de** at the end of; **prendre fin** to come to an end

financer (nous finançons) to finance

financier/ière *adj.* financial

finir (de) to finish; **finir par** to end, finish by (*doing s.th.*)

firent *p.p.* of **faire**

fissure *f.* crack, fissure

fit *p.s.* of **faire**

fixe *adj.* fixed; permanent; **idée** (*f.*) **fixe** fixed notion, obsession

fixer to stare; to fix, attach; to make firm; **se fixer** to move in, settle; to set (*goal*)

flamboyer (il flamboie) to blaze, flash

flanc *m.* flank, side

Flandres *f. pl., hist.* Flanders

fléau *m.* plague; scourge; disaster

flèche *f.* arrow

fleur *f.* flower

fleuri *adj.* flowered, decorated with flowers

fleurir to flourish

fleuve *m.* river (*flowing into the sea*)

flic *m., fam.* cop, police officer

flotter to float

flou *adj.* blurred; fuzzy

foi *f.* faith

fois *f.* time, occasion; times (*arithmetic*); **à la fois** at the same time; **chaque fois que** each time that; **la première (dernière) fois** the first (last) time; **une fois (par semaine)** once a week

folie *f.* madness

foncier/ière *adj.* (*referring to*) property; fundamental

fonctionner to function, work

fond *m.* background; end; bottom; **au fin fond** from the heart, depths of; **au fond** basically; **sur fond de** against a background of

fondamental *adj.* basic

fondateur/trice *m., f.* founder

fondation *f.* founding, settlement; **fondation caritative** charitable foundation

fondé *adj.* well-founded, justifiable; **bien fondé** *m.* justification

fondement *m.* foundation, base

fonder to found, establish

fonds *m. pl.* money, funds; **sans fonds** penniless, broke

fondu *m., fam.* freak, geek

football (*fam.* **foot**) *m.* soccer

footing *m.* (exercise) walk

force *f.* strength, force; power; **à force de (l'entendre)** by (hearing it) constantly

forcément *adv.* necessarily

forcer (nous forçons) to force, compel

forêt *f.* forest

forfaitaire *adj.* fixed, inclusive

forger (nous forgeons) to forge; to prepare

formation *f.* instruction; education, training

forme *f.* form; shape; figure; **en (bonne, pleine) forme** physically fit

former to form, shape; to train

formidable *adj.* great, wonderful; formidable

formulé *adj.* expressed

fort *adj.* strong; heavy; loud; *adv.* strongly; loudly; very; often; a lot; **château** (*m.*) **fort** fortress; **fort de** armed with

fortement *adv.* highly, very

fortifié *adj.* fortified

fortune *f.* luck; **faire fortune** to make one's fortune

fortuné *adj.* fortunate; rich

fosse *f.* pit, hole; pool

fossé *m.* gap, divide; ditch, channel

fossette *f.* dimple

fou (fol, folle) *adj.* crazy, mad; wild; **avoir un mal fou à** to have a very hard time (*doing s.th.*)

fouetté *adj.* whipped; **crème** (*f.*) **fouettée** whipped cream

fouillé *adj.* researched, detailed

fouiner to nose around, poke around

foule *f.* crowd

foulée *f.* stride; tread; track

fourbir to furbish, polish

fourche *f.* pitchfork

fourchu *adj.* forked

fournier *m., A.* baker

fournir to furnish, provide

fournitures *f. pl.* supplies

fourré *m.* thicket, bushes

foyer *m.* source; home

fracture *f.* gap; fracture

frais (fraîche) *adj.* cool; fresh

français *adj.* French; *m.* French (*language*); **Français(e)** *m., f.* Frenchman (-woman)

franchement *adv.* frankly

franchir to cross; to clear

francité *f.* Frenchness

francophone *m., f., adj.* French; French-speaking (person)

francophonie *f.* French-speaking world

franc-parler *m.* frankness, candor

frapper to strike; to be striking; to hit

fraterniser to fraternize

frayeur *f.* fear, terror

freiner to break, slow down

frêle *adj.* frail, weak; fragile

fréquemment *adv.* frequently, often

fréquenter to frequent, visit frequently

frère *m.* brother

fric *m., fam.* money

frigidaire (*fam.* **frigo**) *m.* refrigerator

frileusement *adv.* cozily, snugly

frire (*p.p.* **frit**) to fry; **poêle** (*f.*) **à frire** frying-pan

frisson *m.* shiver, chill

frissonner to shiver

froid *adj.* cold; *m.* cold (*weather, food*); **donner froid dans le dos** to send shivers down one's spine; **faire froid** to be cold (out)

fromage *m.* cheese

frontière *f.* frontier; border

frousse *f., fam.* funk, fear

frustrant *adj.* frustrating

fugitif/ive *adj.* fleeting

fuir to flee

fuite *f.* flight, escape

fulgurant *adj.* dazzling; meteoric

furent *p.s. of* **être**

fusée *f.* rocket; spaceship; signal

fuser to burst forth, come from all sides

fusil *m.* gun; rifle

fut *p.s. of* **être**

fuyant *adj.* fleeting; shifty

G

gage *m.* wager; proof

gagnant *adj.* winning

gagner to win; to earn; to reach; **gagner de l'argent (sa vie)** to earn money (one's living)

gai *adj.* gay, cheerful

galère *f.* hardship; *fam.* the pits, a drag

galérer (je galère) to struggle, have a hard time

galette *f.* cookie; pancake

gallinacé *m.* gallinacean; fowl, poultry

galon *m.* stripe (*military*); promotion

gambader to frolic (about)

gamin(e) *m., f., fam.* kid, child

gamme *f.* range, gamut; **bas (*m.*) de gamme** bottom of the line

garantir to guarantee

garçon *m.* boy; café waiter

garde *f.* watch; care; *m., f.* guard; **être de garde** to be on watch, on call

garder to keep, retain; to take care of; **se garder de** to keep oneself from (*doing s.th.*)

gardien(ne) *m., f.* guard; watchman; **ange (*m.*) gardien** guardian angel

gare *f.* station; train station; **chef (*m.*) de gare** station chief

**gare à... ** *interj.* watch out

garer to park (*a car*)

gâter to spoil, coddle (*s.o.*)

gauche *adj.* left; *f.* left; **à gauche (de)** on the, to the left (of); **de gauche** on the left

se gaver *fam.* to gorge, stuff oneself

gazette *f.* (local) newspaper

gazeux/euse *adj.* carbonated; **boisson (*f.*) gazeuse** carbonated beverage

géant(e) *m., f., adj.* giant

gelée *f.* frost

gène *m.* gene (*microbiology*)

gêne *f.* embarrassment

gêner to annoy, bother

général *m., adj.* general; **en général** in general; **en règle générale** as a general rule; **états (*m. pl.*) généraux** estates-general, general assembly

générer (je génère) to generate

génétique *adj.* genetic; **manipulation (*f.*) génétique** genetic engineering

génial *adj.* brilliant

génie *m.* genius

genre *m.* gender; kind, type, sort

gens *m. pl.* people; **gens de qualité** well-bred people; **petites gens** *f. pl.* simple people, peasants

gentilhomme (*pl.* **gentilshommes**) *m., A.* gentleman

géographe *m., f.* geographer

gerbe *f.* sheaf (*of wheat*)

gérer (je gère) to manage, handle; to administer

geste *m.* gesture; movement

gestion *f.* (business) management

glace *f.* ice cream; ice; mirror; *hockey (*m.*) sur glace ice hockey

glauque *adj.* shabby, dreary

glisser to slide; to slip

gloire *f.* glory, fame

glorieux/euse *adj.* glorious

glorifier to glorify; to praise

glouton(ne) *adj.* greedy; gluttonous

gonfler to swell (up)

gorge *f.* throat; gorge; **prendre (quelqu'un) à la gorge** *fam.* to bother; to upset (*s.o.*)

gouffre *m.* chasm, abyss

goût *m.* taste

gouverner to rule; to govern

grâce *f.* grace; pardon; **grâce à** *prep.* thanks to

grain *m.* grain; (coffee) bean

grand *adj.* great; large, tall; big; **à grande allure** very fast; **à grande échelle** on a large scale; **à grand-peine** with great difficulty; **grand(e) brûlé(e)** *m., f.* victim of third-degree burns; **grande surface** *f.* mall; superstore; **grand magasin** *m.* department store; **grand titre** *m.* (news) headline; **la grande vie** the good life; **pas grand-chose** not much; **Train (*m.*) à grande vitesse (TGV)** French high-speed train, bullet train

Grande-Bretagne *f.* Great Britain

grandir to grow (up)

grand-mère *f.* grandmother

grands-parents *m. pl.* grandparents

grappe *f.* bunch (of grapes)

gratteur/euse *adj.* scratching

gratuit *adj.* free (of charge)

gratuitement *adv.* free of charge

grave *adj.* serious

grège: soie (*f.*) grège raw silk

grève *f.* strike, walkout; *lit.* shore, beach

grignoter to nibble; to snack

grillé *adj., fam.* finished; thrown out

gris *adj., m.* gray

grisant *adj.* intoxicating

griser to excite, intoxicate

gros(se) *adj.* big; important; fat; thick; *adv.* a lot; *m.* largest proportion

grossesse *f.* pregnancy

gruau *m.* (fine) wheat flour; groats, oatmeal

guère *adv.* but little; **ne... guère** scarcely, hardly

guérir to cure

guerre *f.* war; **guerre civile** civil war; **Première (Deuxième) Guerre mondiale** First (Second) World War

gueule *f.* mouth, muzzle (*of an animal*)

guider to guide

gymnase *m.* gymnasium

H

habilement *adv.* cleverly

habillé *adj.* dressed; dressed up; formal

habillement *m.* clothing

habiller to dress; **s'habiller** to get dressed

habit *m.* clothing, dress; suit

habitant(e) *m., f.* inhabitant; resident

habiter to live; to inhabit

habitude *f.* habit; **avoir l'habitude de** to be accustomed to; **d'habitude** usually, habitually; **prendre l'habitude** to get accustomed to

habitué(e) *m., f.* habitué, regular

habituellement *adv.* usually, normally

s'habituer à to get used to, accustomed to

***hagard** *adj.* haggard, wild-looking

***haï** *p.p. of* **haïr**

***haie** *f.* hedge; **tailleur** (*m.*) **de haie** hedge trimmer

***haine** *f.* hatred

***haïr** (*p.p.* ***haï**) *irreg.* to hate, detest

***haïrent** *p.s. of* ***haïr**

***haït** *p.s. of* ***haïr**

***halte** *f.* stop; break, pause

haltérophile *m., f.* weight lifter

***hanter** to haunt, obsess

***hantise** *f.* obsession; worry

***hasard** *m.* chance, luck; **par *hasard** by accident, by chance

***haut** *adj.* high; higher; tall; upper; *m.* top; height; **à *haute voix** out loud

***hauteur** *f.* height; **être à la *hauteur de** to be at the level of

***haut-parleur** (*pl.* ***haut-parleurs**) *m.* speaker, loudspeaker

héberger (nous hébergeons) to shelter

hectare *m.* hectare (*approx. 2.5 acres*)

***hélas!** *interj.* alas!

herbe *f.* grass

***héros (héroïne)** *m., f.* hero, heroine

hésiter (à) to hesitate (to)

heure *f.* hour; time; **à quelle heure** what time

heureusement *adv.* fortunately, luckily

heureux/euse *adj.* happy; fortunate

hier *adv.* yesterday

***hiérarchisé** *adj.* graded; organized hierarchically

se *hisser to grow

histoire *f.* history; story; **histoire de** + *inf.* just to (*do s.th.*)

historien(ne) *m., f.* historian

historique *adj.* historical

hiver *m.* winter

***hockey** *m.* hockey; ***hockey sur glace** *m.* ice hockey

hommage *m.* homage, respects

homme *m.* man; **homme d'affaires** businessman; **homme politique** politician; **l'homme à battre** the one to defeat

honnête *adj.* honest

honnêteté *f.* honesty

honneur *m.* honor

***honte** *f.* shame; **avoir *honte (de)** to be ashamed (of)

***honteux/euse** *adj.* shameful; ashamed

hôpital *m.* hospital

horaire *m.* schedule, timetable

horloge *f.* clock

***hormis** *prep.* except, but, save

horreur *f.* horror; **avoir horreur de** to hate, detest

***hors de** *prep.* out of, outside of

hospitalier/ière *adj.* (*referring to*) hospital

huile *f.* (cooking) oil

***huit** *adj.* eight

***hululement** *m.* ululation; hooting

humain *adj.* human; *m.* human being; **être** (*m.*) **humain** human being

humaniste *m., f., adj.* humanist; humanistic

humanitaire *adj.* humanitarian

humide *adj.* humid; damp

humilier to humiliate

humoristique *adj.* humorous

***hurlant** *adj.* howling; roaring

***hurler** to roar; to scream

hygiène *f.* health; sanitation; **hygiene de vie** health habits

hypersensible *adj.* overly sensitive

hyperturbulent *adj.* very unruly, boisterous

hypothèse *f.* hypothesis

I

ici *adv.* here; **jusqu'ici** up to, until here; until now; **par ici** around here

idée *f.* idea; **idée fixe** fixed notion, obsession; **idée reçue** generally accepted idea

identifier to identify

identité *f.* identity; **pièce** (*f.*) **d'identité** ID card, identification

idiot *adj.* idiotic

ignorer to not know; to be ignorant of

il *pron., m. s.* he; it; there; **il y a** there is/are; ago; **il y a... que** for + *period of time*; it's been . . . since; **ils** *pron., m. pl.* they

île *f.* island

illettrisme *m.* illiteracy

illimité *adj.* unlimited

illuminer to illuminate, enlighten

illustrer to illustrate

image *f.* picture, illustration

imaginer to imagine

imbécile *adj.* imbecilic; idiotic

imbiber to soak, saturate; to imbue

immeuble *m.* (apartment, office) building

immigré(e) *m., f., adj.* immigrant

impensable *adj.* unthinkable

importance *f.* importance; size; **gagner en importance** to gain importance; to grow

important *adj.* important; large, sizeable

importation *f.* import(s), importing

importer to be important; to matter; to import; **n'importe** any, no matter which; **n'importe comment** no matter how; **n'importe quel(le)** any, no matter which; **n'importe qui** anyone; **n'importe quoi** anything (at all); **qu'importe** never mind

imposer to impose; to require

imposition *f.* taxation

impôt(s) *m., s. or pl.* (direct) tax(es)

imprécis *adj.* imprecise, uncertain

imprégner (j'imprègne) to permeate, fill

impression *f.* impression; **avoir l'impression de** to have the impression that

impressionnant *adj.* impressive

impressionner to impress

imprévisible *adj.* unforeseeable

imprévu *adj.* unforeseen, unexpected

improviser to improvise

impuissance *f.* helplessness; weakness

impuissant *adj.* impotent; powerless

impulsion *f.* impulse
inattendu *adj.* unexpected
inaugurer to usher in, inaugurate
incitation *f.* incitement
inciter to incite, provoke
incivilité *f.* rudeness; rude remark
inclinaison *f.* slope; angle
inconnu(e) *m., f.* stranger; *adj.* unknown
inconsciemment *adv.* unconsciously
inconvénient *m.* disadvantage
incriminer to incriminate
Inde(s) *f.* (*pl.*) India
indescriptible *adj.* indescribable
indien(ne) *adj.* Indian; **Indien(ne)** *m., f.* Indian (*person*)
indifféremment *adv.* either
indiquer to show, point out
individu *m.* individual, person
individuel(le) *adj.* individual; private
industriel(le) *m., f.* industry leader; *adj.* industrial
inégal *adj.* unequal
inégalité *f.* inequality
infantile *m.* infantile state
inférieur *adj.* inferior; lower
infiniment *adv.* infinitely
infirmier/ière *m., f.* (hospital) nurse
influencer (nous influençons) to influence
influent *adj.* influential
informaticien(ne) *m., f.* computer, data specialist
information *f.* information, data; *pl.* news (broadcast)
informatique *f.* computer science
informe *m., f.* ill-formed, misshapen (individual)
informer to inform; **s'informer de, sur** to find out about
infrarouge *adj.* infrared
ingénieur *m.* engineer; **ingénieur d'essais** testing engineer
ingénieux/euse *adj.* ingenious
ingéniosité *f.* ingenuity
ingrat *adj.* ungrateful
inhaler to inhale
initiateur/trice *m., f.* initiator
initiatique: épreuve (*f.*) **initiatique** initiation rite, rite of passage
initier to initiate

innocuité *f.* harmlessness, innocuousness
innover to innovate
inoccupé *adj.* unoccupied, vacant
inondation *f.* flood, inundation
inoubliable *adj.* unforgettable
inquiet/ète *adj.* worried
inquiétant *adj.* disturbing, worrisome
inquiéter (j'inquiète) to worry (*s.o.*); **s'inquiéter de** to worry about
inquiétude *f.* worry
insatisfait *adj.* dissatisfied
inscription *f.* registration
s'inscrire (à) to join; to enroll; to register
inscrit *p.p. of* **s'inscrire**; *adj.* enrolled; inscribed
s'inscrivirent *p.s. of* **s'inscrire**
s'inscrivit *p.s. of* **s'inscrire**
insertion: revenu (*m.*) **minimum d'insertion** welfare payments (*in France*)
insister to insist
insondable *adj.* fathomless; unfathomable
insouciance *f.* lack of concern; carefree life
insoutenable *adj.* unbearable
inspirant *adj.* inspiring
inspirer to inspire; **s'inspirer de** to take inspiration from
installation *f.* moving in; installation; set-up, system
installer to install; to set up; **s'installer (à, dans)** to get settled; to settle down (at, in)
instantané *adj.* instantaneous
instaurer to institute, introduce
instrument *m.* instrument; **jouer d'un instrument** to play a musical instrument
insulaire *adj.* insular, isolated
insulter to insult
insupportable *adj.* intolerable, insufferable
intarissable *adj.* inexhaustible
intégrale *f.* (complete) work
intégralement *adv.* in full, fully
intégrer (j'intègre) to integrate; **s'intégrer (à, dans)** to integrate oneself, get assimilated (into)
intégrisme *m.* fundamentalism

intégriste *m., f.* orthodox, fundamentalist (*in religion*)
intellectuel(le) *adj.* intellectual; *m., f.* intellectual (*person*)
intensément *adv.* intensely
interdire (*like* **dire,** *exc.* **vous interdisez**) **(de)** *irreg.* to forbid (to)
interdirent *p.s. of* **interdire**
interdit *p.p. of* **interdire**; *p.s. of* **interdire**; *adj.* forbidden, prohibited
intéressant *adj.* interesting
intéresser to interest; **s'intéresser à** to be interested in
intérêt *m.* interest, concern
intérieur *adj.* interior; *m.* interior; **à l'intérieur** inside, within
intermédiaire *m., f.* intermediary; **par l'intermédiaire de** through
internaute *m., f.* Internet surfer
interpréter (j'interprète) to interpret
s'interroger (nous nous interrogeons) to question, interrogate oneself
intervenir (*like* **venir**) *irreg.* to intervene; to become involved in
intervenu *p.p. of* **intervenir**
interviewer to interview
intervinrent *p.s. of* **intervenir**
intervint *p.s. of* **intervenir**
intime *adj.* intimate; private; **journal** (*m.*) **intime** diary, journal
intimité *f.* intimacy; privacy
intituler to title
intrigue *f.* plot; intrigue
introduire (*like* **conduire**) *irreg.* to introduce
introduisirent *p.s. of* **introduire**
introduisit *p.s. of* **introduire**
introduit *p.p. of* **introduire**; *adj.* introduced
intrus(e) *m., f.* intruder
inutile *adj.* useless
inutilisable *adj.* useless, unusable
inventer to invent
inverse *m.* opposite; **à l'inverse de** contrary to; **dans le sens inverse** in the opposite direction
s'inverser to reverse itself
investi (de) *adj.* invested (with)
s'investir to put a lot into (*one's work, a relationship*)

inviter (à) to invite (to)
irlandais *adj.* Irish
isolement *m.* isolation; loneliness
isoler to isolate; to insulate; **s'isoler** to be alone, isolate oneself
issu de *adj.* resulting from; born of
italien(ne) *adj.* Italian
ivresse *f.* intoxication; elation

J

jadis *adj.* formerly
jaillir to gush forth; to spout up
jalousé *adj.* envied
Jamaïque *f.* Jamaica
jamais (ne... jamais) *adv.* never, ever
jambe *f.* leg
janvier January
Japon *m.* Japan
japonais *adj.* Japanese
jardin *m.* garden
je (j') *pron., s.* I
jeter (je jette) to throw (away)
jeu (*pl.* **jeux**) *m.* game; play; acting (*theater*); **jeu vidéo** video game; **jeux** (*pl.*) **Olympiques** Olympic Games
jeudi *m.* Thursday
jeune *adj.* young; *m. pl.* young people, youth; **jeune fille** *f.* girl, young woman; **jeune pousse** *f.* start-up (company)
jeunesse *f.* youth
Joconde (La) *f.* the Mona Lisa (*da Vinci*)
joie *f.* joy
se joignirent *p.s. of* **se joindre**
se joignit *p.s. of* **se joindre**
se joindre (*like* **craindre**) *irreg.* to join; to attach oneself
joint *p.p. of* **joindre**; *adj.* joined, linked; assembled
joli *adj.* pretty
joue *f.* cheek
jouer to play; to play at, act like; **jouer de** to play (*a musical instrument*); **jouer le rôle de** to play the role of; **jouer sur** to depend on
jouet *m.* toy
joueur/euse *m., f.* player
jouir de to enjoy; to be in full possession of

jour *m.* day; **au jour le jour** day by day; **de nos jours** these days, currently; **par jour** per day, each day; **tous les jours** every day; **un jour** some day
journal (*pl.* **journaux**) *m.* newspaper; journal, diary; **journal intime** (personal) diary; **journal télévisé (de vingt heures) (JT)** broadcast news
journalier/ière *m., f.* day laborer
journée *f.* (whole) day; day(time); **journée-type** *f.* typical day
joyeux/euse *adj.* happy, joyous
juger (nous jugeons) to judge
juif (juive) *m., f.* Jewish (person); Jew
juillet July
juin June
jumeau (jumelle) *m., f.* twin
jupe *f.* skirt
juré *adj.* sworn
jusqu'à (jusqu'en) *prep.* until, up to; **jusqu'alors** up until then; **jusqu'ici** up to here, up to now; **jusqu'où** up to where
juste *adj.* just; right, exact; *adv.* just, precisely; accurately; **mot** (*m.*) **juste** the right (exact) word
justement *adv.* justly; exactly
justesse *f.* accuracy, perfection; **de justesse** *adv.* narrowly, just barely
justifier to justify

K

kilo(gramme) (kg) *m.* kilogram
kilomètre (km) *m.* kilometer

L

la (l') *art., f. s.* the; *pron., f. s.* it, her
là *adv.* there; **là-bas** over there
laboratoire (*fam.* **labo**) *m.* laboratory
labour *m.* plowing; **bête** (*f.*) **de labour** beast of burden (*for plowing*)
labouré *adj.* plowed
laboureur *m.* plowman
lac *m.* lake
laid *adj.* ugly

laideur *f.* ugliness
laine *f.* wool
laisser to let, allow; to leave (behind); **laisser faire** to allow; **laisser la paix (à quelqu'un)** to leave (s.o.) alone
lait *m.* milk
lame *f.* (razor) blade
lampadaire *m.* street lamp
lampe *f.* lamp; light fixture; **lampe à pétrole** kerosene lantern
lancé *adj.* thrown, tossed; put on the market
lancer (nous lançons) to launch; to throw, toss; to drop; to say; **se lancer (dans)** to plunge (into); to dash off; to launch oneself
langage *m.* language; (*specialized*) jargon
langoureux/euse *adj.* languid, languorous
langue *f.* language; tongue; **langue étrangère** foreign language
languedocien(ne) *adj.* from, in Languedoc (*southern France*)
languissant *adj.* languid, listless
lapin *m.* rabbit
laquelle. *See* **lequel**
large *adj.* wide, broad; **ne pas en mener large** *fam.* to be in a tight corner
largement *adv.* largely; widely
larme *f.* teardrop, tear; **verser une larme** to shed a tear
las(se) *adj.* tired, weary
latin *adj.* Latin; Romance; **Amérique** (*f.*) **latine** Latin America
lavé *adj.* washed
laverie (automatique) *f.* laundromat; (coin) laundry
le (l') *art., m. s.* the; *pron., m. s.* it, him
leçon *f.* lesson
lecteur/trice *m., f.* reader
lecture *f.* reading
légalisé *m., f.* legalized
légende *f.* legend; caption
léger/ère *adj.* light, light-weight
légèreté *f.* lightness
légume *m.* vegetable; legume
lendemain (le) *m.* the next day, following day

lentement *adv.* slowly

lenteur *f.* slowness

lequel (laquelle, lesquels, lesquelles) *pron.* which one, who, whom, which

les *art., pl., m., f.* the; *pron., pl., m., f.* them

lesquel(le)s. *See* **lequel**

lessive *f.* laundry

lettre *f.* letter; *pl.* literature; humanities; **boîte** (*f.*) **aux lettres** mailbox

leur(s) *poss. adj., m., f.* their; *pron., m., f. s.* to them; **le/la/les leur(s)** *poss. pron.* theirs

levant: soleil (*m.*) **levant** dawn, rising sun

lever (**je lève**) to raise, lift; *m.* rising, getting up; **se lever** to get up; to get out of bed

lèvre *f.* lip

liane *f.* liana, (tropical) vine

libérateur/trice *adj.* liberating

se libérer (**je me libère**) to free oneself

librairie *f.* bookstore

libre *adj.* free; available; vacant; **temps** (*m.*) **libre** leisure time

licence *f.* French university degree (= *U.S. bachelor's degree*)

licenciement *m.* lay-off, firing (*from job*)

lié (à) *adj.* linked, tied (to), associated (with)

lien *m.* link; tie, bond

lier to tie; to link; to bind

liesse *f.* joy

lieu *m.* place; **au lieu de** *prep.* instead of, in the place of; **avoir lieu** to take place; **donner lieu à** to become; **en premier lieu** in the first place; **lieu de rencontre** meeting place

ligne *f.* line; figure; **en droite ligne de** straight from; **en ligne** on-line

limite *f.* limit; boundary

limité *adj.* limited

Limougeaud(e) *m., f.* native of Limoges

lin *m.* linen

lire (*p.p.* **lu**) *irreg.* to read

lisière *f.* edge, border, skirt

lit *m.* bed; **descente** (*f.*) **de lit** bedside

rug; **lit de veille** cot; **se mettre au lit** to go to bed; **sortir du lit** to get out of bed

littéraire *adj.* literary

livre *m.* book

se livrer (à) to surrender, give oneself up (to); to give some time (to)

logement *m.* lodging(s), residence

logiciel *m.* software (program)

loi *f.* law

loin (de) *adv., prep.* far (from); **au loin** in the distance, far away; **de loin** from a distance

lointain *adj.* distant

loisir *m.* leisure; *pl.* leisure-time activities; **centre** (*m.*) **des sports et des loisirs** recreation center

Londres London

long(ue) *adj.* long; slow; **de longue date** long-time; **de longue durée** long-term; **le (au) long de** the length of; along, alongside

longtemps *adv.* long; (for) a long time

lopin (*m.*) **de terre** patch, plot of land

lors de *prep.* at the time of; **depuis lors** since then

lorsque *conj.* when

lot *m.* fate, destiny

louche *adj.* suspicious, shifty

louer to rent; to reserve

lourd *adj.* heavy; **poids** (*m.*) **lourd** heavyweight

lové *adj.* curled up

loyer *m.* rent (*payment*)

lu *p.p. of* **lire**; *adj.* read

ludique *adj.* playful

lui *pron., m., f.* he; it; to him; to her; to it; **lui-même** *pron., m. s.* himself

lumière *f.* light; lighting

lumineux/euse *adj.* light, bright, luminous

lundi *m.* Monday

lurent *p.s. of* **lire**

lut *p.s. of* **lire**

lutte *f.* fight, struggle

lutter to fight; to struggle

luxe *m.* luxury; **de luxe** luxury; first-class

lycée *m.* lycée, French secondary school

lycéen(ne) *m., f.* French secondary school student

M

ma *poss. adj., f. s.* my

machin *m., fam.* thingamajig

machine *f.* machine; **machine à moudre** mill, grinder

magasin *m.* store, shop

Maghreb *m.* Maghreb (*French-speaking No. Africa*)

Maghrébin(e) *m., f.* North African (*person*)

magique: baguette (*f.*) **magique** magic wand

magistrat *m.* judge, magistrate

magnifier to magnify

mai May

main *f.* hand; **changer de mains** to change hands; **coup** (*m.*) **de main** helping hand

main-d'œuvre *f.* labor, workforce

maint *adj., lit.* many

maintenant *adv.* now

maintenir (*like* **tenir**) *irreg.* to maintain; to keep up, observe; **se maintenir** to last; to hold together

maintenu *p.p. of* **maintenir**; *adj.* maintained, upheld

maintinrent *p.s. of* **maintenir**

maintint *p.s. of* **maintenir**

maire *m.* mayor

mais *conj.* but; *interj.* why

maison *f.* house, home; family; company, firm; **à la maison** at home

maisonnette *f.* cottage

maître (maîtresse) *m., f.* master, mistress; **tableau** (*m.*) **de maître** masterwork

maîtriser to master; to control; **se maîtriser** to be in control

majestueusement *adv.* majestically

majeur *adj.* major

mal *adv.* badly; *m.* evil; pain, illness (*pl.* **maux**); **avoir du mal à** to have trouble, difficulty; **avoir mal à la tête** to have a headache; **faire du mal à** to harm, hurt; **mettre (quelqu'un) mal à l'aise** to make (s.o.) uncomfortable; **pas mal de** quite a bit of; **se porter mal** to look bad, poorly; **se sentir mal** to feel bad

malade *adj.* sick; *m., f.* sick person, patient

maladie *f.* illness, disease

Malaisie *f.* Malaysia

malchance *f.* misfortune

malgré *prep.* in spite of

malheur *m.* misfortune, calamity

malheureux/euse *m., f.* unfortunate (person); *adj.* unhappy; miserable

malicieux/euse *adj.* mischievous

malignité *f.* spitefulness, act of spite

malin (maligne) *adj.* shrewd, cunning

malsain *adj.* unhealthy, unhealthful

maltraité *adj.* abused, ill-treated

maman *f., fam.* mom, mommy

manche *f.* sleeve; *m.* handle

manger (nous mangeons) to eat

mangeur/euse *m., f.* eater

manière *f.* manner, way; **à la manière de** like, in an imitation of; **de toute manière** anyway

manifestation (*fam.* **manif**) *f.* (political) demonstration, protest

manifestement *adv.* obviously; apparently

manifester to show, display; to demonstrate (politically); **se manifester** to appear, show itself

manipulation (*f.*) **génétique** genetic engineering

manipuler to manipulate

mannequin *m.* (fashion) model; mannequin

manouvrier/ière *m., f.* laborer; *adj.* working-class

manque (de) *m.* lack, shortage (of)

manquer (de) to miss; to need; to fail; to lack, be lacking

manufacture *f.* factory, workshop

maquette *f.* (scale) model

maquillage *m.* makeup

marathonien(ne) *m., f.* marathon runner

marchand(e) *m., f.* merchant, shopkeeper

marche *f.* walking; march; progress; **montée** (*f.*) **des marches** the official, "red-carpet" appearance; **se mettre en marche** to start up

marché *m.* market; **bon marché** *adj.*
inv. inexpensive, cheap; **marché du travail** job market

marcher to walk; to work, go (*device*)

mardi *m.* Tuesday

mari *m.* husband

mariage *m.* marriage; wedding

se marier (avec) to get married, marry (*s.o.*)

marin *m.* sailor, seaman

maritime *adj.* maritime; ocean- or seaside

Maroc *m.* Morocco

marquant *adj.* outstanding, prominent

marque *f.* mark; trade name, brand; **vêtements** (*m. pl.*) **de marque** designer clothing

marquer to mark; to indicate

marraine *f.* godmother

mars March

masque *m.* mask; **masque à oxygène** oxygen mask

masquer to mask, hide

masse *f.* mass(es), quantity

massivement *adv.* overwhelmingly, massively

match *m.* game; **match de football** soccer game

matérialiste *adj.* materialistic

matériel(le) *adj.* material; financial; *m.* material, working stock; tools

matériellement *adv.* financially

maternel(le) *adj.* maternal; **langue** (*f.*) **maternelle** native language

mathématiques (*fam.* **maths**) *f. pl.* mathematics

matière *f.* academic subject; matter; material; **en matière de** in the matter of

matin *m.* morning; **dix heures du matin** ten A.M.; **tous les matins** every morning

matinal *adj.* morning

matinée *f.* morning (*duration*)

matrice *f.* matrix; womb

mauvais *adj.* bad; wrong; **regarder d'un mauvais œil** to stare at or consider threateningly

maximal *adj.* maximum

me (m') *pron.* me; to me

mécanicien(ne) *m., f.* mechanic; technician

mécanique *adj.* mechanical, power
méchanceté *f.* spitefulness

méchant *adj.* naughty, bad; wicked

mèche *f.* wick (*candle*)

mécontentement *m.* dissatisfaction, discontent

médaille *f.* medal; award

médecin *m.* doctor, physician

médias *m. pl.* media

médiatique *adj.* (pertaining to the) media

médicament *m.* medication; drug

médisance *f.* gossip

se méfier de to be suspicious of; to distrust

meilleur *adj.* better; **le/la meilleur(e)** the best

mélange *m.* mixture, blend

mélanger (nous mélangeons) to mix together; to mingle

même *adj.* same; itself; very same; *adv.* even; **au même titre** in the same way; **de la même façon** in the same way; **de même** similarly, likewise; **elle-même (lui-même,** etc.) herself (himself, etc.); **en même temps** at the same time; **le/la/les même(s)** the same one(s); **même si** even if; **quand même** anyway; even though; **tout de même** all the same, even so

mémère *f., fam.* grandmother, granny

mémoire *f.* memory

menace *f.* threat

menacer (nous menaçons) to threaten

ménage *m.* housekeeping; household; married couple

mener (je mène) to take; to lead; **mener à bien** to be successful, succeed in; **mener une vie heureuse** to lead a happy life; **ne pas en mener large** *fam.* to be in a tight corner

mentionner to mention

mépris *m.* scorn, contempt

méprise *f.* mistake, error

mépriser to despise, look down on

mer *f.* sea, ocean

mercredi *m.* Wednesday

merde *f., tr. fam.* a piece of crap

mère *f.* mother; **grand-mère** grandmother

méridien(ne) *adj.* noontime, midday

mérite *f.* merit; virtue; credit

mériter to deserve

merveilleux/euse *adj.* marvelous

mes *poss. adj., m., f. pl.* my

messe *f.* (Catholic) Mass

messieurs *m., pl.* gentlemen, men

mesure *f.* measure; extent; **mesures d'accompagnement** accompanying measures; **prendre des mesures** to take measures; **sur mesure** custom-made

mesurer to measure

méteil *m.* mixed crop of wheat and rye

métier *m.* job; trade; profession

mètre *m.* meter

métro *m.* subway (system)

métropolitain *adj.* containing a large city

mettre (*p.p.* **mis**) *irreg.* to place; to put on (*clothing*); to turn on; to take (*time*); **mettre de côté** to put aside, save (*money*); **mettre en confiance** to win (*s.o.'s*) trust; **mettre en ordre** to put in order; **mettre en scène** to stage; **mettre en valeur** to emphasize; **mettre mal à l'aise** to make (*s.o.*) uncomfortable; **se mettre à** + *inf.* to begin to (*do s.th.*); **se mettre à (quatre)** to put (themselves) in groups of (four); **se mettre à table** to sit down at the table; **se mettre au lit** to go to bed; **se mettre d'accord** to reach an agreement; **se mettre en marche** to start up

meunier/ière *m., f.* miller

micro *m., fam.* microphone

microconseil *m.* detailed advice

microcrédit *m.* small, individual loan

midi *m.* noon; South of France; **après-midi** *m.* afternoon

midinette *f.* shop girl; pin-up

mien(ne)(s) (le/la/les) *m., f., poss. pron.* mine

mieux *adv.* better, better off; **bien, mieux, le mieux** good, better, the best; **changer en mieux** to change for the better; **valoir mieux** to be better

mildiou *m.* mildew

milieu *m.* environment; milieu; middle; **au milieu de** in the middle of

militaire *adj.* military; *m.* soldier

mille *adj.* a thousand

millénaire *adj.* millennial; *m.* one thousand; millennium

milliard *m.* billion

milliardaire *m., f.* billionaire

millier *m.* (around) a thousand

mince *adj.* thin; slender

minceur *f.* slimness, thinness; *adj.* light

miné *adj.* weakened; undermined

minijupe *f.* mini-skirt

ministère *m.* ministry

ministre *m.* minister, cabinet member; **premier ministre** prime minister

minoritaire *adj.* minority

minutieux/euse *adj.* meticulous

mirent *p.s.* of **mettre**

mis *p.p.* of **mettre**; *adj.* put

mise *f.* putting; **mise à pied** (work) layoff; **mise en route** start-up, setting out; **mise en scène** production, staging, direction

misérable *m., f., adj.* poor, wretched (person)

misère *f.* misery, poverty

mit *p.s.* of **mettre**

mi-temps: à mi-temps half-time

mixé *adj.* mixed (*recording*)

mobiliser to mobilize

moche *adj., fam.* ugly

mode *m.* method, mode; directions; **à la mode** in style; **mode de vie** lifestyle; *f.* fashion, style

modèle *m.* model; pattern

modeler (je modèle) to shape, mold

modifier to modify, transform

moi *pron. s.* I, me; **chez moi** at my place; **moi-même** *pron. s.* myself

moindre *adj.* less, smaller, slighter; **le/la/les moindre(s)** the slightest

moins (de) *adv.* less; fewer; minus; younger (than); **à moins que** *conj.* unless; **à tout le moins** at the very least; **au moins** at least; **de moins en moins** less and less; **du moins** at least; **il n'en reste pas moins...** it remains in fact... ; **le**

moins the least; **plus ou moins** more or less

mois *m.* month; **par mois** per month

moisson *f.* harvest; **faire la moisson** to harvest

moissonner to harvest

moissonneur/euse *m., f.* harvester

moitié *f.* half

moldave *adj.* Moldavian; **Moldave** *m., f.* Moldavian (*person*)

Moldavie *f.* Moldavia (*between Romania and Ukraine*)

moment *m.* moment; **à ce moment-là** then, at that moment; **à tout moment** always; at any time; **au bon moment** suitable, apropos; **au moment de** at the time when, of; **au moment où** when; **en ce moment** now, currently; **pour le moment** for now

mon (ma, mes) *poss. adj.* my

monarque *m.* king, monarch

mondain *adj.* worldly; social

monde *m.* world; people; company; society; **le Nouveau Monde** the New World; **tiers-monde** *m.* Third World, developing countries; **tout le monde** everybody, everyone

mondial *adj.* world; worldwide; **Deuxième Guerre** (*f.*) **mondiale** Second World War

mondialisation *f.* globalization

se mondialiser to globalize

monnaie *f.* currency; coin(s); **monnaie courante** common practice

monopole *m.* monopoly

monsieur (M.) (*pl.* **messieurs**) *m.* Mister; gentleman; Sir

monstrueux/euse *adj.* monstrous; huge

montagne *f.* mountain

montant *m.* sum, amount; total

montée *f.* rise, ascent; going up; **montée des marches** official, "red-carpet" appearance

monter (dans) *intrans.* to climb into; to get in; to go up; *trans.* to take up; to turn up; to climb; to set up

Montpelliérain(e) *m., f.* native of Montpellier

montrer to show; **se montrer** to appear (*in public*)

se moquer de to make fun of; to mock

moral *adj.* moral; psychological

morceau *m.* piece

mort *f.* death; **mourir de sa belle mort** to die a natural death

mort(e) *m., f.* dead person; *p.p. of* **mourir**; *adj.* dead

mosaïque *f.* mosaic, tiling

Mossoul: tissu (*m.*) **de Mossoul** muslin (*textile, orig. from Musol, No. Iraq*)

mot *m.* word; (written) note; **mot-clé** *m.* key word

moteur *m.* motor; engine; **moteur de recherche** search engine

motif *m.* design, pattern; motive, incentive

motivé *adj.* motivated

mou (mol, molle) *adj.* soft; flabby; gentle

mouche *f.* fly; housefly

moudre (*like* **résoudre**) *irreg.* to grind (*coffee*); to mill (*grain*); **machine** (*f.*) **à moudre** grinder; mill

moule *m.* mold

mouler to mold

moulin *m.* (flour, coffee) mill; **moulin à café** coffee grinder; **moulin à paroles** *fam.* talkative person; **moulin à vent** windmill; **moulin d'huile** oil extractor

moulinage *m.* grinding, milling; throwing (*of silk*)

mouliner to throw (*silk*)

moulinet *m.* twirl; winch; reel; **faire le moulinet** to twirl (*a stick, a baton*)

moulineur/euse (moulinier/ière) *m., f.* (silk) thrower

moult *adv., A.* much, greatly

moulu *p.p. of* **moudre**; *adj.* ground, powdered; **avoir le corps moulu** *fam.* to be physically exhausted

moulure *f.* profile; (ornamental) molding

moulurer to install, cut molding

mourant *adj.* dying; feeble; languishing

mourir (*p.p.* **mort**) *irreg.* to die;

mourir de sa belle mort to die a natural death; **se mourir** to be dying

moururent *p.s. of* **mourir**

mourut *p.s. of* **mourir**

mousqueton *m.* carbine (*rifle*)

mousse *f.* moss; foam; cream (*shaving, styling*); *m., A.* cabin boy; **mousse** (*f.*) **au chocolat** chocolate mousse (*dessert*); **mousse** (*f.*) **de platine** platinum sponge (*chemistry*)

mousse *adj.* blunt, dull; dull-witted

mousseau (moussot): pain (*m.*) **mousseau (moussot)** fine wheat bread

mousseline *f.* chiffon; muslin (*textile*); **verre** (*m.*) **mousseline** muslin glass, mousseline

mousser to froth, foam; **faire mousser quelque chose** *fam.* to boost, boast about s.th.; **se faire mousser** *fam.* to boast; to score (*at s.o's expense*)

mousseron *m.* St. George's agaric (*edible mushroom*)

mousseux/euse *adj.* foamy, frothy; **vin** (*m.*) **mousseux** sparkling wine

moussoir *m.* egg beater, whisk

mousson *f.* monsoon

moussu *adj.* mossy

moustache *f.* mustache; whisker (*cat*)

moustachu *m., adj.* s.o. wearing a mustache

mouton *m.* mutton; sheep

moyen *m.* mean(s); way; **moyens d'expression** means of expression

moyen(ne) *adj.* average; medium; intermediate; *f.* average; **classe** (*f.*) **moyenne** middle class; **en moyenne** on average; **moyen âge** *m. s.* Middle Ages

muet(te) *adj.* mute

multi-bricolage *m., f.* handyman (-woman)

se multiplier to multiply

muni (de) *adj.* supplied, equipped (with)

mur *m.* wall

mûr *adj.* mature; ripe

mûrir to ripen, mature

murmurer to murmur, whisper

musculation (*fam.* **muscu**) *f.* body

building

musée *m.* museum

musicien(ne) *m., f.* musician

must *m.* must, necessity

musulman *adj.* Moslem; **Musulman(e)** Moslem (*person*)

mutation *f.* change, alteration

mutuellement *adv.* mutually; each other, one another

mystérieusement *adv.* mysteriously

mystérieux/euse *adj.* mysterious

N

nager (nous nageons) to swim

naissance *f.* birth; **donner naissance à** to give birth to; to be the source of

naître (*p.p.* **né**) *irreg.* to be born

nanti(e) *m., f.* affluent, well-to-do (*person*)

naquirent *p.s. of* **naître**

naquit *p.s. of* **naître**

naturel(le) *adj.* natural

naze *adj., tr. fam.* stupid, imbecilic; *m., f.* imbecile, idiot, nerd

ne (n') *adv.* no; not; **ne... aucun(e)** none, not one; **ne... jamais** never, not ever; **ne... ni... ni** neither . . . nor; **ne... nulle part** nowhere; **ne... pas** no; not; **ne... pas du tout** not at all; **ne... pas encore** not yet; **ne... personne** no one; **ne... plus** no more, no longer; **ne... que** only; **ne... rien** nothing; **n'est-ce pas?** isn't it (so)? isn't that right?; **n'importe** any, no matter which; **n'importe quoi** anything at all

né(e) *p.p. of* **naître**; *adj.* born

néanmoins *adv.* nevertheless

nécessaire *adj.* necessary; **il est nécessaire que** + *subj.* it's necessary that

nécessité *f.* need

négatif/ive *adj.* negative

négliger (nous négligeons) to neglect

négociant(e) *m., f.* merchant, dealer

neige *f.* snow

nerf *m.* nerve; **avoir les nerfs à vif** to have frayed nerves

net(te) *adj.* neat, clear; clean

nettement *adv.* clearly, distinctly

neuf *adj.* nine

neuf (neuve) *adj.* new, brand-new; **Terre-Neuve** *f.* Newfoundland

neutre *adj.* neuter; neutral

nez *m.* nose

ni *conj.* neither; nor; **ne... ni... ni** neither . . . nor

nid *m.* nest

nihilo: ex nihilo from the ground up

niveau *m.* level; **au niveau de** at the level of; **niveau de vie** standard of living

noblesse *f.* nobility

noctambule *m., f., fam.* night-prowler; sleepwalker

nocturne *adj.* nocturnal, nighttime

noir *adj.* black; **Noir(e)** *m., f.* Black (*person*); **pied-noir(e)** *m., f., adj.* Algerian of European descent

nom *m.* name; noun; **au nom de** in the name of

nombre *m.* number; quantity; **faire nombre** to fill out the crowd

nombreux/euse *adj.* numerous

nommer to name; to appoint

non *interj.* no; not; **non plus** neither, not . . . either

nord *m.* north; **Amérique** (*f.*) **du Nord** North America

Nord-Africain(e) *m., f.* North African (*person*)

nord-américain *adj.* North American

nord-ouest *m., adj.* northwest

normal *adj.* normal; **il est normal que** + *subj.* it's normal that

normalement *adv.* usually, generally; "should"

Norvège *f.* Norway

nos *poss. adj., pl.* our; **de nos jours** these days, currently

notamment *adv.* notably; especially

notation *f.* grading; notation

note *f.* note; grade (*in school*); bill; **prendre des notes** to take notes

noter to notice; to note down

notion *f.* notion, idea; knowledge

notre *poss. adj., m., f. s.* our

nôtre(s) (le/la/les) *m., f., poss. pron.* ours; our own (people); **les nôtres** *m., f. pl.* ours; our people

nourrice *f.* nurse; nanny

nourrir to feed, nourish

nourriture *f.* food

nous *pron., pl.* we; us

nouveau (nouvel, nouvelle [nouveaux, nouvelles]) *adj.* new; **de nouveau** (once) again

Nouveau-Brunswick *m.* New Brunswick

nouvelle *f.* piece of news; short story; *pl.* news, current events

Nouvelle-Ecosse *f.* Nova Scotia

nouvellement *adv.* newly, recently

Nouvelle-Orléans (La) New Orleans

novembre November

nuage *m.* cloud

nuit *f.* night; **de nuit** at night; **par nuit** each night, nightly; **tombée** (*f.*) **de la nuit** dusk, nightfall

nul(le) *adj., pron.* no, not any; null; **ne... nulle part** *adv.* nowhere

numérique *adj.* digital; **fossé** (*m.*) **numérique** digital divide

numéro *m.* number

nymphéa *m.* white water lily

O

objectif/ive *m., adj.* objective

objet *m.* objective; object; **objet d'art** piece of artwork

obligé *adj.* obliged, required; **être obligé(e) de** to be obliged to

obliger (nous obligeons) (à) to oblige (to); to compel (to)

oblique *f.* oblique line

obscurantisme *m.* obscurantism, misinformation

obscurité *f.* darkness; obscurity

observateur/trice *m., f.* observer

observer to observe

obtenir (*like* **tenir**) *irreg.* to obtain, get

obtenu *p.p. of* **obtenir**; *adj.* gotten, obtained

obtinrent *p.s. of* **obtenir**

obtint *p.s. of* **obtenir**

occasion *f.* opportunity; occasion; bargain; **à l'occasion** sometimes, on occasion; **donner l'occasion de** to offer the opportunity to

occidental *adj.* western, occidental

occidentalisé *adj.* Westernized; Islamic woman without veil

occupé *adj.* occupied; held; busy

occuper to occupy; **s'occuper de** to take care of (*s.o. or s.th.*); to look after

octobre October

œil (*pl.* **yeux**) *m.* eye; look; **à vue d'œil** at a quick glance

œil-de-bœuf (*pl.* **œils-de-bœuf**) *m.* peephole, small circular window

œuf *m.* egg

œuvre *f.* work (of art); *m.* (life's) work; **chef-d'œuvre** (*pl.* **chefs-d'œuvre**) *m.* masterpiece; **main-d'œuvre** *f.* labor; workforce; **œuvre** (*f.*) **d'art** work of art

offensant *adj.* offensive

offert *p.p. of* **offrir**; *adj.* offered

officiel(le) *adj.* official

officier *m.* officer, official

offrir (*like* **ouvrir**) *irreg.* to offer

offrirent *p.s. of* **offrir**

offrit *p.s. of* **offrir**

OGM (organisme génétiquement modifié) *m.* genetically altered organism

olympique *adj.* Olympic; **jeux** (*m. pl.*) **Olympiques** Olympics, Olympic Games

ombre *f.* shadow, shade

on *pron.* one, they, we, people

onze *adj.* eleven

opérateur/trice *m., f.* operator

opposant(e) *m., f.* opponent

opposer to oppose; **s'opposer à** to be opposed to, clash with

opprimé(e) *m., f.* oppressed (person)

opprimer to oppress

optimiste *adj.* optimistic

opulent *adj.* wealthy, rich

or *m.* gold; **l'Age** (*m.*) **d'or** the Golden Age (*reign of Louis XIV*)

or *conj.* now; well

orageux/euse *adj.* stormy

oral: par oral *adv.* orally

orange *adj. inv.* orange; *m.* orange (*color*); *f.* orange (*fruit*)

ordinaire *adj.* ordinary, regular

ordinateur *m.* computer

ordre *m.* order; command; **d'ordre (financier)** for (financial) reasons; **en ordre** orderly, neat; in order; **par ordre (de)** in order (of)

oreille *f.* ear; **de bouche à oreille** by word of mouth

oreillette *f.* earflap (*on a cap*)

organisateur/trice *m., f.* organizer

organiser to organize; **s'organiser** to get organized

organisme *m.* society, association; institution; organism

originaire (de) *adj.* originating (from); native (of); original

original *adj.* eccentric; original

origine *f.* origin; **à l'origine** originally; **d'origine française** of French descent, ancestry

orner to decorate

orphelin(e) *m., f.* orphan

ostentatoire *adj.* ostentatious

ôter to take off

ou *conj.* or; either; **ou bien** or else

où *adv.* where; *pron.* where, in which, when

oublier (de) to forget (to)

oubliette *f., A.* (secret) dungeon

ouest *m.* west; **nord-ouest** *m., adj.* northwest

oui *interj.* yes

outil *m.* tool; utensil

outillage *m.* tools; equipment

outre *prep.* beyond, in addition to; as well as; **outre que** apart from the fact that

ouvert *p.p. of* **ouvrir**; *adj.* open; frank

ouverture *f.* opening

ouvrier/ière *m., f.* (manual) worker; *adj.* working

ouvrir (*p.p.* **ouvert**) *irreg.* to open

ouvrirent *p.s. of* **ouvrir**

ouvrit *p.s. of* **ouvrir**

oxygène *m.* oxygen; **masque** (*m.*) **à oxygène** oxygen mask

P

Pacifique *m.* Pacific Ocean

paie *f.* salary, pay

paille *f.* straw

paillette *f.* sequin; *pl.* glitter, glitz

pain *m.* bread

pair *m.* peer; *adj.* even (*not odd*); ***hors (de) pair** peerless, unrivaled

paire *f.* pair

paisible *adj.* peaceful, tranquil

paix *f.* peace

palabrer *fam.* to palaver, chat

palais *m.* palace

palier *m.* (stair) landing

palmarès *m.* prize-winner; top-rung (individual)

panier *m.* basket

panneau *m.* road sign; billboard; panel

panorama *m.* view

papa *m.* dad, daddy

papier *m.* paper; **papier à musique** staff paper; **sans-papiers** *m., inv.* illegal, undocumented alien

paquebot *m.* liner (*ship*); steamer

paquet *m.* package

par *prep.* by, through; per; **par chance** luckily, by good fortune; **par conséquent** consequently, as a result; **par contre** on the other hand; **par écrit** in writing; **par exemple** for example; **par *hasard** by chance, accidentally; **par ici** this way; **par jour (semaine, etc.)** per day (week, etc.); **par oral** orally; **par ordre (de)** in order (of); **par rapport à** with regard to, in relation to

paradis *m.* paradise; heaven; **paradis terrestre** heaven on earth

paraître (*like* **connaître**) *irreg.* to appear; to seem

paramètre *m.* parameter

parc *m.* park; stock; total; **parc d'attractions** amusement, theme park; **parc mondial** total number; **parc technologique** technological infrastructure

parcelle *f.* parcel, plot (*land*)

parce que *conj.* because

parcourir (*like* **courir**) *irreg.* to travel through, traverse; to skim (*in reading*)

parcouru *p.p. of* **parcourir**; *adj.* covered

parcoururent *p.s. of* **parcourir**

parcourut *p.s. of* **parcourir**

par-dessus *adv., prep.* over (the top); **cul** (*m.*) **par-dessus tête** *fam.* upside down

paré *adj.* dressed up, adorned; coiffed

pareillement *adv.* similarly

parent(e) *m., f.* parent; relative; *m. pl.*

parents; **grands-parents** *m. pl.* grandparents

paresse *f.* laziness, idleness

paresseux/euse *adj.* lazy

parfait *adj.* perfect

parfois *adv.* sometimes

parfumé *adj.* flavored

Parigot(e) *m., f., fam.* Parisian

parisien(ne) *adj.* Parisian; **Parisien(ne)** *m., f.* Parisian (*person*)

parking *m.* parking lot

parlement *m.* parliament

parler (à, de) to speak (to, of); to talk (to, about); **entendre parler de** to hear (s.th. talked) about; **franc-parler** *m.* frankness, candor

parmi *prep.* among

parole *f.* word; promise; **moulin** (*m.*) **à paroles** talkative, chatty person

part *f.* share, portion; role; **à part entière** completely separate; **autre part** elsewhere; **d'autre part** on the other hand; **ne... nulle part** nowhere; **quelque part** somewhere

partage *m.* division, sharing

partager (nous partageons) to share

partenaire *m., f.* partner

parti *m.* (political) party; **parti pris** *m.* set purpose; bias, prejudice

parti *p.p. of* **partir**

participer à to participate in

particulier/ière *adj.* particular, special; private; **en particulier** particularly

particulièrement *adv.* particularly

partie *f.* part; game, (sports) match; outing; **en partie** in part; **faire partie de** to be part of, belong to

partir (*like* **dormir**) **(à, de, pour)** *irreg.* to leave (for, from); **à partir de** *prep.* starting from

partirent *p.s. of* **partir**

partit *p.s. of* **partir**

partout *adv.* everywhere

paru *p.p. of* **paraître**; *adj.* appeared, published

parurent *p.s. of* **paraître**

parut *p.s. of* **paraître**

parvenir (*like* **venir**) **à** *irreg.* to attain; to succeed in

parvenu *p.p. of* **parvenir**

parvinrent *p.s. of* **parvenir**

parvint *p.s. of* **parvenir**

pas (ne… pas) not; **ne… pas encore** not yet; **pas du tout** not at all; **pas grand-chose** not much; **pas mal** not bad(ly); **pas mal de** quite a few

passage *m.* passage; passing; **être de passage** to be passing through

passager/ère *m., f.* passenger

passant(e) *m., f.* passer-by

passe: être en passe de + *inf.* to be poised to (*do s.th.*)

passé *m.* past; *adj.* spent; after; past, gone, last

passer to pass; to move; to spend (*time*); to show (*movie*); **passer à l'acte** to do something (about it); **passer commande** to order (*goods*); **passer (du temps) à** to spend (time); **passer en revue** to review, rethink; **passer son permis de conduire** to take one's driving test; **se passer** to happen, take place; to go

passerelle *f.* foot bridge, catwalk

passe-temps *m.* pastime, hobby

passionné *adj.* passionate, intense

passionnément *adv.* passionately

se passionner pour to be crazy about

pâte *f.* dough

paternel(le) *adj.* paternal; parental

patient(e) *m., f.* (hospital) patient; *adj.* patient

patinage *m.* skating

pâtisserie *f.* pastry

patrie *f.* country; homeland, native land

patrimoine *m.* legacy; patrimony

patron(ne) *m., f.* boss, employer; manager

pause *f.* pause; **faire une pause** to take a break

pause-thé *f.* tea break

pauvre *adj.* poor; unfortunate; *m. pl.* the poor

pauvreté *f.* poverty

pavé *m.* chunk; paving stone; **battre les pavés** to circulate through the streets; **tenir le *haut du pavé** to be in a high position

payer (je paie) to pay (for)

pays *m.* country; nation; **pays en voie de développement** developing country

paysage *m.* landscape, scenery

paysagiste *m., f.* landscape painter

paysan(ne) *m., f., adj.* peasant

Pays-Bas *m., pl.* Netherlands, Holland

peau *f.* skin; hide

peausserie *f.* leather shop

pêche *f.* fishing; peach; **canne (*f.*) à pêche** fishing rod

pêcher to fish

pêcheur/euse *m., f.* fisherman (-woman)

peignirent *p.s. of* **peindre**

peignit *p.s. of* **peindre**

peindre (*like* **craindre**) *irreg.* to paint

peine *f.* bother, trouble; sorrow, pain; **à grand-peine** with great difficulty; **à peine** hardly; barely; **faire de la peine (à quelqu'un)** to cause (s.o.) grief; **sous peine de** on pain of

peint *p.p. of* **peindre**; *adj.* painted

peintre *m.* painter

peinture *f.* paint; painting

Pékin Beijing

pékinois *adj.* from Beijing

peluche *f.* plush, stuffed toy

pendant *prep.* during; **pendant que** *conj.* while

pendulaire *m., f.* commuter who shuttles back and forth

pénétrant *adj.* penetrating

pénible *adj.* difficult; painful

pensée *f.* thought

penser to think; to reflect; to expect, intend; **penser à** to think of, about; **penser de** to think of, have an opinion about; **que pensez-vous de… ? (qu'en pensez-vous?)** what do you think of . . . ? (what do you think about it?)

penseur *m.* thinker, philosopher

pension *f.* pension; allowance, subsidy

pénurie *f.* shortage

pépinière *f.* breeding ground; nursery (*plants*)

perçant *adj.* piercing

perche *f.* (thin) pole; rod (*A. measure = approx. 5.5 yards*); **saut (*m.*) à la perche** pole-vaulting

perdre to lose; to waste

perdu *adj.* lost; wasted; anonymous; remote

père *m.* father

pérenne *adj.* perennial, long-lasting

performant *adj.* (well) performing

période *f.* period (*of time*); **en période de** during a time of

périphérique *adj.* outlying; associated

permanence *f.* permanence; **en permanence** permanently

permettre (*like* **mettre**) **(à)** *irreg.* to permit, allow, let

permirent *p.s. of* **permettre**

permis *p.p. of* **permettre**; *adj.* permitted; *m.* permit; **permis (*m.*) de conduire** driver's license

permit *p.s. of* **permettre**

perpétuel(le) *adj.* perpetual

perruque *f.* wig

persécuter to persecute

personnage *m.* (fictional) character; personage

personnalité *f.* personality

personne *f.* person; *pl.* people; **ne… personne** no one

personnel(le) *adj.* personal

persuader to persuade

perte *f.* loss

pervers *adj.* perverse, pernicious

peser (je pèse) (sur) to weigh (heavily on)

pessimiste *adj.* pessimistic

petit *adj.* small, little; short; very young; *m. pl.* young ones; little ones; **petit(e) ami(e)** *m., f.* boy-, girlfriend; **petit déjeuner** *m.* breakfast

petits-enfants *m., pl.* grandchildren

pétrole *m.* oil, petroleum; **lampe (*f.*) à pétrole** oil lamp

peu *adv.* little; few; not very; hardly; **à peu près** nearly; approximately; **depuis peu** recently; **il y a encore peu** only a short time ago; **peu à peu** little by little; **peu après** shortly (there)after; **un peu (de)** a little

peuple *m.* nation; people (*of a country*)

peur *f.* fear; **avoir peur (de)** to be afraid (of); **faire peur à** to scare, frighten

peureux/euse *m., f.* fearful person
phare *m.* lighthouse; headlight; *adj.* influential
phénomène *m.* phenomenon
philanthrope *m., f.* philanthropist
philosophe *m., f.* philosopher
phobie *f.* phobia, fear
photographe *m., f.* photographer
phrase *f.* sentence
physicien(ne) *m., f.* physicist
physionomie *f.* face; appearance
physique *adj.* physical; *m.* physical appearance; **éducation** (*f.*) **physique** physical education
pièce *f.* piece; room (*of a house*); play (*theater*); **deux-pièces** *m.* two-room apartment (*not including kitchen*); **pièce d'identité** ID card, identification
piécette *f.* small coin
pied *m.* foot; **le pied dehors** once outside; **mise** (*f.*) **à pied** (work) layoff
pied-noir(e) *m.f., adj.* Algerian of European origin
piège *m.* trap
piégé *adj.* trapped
pierre *f.* stone; **pierre moussue** mossy stone
piéton(ne) *adj., m., f.* pedestrian
piler to pound, grind, crush
pilier *m.* pillar
pilule *f.* pill; birth control pill
pinceau *m.* paintbrush
pionnier/ère *m., f., adj.* pioneer
piquer to prick; **piquer une frayeur** *fam.* to have a fright
piquette *f., fam.* cheap, local wine
pire *adj.* worse; **le/la pire** the worst
piscine *f.* swimming pool
piste *f.* path, trail; course; slope
pitié *f.* pity; **avoir pitié de** to have pity on
pittoresque *adj.* picturesque
place *f.* place; position; seat; **une place assise** seat in a theater
placer (nous plaçons) to find a seat for; to place; to situate
plage *f.* beach
plaie *f.* wound; affliction
plaignirent *p.s. of* **plaindre**
plaignit *p.s. of* **plaindre**

plaindre (*like* **craindre**) *irreg.* to pity; **se plaindre (de)** to complain (of, about)
plaint *p.p. of* **plaindre**
plaintif/ive *adj.* plaintive, sorrowful
plaire (*p.p.* **plu**) **à** *irreg.* to please; **s'il te (vous) plaît** *interj.* please
plaisant *adj.* funny; pleasant
plaisir *m.* pleasure; gratification; **faire plaisir à** to please
plan *m.* plan; level; **premier plan** foreground (*painting*)
plancher *fam.* to talk, speak
planifier to plan, make plans
planisphère *m.* planisphere (*representation of a sphere*)
planter to plant; to set, situate
plat *adj.* flat; *m.* dish (*of food*); course (*meal*)
platine *m.* platinum; **mousse** (*f.*) **de platine** platinum sponge (*chemistry*)
plébiscite *m.* plebiscite; referendum
plein (de) *adj.* full (of); *fam.* lots of; **à plein temps** full-time (work); **en plein** fully, precisely; in the middle of
pleurer to cry, weep
plombier *m.* plumber
plonger (nous plongeons) to dive; to dip, immerse
plu *p.p. of* **plaire**
pluie *f.* rain
plume *f.* feather; fountain pen; **poids** (*m.*) **plume** featherweight (*boxing*); **prendre la plume** to take up the pen, write
plupart *f.*: **la plupart (de)** most, the majority (of)
plurent *p.s. of* **plaire**
pluriculturel(le) *adj.* multicultural
plus (de) *adv.* more; more . . . than . . . (-er); plus; **d'autant plus (que)** especially, particularly (because); **de plus** in addition; **de plus en plus** more and more; **en plus (de)** in addition (to); **en savoir plus** (to find out) more about it; **le/la/les plus** + *adj. or adv.* the most; **ne... plus** no longer, not anymore; **plus ou moins** more or less; **plus... que**

more . . . than
plusieurs (de) *adj., pron.* several (of)
plut *p.s. of* **plaire**
plutôt *adv.* instead; rather; on the whole
pneu *m.* tire (*car*)
poche *f.* pocket; **argent** (*m.*) **de poche** allowance, pocket money
poêle *f.* (**à frire**) frying pan
poids *m.* weight; **poids lourd** heavyweight; **poids plume** featherweight (*boxing*)
poignard *m.* dagger
poil *m.* hair; bristle
point *m.* point; dot; period (*punctuation*); **mettre au point** to refine, perfect; **point de repère** reference point; **point de vue** point of view; **un point com** a dot com (*company*)
pointe *f.* peak; point; touch, bit; **en pointe** leading, advanced
pois *m., pl.* peas
poisson *m.* fish; **poisson d'avril** April Fool's joke
poivre *m.* pepper; **moulin** (*m.*) **à poivre** pepper mill
poivron *m.* green pepper
poli *adj.* polite; polished
police *f.* police; **agent** (*m.*) **de police** police officer
politesse *f.* politeness; good breeding
politicien(ne) *m., f.* politician (*sometimes pejorative*)
politique *f.* politics; policy; *adj.* political
pomme *f.* apple; **pomme de terre** *f.* potato
pompe *f.* pomp, ceremony
pompier *m.* firefighter
ponctué *adj.* punctuated, marked
pont *m.* bridge
populaire *adj.* popular; common; of the people
portable *m.* portable computer, laptop; cellular phone
portail *m.* portal
portant: bien portant *adj.* healthy, in good health
porte *f.* door; gate; **porte blindée** armored, reinforced door; **porte d'entrée** entry(way)

portefeuille *m.* wallet; portfolio; **portefeuille d'actions** *m.* stock portfolio

porter to wear; to bear; to carry; to bring; **porter assistance à** to bring help to; **porter sur** to focus on

porteur/euse *m., f.* bearer; porter

portillon *m.* gate (*subway*)

portugais *m.* Portuguese (*language*); **Portugais(e)** *m., f.* Portuguese (*person*)

poser to put (down); to state; to pose; to ask; **poser une question** to ask a question

positif/ive *adj.* positive

posséder (je possède) to possess

possible *adj.* possible; **il est possible que** + *subj.* it's possible that

poste *m.* position, employment; *f.* post office, postal service; **poste** (*m.*) **de contrôle** console; **poste** (*m.*) **de télécoms** telecommunications terminal

postulat *m.* hypothesis, postulate

potable *adj.* drinkable, potable

potentiel(le) *adj.* potential; *m.* potential, virtual

potier/ière *m., f.* potter

potin *m., fam.* chatter, gossip

poudre *f.* powder

poule *f.* hen

poulet *m.* chicken

pour *prep.* for; in order to; **le pour et le contre** pro and con; **pour autant** for all that; **pour la plupart** for the most part; **pour le moment** for now, for the present; **pour que** *conj.* so that, in order that

pourcentage *m.* percent, percentage

pourchasser to pursue, hunt down

pourquoi *adv., conj.* why

poursuite *f.* pursuit

poursuivi *p.p. of* **poursuivre**

poursuivirent *p.s. of* **poursuivre**

poursuivit *p.s. of* **poursuivre**

poursuivre (*like* **suivre**) *irreg.* to pursue; to continue

pourtant *adv.* however, yet, still, nevertheless

pourvu que *conj.* provided that

pousse *f.* shoot, sprout; **jeune pousse** start-up (*company*)

pousser to push; to encourage; to emit; to grow; **se pousser** to maneuver oneself

poussette *f.* (baby) carriage; stroller

poussière *f.* dust

pouvoir (*p.p.* **pu**) *irreg.* to be able; *m.* power, strength

pratique *adj.* practical; *f.* practice; participation

pratiquer to practice; to exercise (*a sport*); **pratiquer un sport** to engage in a sport

pré *m.* meadow; field

précarité *f.* precariousness

précédent *adj., m.* preceding; *m.* precedent

précéder (je précède) to precede

prêcher to preach

précieux/euse *adj.* precious

se précipiter to hurry, rush over

précis *adj.* precise, fixed, exact

préciser to state precisely; to specify

précision *f.* precision; detail

prédilection *f.* predilection, preference

prédire (*like* **dire**) *irreg.* to predict

prédirent *p.s. of* **prédire**

prédit *p.s. of* **prédire**; *p.p. of* **prédire**

préféré *adj.* favorite, preferred

préférer (je préfère) to prefer, like better

préjudiciable (à, pour) *adj.* prejudicial, detrimental (to)

préjugé *m.* prejudice

prématuré *adj.* premature; untimely

premier/ière *adj.* first; principal; former; **en premier** first(ly); **matière** (*f.*) **première** raw material; **premier ministre** *m.* prime minister; **premier plan** *m.* foreground (*painting*)

prendre (*p.p.* **pris**) *irreg.* to take; to have, eat, drink; **prendre (quelqu'un) à la gorge** *fam.* to bother s.o.; **prendre (quelque chose, quelqu'un) à la légère** to take (s.th. or s.o.) lightly; **prendre conscience de** to realize, become aware of; **prendre des mesures (pour)** to take steps (to); **prendre**

des notes to take notes; **prendre des risques** to take risks; **prendre des vacances** to take a vacation; **prendre fin** to come to an end; **prendre la plume** to write, take up the pen; **prendre le petit déjeuner** to have breakfast; **prendre le relais** to take over, take a shift; **prendre les armes contre** to take up arms against; **prendre le temps (de)** to take the time (to); **prendre l'habitude de** to get accustomed to; **prendre soin de** to take care of; **prendre une décision** to make a decision; **prendre une douche** to take a shower; **prendre une place assise** to take a seat; **prendre un verre** to have a drink; **se prendre pour** to take oneself for

prénom *m.* first name, Christian name

se préoccuper de to concern, preoccupy oneself with

préparer to prepare; **se préparer pour** to prepare oneself for

près (de) *adv.* near, close to; **à peu près** around, approximately

présage *m.* omen

prescrire (*like* **écrire**) *irreg.* to prescribe

prescrit *p.p. of* **prescrire**; *adj.* prescribed

prescrivirent *p.s. of* **prescrire**

prescrivit *p.s. of* **prescrire**

présent *m.* present; *adj.* present; **à présent** nowadays

présenter to present; to introduce; to put on (*a performance*); **se présenter (à)** to present, introduce oneself (to); to appear; to arrive at

présidentiel(le) *adj.* presidential

presque *adv.* almost, nearly

presse *f.* press (*media*)

pression *f.* pressure; tension

prestigieux/euse *adj.* prestigious

prêt *adj.* ready; **être prêt(e) à** to be ready to; *m.* loan, lending

prétendre to claim, maintain; to require

prétendu *adj.* so-called

prêter à to lend to; **prêter attention à** to pay attention to

preuve *f.* proof; **à preuve** just look at **faire preuve de** to prove

prévenir (*like* **venir**) *irreg.* to warn, inform; to prevent, avert

prévenu *p.p. of* **prévenir**

prévinrent *p.s. of* **prévenir**

prévint *p.s. of* **prévenir**

prévirent *p.s. of* **prévoir**

prévit *p.s. of* **prévoir**

prévoir (*like* **voir**) *irreg.* to foresee, expect

prévu *p.p. of* **prévoir**; *adj.* expected, anticipated

prière *f.* prayer; **faire ses prières** to pray

primaire: école (*f.*) **primaire** primary school

primer to take precedence; to matter (the most)

principal *adj.* principal, most important; **proposition** (*f.*) **principale** *Gram.* main clause

principe *m.* principle

printemps *m.* spring

prirent *p.s. of* **prendre**

pris *p.p. of* **prendre**; *adj.* occupied; taken; **parti** (*m.*) **pris** set purpose; bias, prejudice

prise *f.* taking; **en prise avec** involved with; **prise de courant** electrical outlet

prisonnier/ière *m., f.* prisoner

prit *p.s. of* **prendre**

privé *adj.* private

priver de to deprive of; **être privé(e) (de)** to be deprived, stripped of; **faut pas s'en priver** why deny oneself

privilégié *adj.* privileged; *m., f.* privileged, fortunate person

privilégier to favor

prix *m.* price; prize

prochain *adj.* next; near; immediate

prochainement *adv.* very soon

proche (de) *adj., adv.* near, close

procurer to furnish; to obtain; to become

producteur/trice *m., f.* producer

produire (*like* **conduire**) *irreg.* to produce, make; **se produire** to occur, happen, arise

produisirent *p.s. of* **produire**

produisit *p.s. of* **produire**

produit *m.* product; *p.p. of* **produire**

professeur (*fam.* **prof**) *m.* professor; teacher

professionnel(le) *m., f., adj.* professional

profit *m.* profit, benefit; **au profit de** on behalf of, for (the benefit of)

profiter de to take advantage of, profit from

profond *adj.* deep, profound

profondément *adv.* deeply

profondeur *f.* depth

programmation *f.* programming

programme *m.* program; design, plan; agenda

progrès *m.* progress; **faire des progrès** to make progress

progresser to progress, make progress

progressif/ive *adj.* progressive

prohibitif/ive *adj.* prohibitive

projet *m.* project; plan; **faire des projets** to make plans

projeter (je projette) to project; to plan

prolétaire *m., f., adj.* proletarian

prolonger (nous prolongeons) to continue; to stretch out

promenade *f.* walk; ride; promenade

promener (je promène) to take out walking; **envoyer promener** *fam.* to send (*s.o.*) packing; **se promener** to go for a walk, drive, ride

promesse *f.* promise

promettre (*like* **mettre**) **(de)** *irreg.* to promise (to)

promirent *p.s. of* **promettre**

promis *p.p. of* **promettre**

promit *p.s. of* **promettre**

promo *f., fam.* (sales) promotion

pronom *m., Gram.* pronoun

prononcer (nous prononçons) to pronounce; to give (*speech*); **se prononcer pour/contre** to declare oneself for/against

propos *m.* talk; *pl.* utterance, words; **à propos de** with respect to

proposer to propose, suggest

proposition *f., Gram.* clause

propre *adj.* own; proper; clean;

amour-propre *m.* self-esteem; pride

propret(te) *adj.* neat and tidy

propriétaire *m., f.* owner; landlord

prospérer (je prospère) to prosper, thrive

protecteur/trice *m., f.* protector; *adj.* protecting; protective

protéger (je protège, nous protégeons) to protect; **se protéger de** to protect oneself against

protester to protest; to declare

prouver to prove

province *f.* provinces (*refers to French regions outside metropolitan Paris*)

provisions: faire les provisions to buy groceries

provoquer to provoke, incite

psychanalyse *f.* psychoanalysis

psychiatre (*fam.* **psy**) *m., f.* psychiatrist

psychique *adj.* psychic; psychological

psychologue *m., f.* psychologist

psychothérapeute *m., f.* psychotherapist

pu *p.p. of* **pouvoir**

public (publique) *m.* public; audience; *adj.* public; **pouvoirs** (*m. pl.*) **publics** public authorities

publicité (*fam.* **pub**) *f.* commercial; advertisement; advertising

publier to publish

puce *f.* micro-chip; flea

puis *adv.* then, next; besides; variant of **peux (pouvoir)**

puiser (dans) to draw, take (from)

puisque *conj.* since, as, seeing that

puissance *f.* power

puissant(e) *m., f.* powerful (*person*); *adj.* powerful, strong

pull *m.* sweater

pulvériser to pulverize

punaisé *adj.* to pin, tack up

punir to punish

purement *adv.* purely

purent *p.s. of* **pouvoir**

put *p.s. of* **pouvoir**

Q

qualité *f.* (good) quality; characteristic; **gens** (*m. pl.*) **de qualité** well-bred people

quand *adv., conj.* when; **quand même** even though; anyway

quant à *prep.* as for

quarantaine *f.* about forty

quarante *adj.* forty

quart *m.* quarter; fourth; quarter of an hour

quartier *m.* neighborhood, quarter

quasi *adv.* almost

quasiment *adv., fam.* almost, to all intents and purposes

quatorze *adj.* fourteen

quatre *adj.* four

quatrième *adj.* fourth

que (qu') *interr.* what?; whom, that which; *adv.* how; why; how much; *conj.* that; than; *pron.* whom; that; which; what; **ne... que** *adv.* only; **parce que** because; **qu'est-ce que** what? (*object*); **qu'est-ce qui** what? (*subject*)

quel(le)(s) *interr. adj.* what, which; what a

quelconque *adj. indef.*, whatever, some

quelque(s) *adj.* some, any; a few; somewhat; **quelque chose** *pron.* something; **quelque part** *adv.* somewhere

quelquefois *adv.* sometimes

quelqu'un *pron., neu.* someone, somebody; **quelques-uns (-unes)** *pron., m., f.* some, a few

question *f.* question; **poser des questions (à)** to ask questions (of); **remettre en question** to call into question, challenge

questionner to question

quête *f.* search, quest; **en quête de** in search of

qui *pron.* who, whom; **qu'est-ce qui** what? (*subject*); **qui est-ce que** who? (*object*); **qui est-ce qui** who? (*subject*)

quinze *adj.* fifteen; **quinze jours** two weeks

quitter to leave (*s.o. or someplace*); to abandon, leave behind; **se quitter** to separate

quoi (à quoi, de quoi) *pron.* which; what; **après quoi** after which; **à quoi sert...** what is... used for?; **en**

quoi in what way; **n'importe quoi** anything at all; no matter what

quoique *conj.* although

quotidien(ne) *adj.* daily, everyday; *m.* daily newspaper

quotidiennement *adv.* daily, every day

R

rabâcher to harp on, keep on repeating

rabattirent *p.s. of* **rabattre**

rabattit *p.s. of* **rabattre**

se rabattre (*like* **battre**) **sur** *irreg.* to fall back on

rabattu *p.p. of* **rabattre**

racine *f.* root

raconter to tell, relate, narrate

radeau *m.* raft

radieux/euse *adj.* happy; radiant

radio *f.* radio; Xray

raffoler de to be crazy about

raide *adj.* stiff; straight (*hair*)

raideur *f.* stiffness

raison *f.* reason; **avoir raison** to be right; **en raison de** by reason of, on account of

raisonnable *adj.* reasonable; rational

rajouter to add (*more of s.th.*)

ralentir to slow down

rallonge *f.* extension; **à rallonge** long, never-ending

ramener to bring back, take back

rampe *f.* footlights (*theater*); **passer la rampe** *fam.* to get across; to affect (*an audience*)

ramper to crawl, creep

rang *m.* row, rank, line

se ranger (nous nous rangeons) to take sides; to identify oneself

rappeler (je rappelle) to remind; to recall; to call again; **se rappeler** to recall, remember

rapport *m.* connection; report; relationship; *pl.* relations; **être en rapport avec** to be related to; **par rapport à** concerning, regarding

rapporter to bring back; to return; to report; **se rapporter** to refer to

ras: en avoir ras le bol *fam.* to be sick and tired of

raser to shave

se rassasier to satisfy (one's appetite)

se rassembler to gather together, assemble

rassis *adj.* stale (*bread*)

rassurant *adj.* reassuring

rassurer to reassure

raté(e) *m., f.* failure, failed individual

rattraper to recapture, catch up with

ravage *m.:* **faire des ravages** to work havoc

ravager (nous ravageons) to ravage

ravalé *adj.* reduced, lowered

rave *f.* turnip

rayonnant *adj.* radiant, beaming

réagir to react

réalisateur/trice *m., f.* (T.V., film) producer/director

réaliser to realize; to accomplish, produce, carry out

réalité *f.* reality; **en réalité** in reality

rebelle *adj.* rebellious; stubborn

rebours: à rebours the wrong way, against the nap

récemment *adv.* recently, lately

recenser to number, total

recette *f.* recipe; **faire recette** to be a winner, a big success

recevoir (*p.p.* **reçu**) *irreg.* to receive; to entertain (*guests*)

recherche *f.* research; search; **à la recherche de** in search of; **moteur** (*m.*) **de recherche** search engine

rechercher to seek; to search for

récit *m.* story, account

réclamer to demand; to clamor for; to claim

récolte *f.* harvest

récolté *adj.* harvested

recommencement *m.* beginning (again)

récompensé *adj.* rewarded, compensated

réconcilié *adj.* reconciled

reconnaissance *f.* gratitude; recognition

reconnaître (*like* **connaître**) *irreg.* to recognize

reconnu *p.p. of* **reconnaître**; *adj.* recognized

reconnurent *p.s. of* **reconnaître**

reconnut *p.s. of* **reconnaître**

record *m.* record (*peak performance*); **battre le record** to beat the record

recourir à to have recourse to

recours *m.* recourse; **avoir recours à** to resort to

recouvert *p.p. of* **recouvrir**; *adj.* covered, recovered

recréer to recreate

recrue *f.* recruit

recruter to recruit

rectifié *adj.* rectified, corrected

reçu *p.p. of* **recevoir**; *adj.* received; **idée** (*f.*) **reçue** accepted idea

reculer to fall back, retreat; to step back

reçurent *p.s. of* **recevoir**

reçut *p.s. of* **recevoir**

rédaction *f.* (piece of) writing; draft

redemander to ask again; to ask for more

redevable *adj.* owing, beholden

redevance *f.* tax; charge

redoubler to redouble, increase

redoutable *adj.* formidable, fearsome

réduire (*like* **conduire**) *irreg.* to reduce

réduisirent *p.s. of* **réduire**

réduisit *p.s. of* **réduire**

réduit *p.p. of* **réduire**; *adj.* reduced

réel(le) *m.* (the) real; *adj.* real, actual

réellement *adv.* really

se référer (je me réfère) à to refer to

réfléchir (à) to reflect; to think (about)

reflet *m.* reflection (*mirror*)

refléter (je reflète) to reflect

réflexion *f.* reflection, thought

réformer to reform

refroidir to cool (off) (*s.o. or s.th.*)

réfugié(e) *m., f.* refugee

se réfugier dans to take refuge in

refuser (de) to refuse (to)

regagner to get back to

regard *m.* glance; gaze, look

regarder to look at; to watch

régie *f.* government corporation; **Régie autonome des transports parisiens (RATP)** Paris municipal transportation system

régime *m.* diet; régime

régir to govern, rule

règle *f.* rule; **en règle générale** as a general rule

réglé *adj.* settled; ruled, ordered

régler (je règle) to regulate, adjust; to settle; to pay

règne *m.* reign

régner (je règne) to reign

régresser to drop, recede

régression *f.* drop, decline, regression

regretter to regret, be sorry; to miss

regrouper to bring, group together

régulier/ière *adj.* regular

régulièrement *adv.* regularly; normally

rein *m.* kidney; *pl., fam.* back

reine *f.* queen

rejeter (je rejette) to reject

rejoignirent *p.s. of* **rejoindre**

rejoignit *p.s. of* **rejoindre**

rejoindre (*like* **craindre**) *irreg.* to join; to rejoin

rejoint *p.p. of* **rejoindre**; *adj.* joined

se réjouir to rejoice; to delight

relais *m.* stop, coach stop; **prendre le relais** to take a shift

relancer (nous relançons) to restart; to throw back

relater to relate, recount

relatif/ive *adj.* relative

relation *f.* relation; relationship

relationnel(le) *adj.* (referring to) relationship(s)

relativiser to relativize

se relaxer to relax

relevé *adj.* refined; decorated

relever (je relève) to react; to take down, note down

religieux/euse *adj.* religious

relire (*like* **lire**) *irreg.* to reread

relu *p.p. of* **relire**

relurent *p.s. of* **relire**

relut *p.s. of* **relire**

remarque *f.* remark; criticism

remarquer to remark; to notice

remboursable *adj.* reimbursable

remboursement *m.* reimbursement

rembourser to pay back, reimburse

remède *m.* remedy; treatment

remettre (*like* **mettre**) *irreg.* to put back; **remettre en question** to call into question, challenge

remirent *p.s. of* **remettre**

remis *p.p. of* **remettre**; *adj.* challenged; given; recovered

remit *p.s. of* **remettre**

remplacer (nous remplaçons) to replace

rempli *adj.* filled; **rempli(e) de** full of

remporter to carry off, achieve, win; **remporter sur** to triumph, win over

renchérir to add; to go further

rencontre *f.* meeting, encounter; **à la rencontre de** in search of

rencontrer to meet, encounter, run into

rendez-vous *m.* meeting, appointment; date; **prendre rendez-vous** to make an appointment

rendre to give (back), return (*s.th.*); to render, make; **rendre + adj.** to make (*s.o.*) **+ adj.**; **rendre hommage à** to pay homage to; **se rendre (à, dans)** to go to; **se rendre compte de/que** to realize (that)

rendu *adj.* paid back; rendered

renforcer (nous renforçons) to reinforce

renouer to renew, resume

renouveler (je renouvelle) to renovate; to renew

renseignement *m.* (piece of) information

renseigner to inform

rentrer to return (*to a place*); to go home

répandu *adj.* widespread

reparti *p.p. of* **repartir**; *adj.* left, departed

réparti *adj.* divided, shared

repartir (*like* **partir**) *irreg.* to leave (again)

repartirent *p.s. of* **repartir**

repartit *p.s. of* **repartir**

répartition *f.* apportionment, distribution

repas *m.* meal, repast

repasser en revue to go over

repenser to rethink; to redo, remodel

repère *m.* reference (mark), benchmark; **point (m.) de repère** reference point

répertoire *m.* repertory

répéter (je répète) to repeat

repeupler to repopulate

replié *adj.* retired; withdrawn;

replié(e) sur soi-même introverted
répondeur *m.* answering machine
répondre (à) to answer, respond
réponse *f.* answer, response
reportage *m.* reporting; commentary
repos *m.* rest, repose; relaxation
reposer sur to be based, founded on; **se reposer** to rest, relax
repousser to push back; to repulse
reprendre (*like* **prendre**) *irreg.* to take (up) again; to continue
représentant(e) *m., f.* representative
représentatif/ive *adj.* representative
représentation *f.* show; performance
représenté *adj.* presented; represented; played
représenter to represent
reprirent *p.s. of* **reprendre**
repris *p.p. of* **reprendre**; *adj.* continued; revived; retaken
reprise *f.* retake; rebound
reprit *p.s. of* **reprendre**
reprocher à to reproach (*s.o.*)
reproduire (*p.p.* **reproduit**) to reproduce
reproduisirent *p.s. of* **reproduire**
reproduisit *p.s. of* **reproduire**
reproduit *p.p. of* **reproduire**; *adj.* reproduced
réseau *m.* network; system
réservé *adj.* reserved; timid
réserver to reserve; to keep in store
résider to reside
se résigner to resign oneself
résister (à) to resist
résolu *p.p. of* **résoudre**; *adj.* resolved; resolute
résolurent *p.s. of* **résoudre**
résolut *p.s. of* **résoudre**
résoudre (*p.p.* **résolu**) *irreg.* to solve, resolve
respecter to respect; to have regard for
respirer to breathe
responsabilité *f.* responsibility
responsable *m., f.* supervisor; staff member; *adj.* responsible
ressembler à to resemble; **se ressembler** to look alike, be similar
ressenti *p.p. of* **ressentir**; *adj.* (deeply) felt

ressentir (*like* **partir**) *irreg.* to feel, sense
ressentirent *p.s. of* **ressentir**
ressentit *p.s. of* **ressentir**
ressource *f.* resource; resourcefulness; *pl.* resources; funds
se ressourcer (nous nous ressourçons) to recharge one's batteries
ressusciter to revive, resuscitate
reste *m.* rest, remainder; **pour le reste** as for the rest
rester to stay, remain; to be remaining
résultat *m.* result
résumé *m.* summary; résumé; **en résumé** in short
résumer to summarize
retaillé *adj.* pruned (*branch*)
retard *m.* delay; **avoir du retard** to be late
retenir (*like* **tenir**) *irreg.* to retain, hold on to
retenu *p.p. of* **retenir**; *adj.* reserved; retained
retinrent *p.s. of* **retenir**
retint *p.s. of* **retenir**
se retirer to retire; to withdraw (*from society*)
retour *m.* return; **être de retour** to be back (*from somewhere*); **retour en arrière** flashback, review of one's past
retourner to return; to go back; **se retourner contre** to turn against
retraité *adj.* retired
rétrécir to shrink
retrouver to find (again); to regain; **se retrouver** to meet (*by prior arrangement*)
réunion *f.* meeting; reunion
réunir to unite, to gather, assemble
réussir (à) to succeed, be successful (in); to pass (*a test, a course*)
réussite *f.* success, accomplishment
revanche *f.* revenge; **en revanche** on the other hand; in return
rêve *m.* dream
réveil *m.* waking, awakening
réveiller to wake, awaken (*s.o.*); **se réveiller** to wake up
révéler (je révèle) to reveal
revendicateur/trice *adj.* demanding,

assertive
revendication *f.* claim, protest
revendiquer to claim; to demand
revendre to sell (off)
revenir (*like* **venir**) *irreg.* to return; to come back (*someplace*); **ne pas en revenir** not to be able to get over s.th.; to be amazed; **revenir cher** to be quite expensive
revenu *m.* personal income; **revenu minimum d'insertion** welfare payment (*France*); *p.p. of* **revenir**
rêver (de, à) to dream (about, of)
revêtir (*like* **vêtir**) *irreg.* to put on (*clothing again*)
revêtirent *p.s. of* **revêtir**
revêtit *p.s. of* **revêtir**
revêtu de *p.p. of* **revêtir**; *adj.* dressed in; covered with
revinrent *p.s. of* **revenir**
revint *p.s. of* **revenir**
revoir (*like* **voir**) *irreg.* to see (again); to review; **au revoir** good-bye, see you soon
se révolter to rebel, revolt
revue *f.* review; magazine; **repasser en revue** to go over
ri *p.p. of* **rire**
richesse *f.* wealth
rideau *m.* curtain
ridicule *adj.* ridiculous
rien (ne... rien) *pron.* nothing; *m.* trifle, mere nothing
rigolade *f., fam.* fun, lark, spree
rigolo(te) *adj., fam.* amusing
rigoureux/euse *adj.* rigorous
rime *f.* rhyme
rimer to rhyme
rire (*p.p.* **ri**) *irreg.* to laugh; *m.* laughter; **mourir de rire** to die laughing; **rire aux éclats** to burst out laughing
rirent *p.s. of* **rire**
risque *m.* risk
risqué *adj.* risky
risquer (de) to risk
rit *p.s. of* **rire**
rite *m.* ritual, rite
rituel(le) *adj.* ritual; *m.* ritual
rivé *adj.* firmly attached
rivière *f.* river, tributary
riz *m.* rice

robe *f.* dress; robe

rocheux/euse *adj.* rocky; **montagnes** (*f. pl.*) **Rocheuses** Rocky Mountains

roi (reine) *m., f.* king. queen; **le Roi Soleil** the Sun King (*Louis XIV*)

rôle *m.* part, character, role; **jouer le rôle de** to play the part of

roller: faire du roller to roller-skate, roller-blade

romain *adj.* Roman

roman *m.* novel

romantisme *m.* Romanticism

rompu *adj.* broken

rond *adj.* round; *fam.* money, coin(s)

rondin *m.* (wooden) log; **cabane** (*f.*) **de rondins** log cabin

rouge *adj., m.* red

rouler to travel (along) (*by car, train*); to roll

Roumanie *f.* Romania

roussir to scorch; to brown

route *f.* road, highway; **mise** (*f.*) **en route** start-up, setting out

royaume *m.* realm, kingdom

Royaume-Uni *m.* Great Britain, United Kingdom

rude *adj.* harsh, difficult

rue *f.* street

se ruer to rush over; to hurl oneself

ruiné *adj.* ruined (*financially*)

rumeur *f.* rumor; hum; din

rural(e) *m., f.* rural inhabitant, peasant; *adj.* rural

russe *adj.* Russian; **Russe** *m., f.* Russian (*person*)

Russie *f.* Russia

rythme *m.* rhythm

S

sa *poss. adj., f. s.* his, her, its, one's

sabotier/ière *m., f.* clog-maker

sac *m.* bag; knapsack; **sac à dos** backpack

sacré *adj.* sacred; holy

se sacrifier to sacrifice oneself

sage *adj.* good, well-behaved; wise

sage-femme (*pl.* **sages-femmes**) *f.* midwife

sagesse *f.* wisdom

saillie *f.* projection (*architectural*)

sain *adj.* healthy, well, sound; sane; **produit** (*m.*) **sain** healthful product

saison *f.* season

salade *f.* salad; lettuce

salaire *m.* salary; paycheck

sale *adj.* dirty

salle *f.* room; auditorium; theater; **salle d'attente** waiting room; **salle de bains** bathroom; **salle de classe** classroom; **salle de spectacle** theater, hall

salon *m.* exhibit; salon; living room

saluer to greet; to salute

salut *m.* greeting; salvation; hope; blessing

samedi *m.* Saturday

sang *m.* blood

sanglant *adj.* bloody

sanitaire *adj.* health; sanitary

sans *prep.* without; **sans-argent** *m., pl.* the poor; **sans-cœur** *m., pl.* heartless (*persons*); **sans arrêt** without stopping; **sans cesse** unceasingly; **sans doute** doubtless, for sure; **sans fonds** broke, penniless; **sans-papiers** *m., pl.* undocumented (*persons*)

santé *f.* health; **en bonne (pleine) santé** in good (full) health

santon *m.* Christmas figure (*in a crèche*)

sarcler to weed; to hoe

satirique *adj.* satirical

satisfaisant *adj.* satisfying

satisfait *adj.* satisfied; pleased

saturer to saturate; to swamp

sauce *f.* sauce; gravy; salad dressing

sauf *prep.* except

saut *m.* leap, jump; plunge; **saut à la perche** pole-vaulting

sauter to jump; to skip

sauvage *adj.* rough; undeveloped; wild; **espèce** (*f.*) **sauvage** species that grows in the wild

sauvegarder to uphold, maintain; to save (*computer file*)

sauver to rescue, save

savoir (*p.p.* **su**) *irreg.* to know; to know how to; to find out; *m.* knowledge; **en savoir plus** (to find out) more about it

savourer to savor; to relish

scène *f.* stage; scenery; scene; **mettre en scène** to stage; **mise** (*f.*) **en scène** (stage) direction, staging

sceptique *adj.* skeptical

science *f.* science; knowledge; **sciences** (*pl.*) **économiques** economics; **sciences** (*pl.*) **sociales** social sciences

scientifique *adj.* scientific; *m., f.* scientist

scier to saw; to scythe

scolaire *adj.* school, academic; *m., f.* schoolchild; **vie** (*f.*) **scolaire** school life

scolarisé *adj.* schooled, provided with schooling

scotché *adj., fam.* stuck, glued

scribe *m.* pen-pusher; scribe

scrutin *m.* ballot, vote

sculpteur *m.* sculptor

SDF. (sans domicile fixe) *m., pl.* homeless

se (s') *pron.* oneself; himself; herself; itself; themselves; to oneself, etc.; each other

sécheresse *f.* drought

secondaire *adj.* second; vacation (*home*); secondary

secours *m.* help; assistance; **au secours de** to the aid of

sécréter (je sécrète) to exude; to produce

secteur *m.* sector

sécurité *f.* security; safety

séduisant *adj.* attractive, alluring

seigle *m.* rye (*grain*)

seigneur *m.* lord

seigneurial *adj., A.* seigniorial, manorial

seize *adj.* sixteen

sel *m.* salt

sélectionné *adj.* chosen (*in a competition*)

selon *prep.* according to

semaine *f.* week; **par semaine** per week

semblable (à) *adj.* like, similar; comparable

sembler to seem; to appear

semence *f.* seeding, sowing

semer to seed; to sow

sénat *m.* senate

sens *m.* meaning; sense; way, direction

sensibilité *f.* sensitivity

sentence *f.* maxim, proverb

senti *p.p.* of **sentir**; *adj.* felt

sentier *m.* path

sentiment *m.* feeling

sentir (*like* **partir**) *irreg.* to feel; to sense; to smell (of); **se sentir (bien, mal)** to feel (good, bad)

sentirent *p.s.* of **sentir**

sentit *p.s.* of **sentir**

séparer to separate, divide

sept *adj.* seven

septembre September

serein *adj.* serene, calm

serge *f.* serge, twilled cloth

série *f.* series

sérieux/euse *adj.* serious

serré *adj.* tight, snug; tightly woven

serrurerie *f.* ironwork, metalwork

serveur/euse *m., f.* bartender; waiter, waitress

servi *p.p.* of **servir**; *adj.* served

servir (*like* **partir**) *irreg.* to serve; to wait on; to be useful; **servir à** to be of use in, be used for; **se servir de** to use

servirent *p.s.* of **servir**

servit *p.s.* of **servir**

serviteur *m., A.* servant

ses *poss. adj., pl.* his; her; its; one's

seul *adj., adv.* alone; single; only; **tout(e) seul(e)** all alone

seulement *adv.* only

sexuel(le) *adj.* sexual

si *adv.* so; so much; yes (*response to negative*); *conj.* if; whether; **même si** even if; **s'il vous (te) plaît** please

sida (SIDA) *m.* AIDS

sidéré *adj.* dumbfounded

siècle *m.* century

siège *m.* siege; seat; place; headquarters

sien(ne)(s) (le/la/les) *poss. pron., m., f.* his/hers; *m. pl.* close relatives, friends

siffler to whistle

signaler to indicate, show

signaleur *m.* signaler; signalman

signer to sign

significatif/ive *adj.* significant

signifier to mean

silencieusement *adv.* silently

sillage *m.* wake, trail; **dans son sillage** in his/her footsteps

sincèrement *adv.* sincerely

sinon *conj.* otherwise

situer to situate, place; **se situer** to be situated, located

Sixtine: la chapelle Sixtine the Sistine Chapel (*Vatican*)

smicard(e) *m., f., fam.* minimum-wage worker (*France*)

S.N.C.F. (Société nationale des chemins de fer) French national railway system

social *adj.* social; **sciences** (*f. pl.*) **sociales** social sciences

société *f.* society; organization; company

sociologue *m., f.* sociologist

sœur *f.* sister

soi (soi-même) *pron., neu.* oneself

soie *f.* silk; **soie grège** raw silk

soigneusement *adv.* carefully

soin *m.* care; treatment; **prendre soin de** to take care of

soir *m.* evening; **hier soir** yesterday evening, last night

soirée *f.* party; evening

soit *subj.* of **être**; for instance; **quoi qu'il en soit** be that as it may; **soit... soit...** *conj.* either . . . or . . .

soixantaine *f.* approximately sixty

soixante *adj.* sixty

soixante-huitard(e) *m., f., adj. refers to participants in the 1968 French student protest movement*

soja *m.* soy

sol *m.* soil; ground; floor

soldat *m.* soldier

soleil *m.* sun; **le Roi Soleil** the Sun King (*Louis XIV*)

solidaire *adj.* interdependent

solidarité *f.* solidarity

solide *adj.* sturdy

solitaire *adj.* solitary; alone; *m., f.* solitary person

sombre *adj.* dark; **faire sombre** to grow dark

sombrer to sink (*ship*)

sommaire *adj.* brief, summary

somme *f.* sum, total; amount

son *m.* sound

son *poss. adj. m. s.* his, her, its

sondage *m.* (opinion) poll

sondé(e) *m., f.* person surveyed, subject

sonner to ring (*a bell*)

sort *m.* destiny, fate

sorte *f.* sort, kind; manner; **de toutes sortes** of all types

sortie *f.* exit; outing, excursion; release (*book, film*); **en sortie** on an outing

sortir (*like* **partir**) *irreg.* to leave; to take out; to go out; **sortir du lit** to get up; **s'en sortir** to get by

sortirent *p.s.* of **sortir**

sortit *p.s.* of **sortir**

sou *m.* cent, penny

souche *f.* tree stump; **être (français[e]) de souche** to be of (French) extraction

souci *m.* worry, care, preoccupation

soucieux/euse *adj.* concerned, worried

soudain *adj.* sudden; *adv.* suddenly

soudanais *adj.* Sudanese

souffert *p.p.* of **souffrir**

souffler to blow

soufflet *m. s.* bellows; vestibule (*between train cars*)

souffrance *f.* suffering

souffrir (*like* **ouvrir**) (**de**) *irreg.* to suffer (from)

souffrirent *p.s.* of **souffrir**

souffrit *p.s.* of **souffrir**

souhaiter to wish, desire

soulager (nous soulageons) to relieve

souligner to underline; to emphasize

soumettre (*like* **mettre**) *irreg.* to submit

soumirent *p.s.* of **soumettre**

soumis *p.p.* of **soumettre**; *adj.* docile; submitted

soumission *f.* submission

soumit *p.s.* of **soumettre**

souper *m., A.* supper

souple *adj.* flexible; supple

souplesse *f.* suppleness

souri *p.p.* of **sourire**

souriant *adj.* smiling

sourire (*like* **rire**) *irreg.* to smile; *n. m.* smile

sourirent *p.s. of* **sourire**

sourit *p.s. of* **sourire**

sous *prep.* under, beneath; **sous peine de** on pain of

sous-alimenté *adj.* undernourished

sous-entendre to imply

sous-estimer to underestimate

sous-titre *m.* subtitle (*movies*)

soutenir (*like* **tenir**) *irreg.* to support; to assert

soutenu *p.p. of* **soutenir**

soutien *m.* support

soutinrent *p.s. of* **soutenir**

soutint *p.s. of* **soutenir**

souvenir *m.* memory, recollection; souvenir

se souvenir (*like* **venir**) **de** *irreg.* to remember

souvent *adv.* often

souvenu *p.p. of* **se souvenir**

se souvinrent *p.s. of* **se souvenir**

se souvint *p.s. of* **se souvenir**

soviétique *m., f., adj., hist.* Soviet

spécialisation *f.* specialization; (academic) major

spécialisé *adj.* specialized

spectacle *m.* show, performance; **salle** (*f.*) **de spectacle** theater

spongieux/euse *adj.* spongy

sponsorisé *adj.* sponsored

spontané *adj.* spontaneous

sport *m.* sport(s); **centre** (*m.*) **des sports et des loisirs** recreation center; **faire du sport** to do, participate in sports; **pratiquer un sport** to engage in a sport

sportif/ive *adj.* athletic

stade *m.* stadium; point, stage

stage *m.* internship

stationnement *m.* parking

statut *m.* status

stimuler to stimulate; to spur

stipuler to stipulate

strass *m.* paste; show, gloss

strate *f.* stratum

stressant *adj.* stressful

structurer to structure

stupéfié *adj.* stupefied, amazed

styliste *m., f.* fashion designer

su *p.p. of* **savoir**

subir to undergo; to endure

subjectif/ive *adj.* subjective

subordonné *adj.* subordinate; **proposition** (*f.*) **subordonnée** subordinate clause

substantiel(le) *adj.* substantial

substantif *m., Gram.* noun, substantive

substituer to substitute

subvenir (*like* **venir**) **à** *irreg.* to supply, provide for

subvenu *p.p. of* **subvenir**

subvinrent *p.s. of* **subvenir**

subvint *p.s. of* **subvenir**

suc *m.* sap, juice

succès *m.* success; **avoir du succès** to be successful; **chanson** (*f.*) **à succès** hit song

successif/ive *adj.* successive

sucré *adj.* sweetened; sugared

sud *m.* south; **Afrique** (*f.*) **du Sud** South Africa; **Amérique** (*f.*) **du Sud** South America

sud-est *m.* southeast

sueur *f.* sweat, perspiration; **en sueur** perspiring

suffi *p.p. of* **suffire**

suffire (*like* **conduire**) *irreg.* to suffice; **il suffit de** that suffices, it's enough

suffisamment (de) *adv.* sufficient, enough

suffisant *adj.* sufficient

suffit *p.s. of* **suffire**

suffocant *adj.* suffocating

suggérer (**je suggère**) to suggest

suisse *adj.* Swiss

suite *f.* continuation; series; result; **suite à** following, after; **tout de suite** immediately, right away

suivant *adj.* following; *prep.* according to

suivi (de) *p.p. of* **suivre**; *adj.* followed (by)

suivirent *p.s. of* **suivre**

suivit *p.s. of* **suivre**

suivre (*p.p.* **suivi**) *irreg.* to follow

sujet *m.* subject; topic; **à ce sujet** in this matter; **sur ce sujet** on this/that topic

sup *adj., fam.* advanced (**supérieur**)

superficie *f.* surface

superficiel(le) *adj.* superficial

superflu *adj.* superfluous

supérieur *m., f.* superior, boss; *adj.* superior; higher, upper; advanced

superlourd *adj.* ultra-heavyweight

supermarché *m.* supermarket

supplément *m.* surcharge; extra (amount); supplement

supplémentaire *adj.* supplementary, additional

supplier to beg, entreat

support *m.* medium; aid

supporter to endure, tolerate, bear

supprimer to suppress

sur *prep.* on; in; on top; out of; about; **sur mesure** custom-made, customized

sûr *adj.* sure, certain; safe; **bien sûr** of course

sûrement *adv.* certainly, surely

surent *p.s. of* **savoir**

surfaire (*like* **faire**) *irreg.* to overstate; to overprice

surfait *p.p. of* **surfaire**

surfer to surf (*Internet*)

surfirent *p.s. of* **surfaire**

surfit *p.s. of* **surfaire**

surgir to come into view, appear

surhomme *m.* superman

surprenant *adj.* surprising

surprendre (*like* **prendre**) *irreg.* to surprise; to come across; **se surprendre à** to discover oneself (*doing s.th.*)

surprirent *p.s. of* **surprendre**

surpris *p.p. of* **surprendre**; *adj.* surprised

surprit *p.s. of* **surprendre**

sursaut *m.* start, jump; **se réveiller en sursaut** to wake up with a start

surtout *adv.* especially; above all

survécu *p.p. of* **survivre**

survécurent *p.s. of* **survivre**

survécut *p.s. of* **survivre**

surveillance *f.* supervision

survenir (*like* **venir**) *irreg.* to happen, occur

survenu *p.p. of* **survenir**; *adj.* happened

survêtement *m.* sweat suit, track suit

survie *f.* survival

survinrent *p.s. of* **survenir**

survint *p.s. of* **survenir**
survivre (*like* **vivre**) *irreg.* to survive
susciter to raise; to awaken
suspendu *adj.* suspended
sustenter to sustain
sut *p.s. of* **savoir**
syllabe *f.* syllable
sympathique (*fam.* **sympa**) *adj.* nice, likable
sympathiser to get on well
synonyme *m.* synonym; *adj.* synonymous
systématiquement *adv.* systematically

T

ta *poss. adj., f. s., fam.* your
table *f.* table; **se mettre à table** to sit down at the table
tableau *m.* painting; chart
tâche *f.* task
tailleur *m.* tailor
tandis que *conj.* while; whereas
tant *adv.* so, so much; so many; **en tant que** as; insofar as; **tant de** so many, so much; **tant... que** as much. . . as; **tant que** as long as
tantôt *adv.* soon, presently; **tantôt... tantôt...** sometimes . . . sometimes . . .
taper to bang, slam
tapis *m.* rug
tard *adv.* late; **plus tard** later
se targuer de to boast of
tarifé *adj.* fixed (*price*)
tartine *f.* slice of buttered bread
tasse *f.* cup
tâter to feel, touch; to examine
tâtons: y aller à tâtons to feel one's way
taux *m.* rate; **taux de chômage** unemployment rate; **taux de croissance** growth rate
tchadien(ne) *adj.* from Chad
te (t') *pron., fam.* you; to you
technicien(ne) *m., f.* technician
technique *f.* technique; *adj.* technical
technologique *adj.* technological; technical
tel(le) *adj.* such; **tel(le) que** such as, like
télé *f., fam.* television

téléenseignement *m.* long-distance learning
téléphone *m.* telephone; **coup** (*m.*) **de téléphone** *fam.* phone call
télévisé *adj.* televised, broadcast; **journal** (*m.*) **télévisé (de vingt heures) (JT)** broadcast news
télévision (*fam.* **télé**) *f.* television
télévisuel(le) *adj.* (referring to) television
tellement (de) *adv.* so; so much, so many
témoignage *m.* evidence; testimony
témoigner (de) to witness, testify (to)
témoin *m.* witness
temporel(le) *adj.* temporal, pertaining to time
temps *m., Gram.* tense; time, era; weather; **à mi-temps** half-time; **à plein temps** full-time; **à temps** in time; **avoir le temps de** to have time to; **dans le temps** in the old(en) days; **de temps en temps** from time to time; **emploi** (*m.*) **du temps** schedule; **en même temps** at the same time; **passer du temps à** to spend time (*doing*); **passe-temps** *m.* pastime; **perdre du temps** to waste time; **prendre le temps (de)** to take the time (to); **temps libre** leisure time; **tout le temps** always
tenant(e) *m., f.* supporter; holder
tendance *f.* tendency; trend; **avoir tendance à** to have a tendency to
tenir (*p.p.* **tenu**) *irreg.* to hold; to keep; to be contained; **tenir à** to cherish; to be anxious to; **(se) tenir au courant** to keep informed; **tenir compte de** to take into account; **tenir conseil** to hold court, audience; **tenir de tels propos** to say such things; **tenir le *haut du pavé** *fam.* to be in a high position; to lord over others; **se tenir** to stay, remain; to be kept; to take place; **se tenir debout** to remain standing
tenter to tempt; **tenter de** to try, attempt; **tenter sa chance** to try one's luck
tenu *p.p. of* **tenir**; *adj.* held; tenuous

terme *m.* term; expression; end
terminer to end; to finish
terminologiquement *adv.* terminologically
terrain *m.* ground; land; (playing) field
terrasse *f.* terrace; patio
terre *f.* land; earth; ground; **pomme** (*f.*) **de terre** potato
Terre-Neuve *f.* Newfoundland
terrestre *adj.* terrestrial, earthly; **paradis** (*m.*) **terrestre** heaven on earth
terrifier to terrify
tes *poss. adj., m., f., pl., fam.* your
tester to test
tête *f.* head; mind; *fam.* face; **à la tête de** at the head of; **coup** (*m.*) **de tête** butt; sudden blow; **cul** (*m.*) **par-dessus tête** *fam.* upside-down; **de tête** leading; **en tête** first; **être en tête des ventes** to be at the top of the charts
têtu *adj.* stubborn
TGV (Train [*m.*] **à grande vitesse)** *m.* French high-speed train
thaïlandais *adj.* Thai
thé *m.* tea; **pause-thé** *f.* tea break; **prendre le thé** to have tea
théâtre *m.* theater; **pièce** (*f.*) **de théâtre** (*theatrical*) play
théorique *adj.* theoretical
thon *m.* tuna
tien(ne) (le/la) *m., f., poss. pron., fam.* yours; *m. pl.* close friends, relatives
tiens *interj.* well!, what a surprise
tiers *m.* one-third; *adj.* third
tiers-monde *m.* Third World, developing countries
tige *f.* stem, stalk
tinette *f.* toilet bowl
tinrent *p.s. of* **tenir**
tint *p.s. of* **tenir**
tiré de *adj.* drawn, adapted from
tirelire *f.* piggybank
tirer to pull (out); to draw; to shoot (*with a gun*); **se tirer d'affaire** to pull through
tisane *f.* herbal tea
tissage *m.* weaving
tisser to weave
tisserand(e) *m., f.* weaver

tissu *m.* material, fabric, cloth

titre *m.* title; degree; **à ce titre** in this capacity; **au même titre** in the same way; **grand titre** (news) headline; **sous-titre** *m.* subtitle (*movies*)

toi *pron., fam.* you; **toi-même** yourself

toile *f.* canvas; oil painting

toilette *f.* grooming; *pl.* lavatory

toit *m.* roof

tomate *f.* tomato

tombe *f.* grave

tombée (*f.*) **de la nuit** nightfall, dusk

tomber to fall; **laisser tomber** to drop, abandon

ton (**ta, tes**) *poss. adj., fam.* your

ton *m.* tone

tondu *adj.* sheared, clipped

tonne *f.* ton

toque *f.* cap; toque (*hat*)

tordre to twist

torsion *f.* torsion, twist

tortue *f.* tortoise, turtle

tôt *adv.* early

toucher (**à**) to touch; to concern; to move

toujours *adv.* always; still

tour *f.* tower; *m.* walk, ride; turn; tour; trick; **à son** (**votre**) **tour** in his/her (your) turn; **faire le tour** to go around; to tour

tourmenté *adj.* uneasy; tortured

tournant *m.* turning, street corner

tourner (**à**) to turn, turn into; **tourner autour de** to be around, approximately; **tourner le dos à** to turn one's back on; **tourner un film** to make, shoot a movie

tourniquet *m.* turnstile; wheel, swivel

tournois *m.* tournament

tout(e) (*pl.* **tous, toutes**) *adj., pron.* all; every; everything; each; any; *adv.* very; **après tout** after all; **à tout le moins** at the very least; **à tout moment** always; at any time; **avant tout** first of all, above all; **de tout** all sorts of things; **de toute façon** (**manière**) anyhow, in any case; **de toute(s) sorte(s)** of all kinds, types; **en tout** (**tous**) **cas** in any case, at all events; (**ne ...**) **pas du tout** not at all; **tous**

(toutes) les deux both (of them); **tous les jours** every day; **tous les quinze jours** every two weeks; **tout à fait** completely, entirely; **tout au long de** during the whole (*year, etc.*); **tout autant** quite as much, quite as many; **tout compte fait** all in all; **tout d'abord** first of all; **tout de même** anyway, in any event; **tout de suite** immediately, right away; **toutes sortes de** all sorts, types of; **tout le monde** everybody, everyone; **tout le temps** all the time, always

traçabilité *f.* traceability

trace *f.* trace; impression; footprint

traditionnel(le) *adj.* traditional

traduire (*like* **conduire**) *irreg.* to translate; **se traduire par** to make itself known by

traduisirent *p.s. of* **traduire**

traduisit *p.s. of* **traduire**

traduit *p.p. of* **traduire**; *adj.* translated

train *m.* train; **en train** by train; **être en train de** to be in the process of; **Train à grande vitesse (TGV)** French high-speed train

traînant *adj.* languid, listless; drawling

traitement *m.* treatment

traiter to treat; to be about, deal with; **traiter de** to call (*by some name or other*)

tramer to weave (*textiles*)

tranchant *adj.* cutting, sharp

tranche *f.* slice; block; **tranche d'âge** age group

tranquille *adj.* quiet, calm

tranquillité *f.* tranquility; calm

se transcender to transcend, go beyond oneself

transfigurer to transfigure

transformer to transform; to change

transgénèse *f.* transfer of genes from one species to another

transgénique *adj.* genetically altered

transiter to cross; to be in transit

transport(s) *m.* transportation; **moyens** (*m. pl.*) **de transport** means of transportation; **Régie autonome des transports**

parisiens (RATP) Paris municipal transportation system

transporter to carry, transport

trappeur *m.* trapper

travail (*pl.* **travaux**) *m.* work; project; job; employment; *pl.* public works

travailler to work

travailleur/euse *m., f.* worker; *adj.* hard-working

travers: à travers *prep.* through, throughout

traverse *f.* short cut; cross-road

traversée *f.* crossing

traverser to cross, go through

treize *adj.* thirteen

trembler to shake, tremble

trentaine *f.* about thirty

trente *adj.* thirty

trépidant *adj.* agitated; bustling

très *adv.* very; most; very much; **très bien** very well (good)

tresseur/euse *m., f.* braider; basket-maker

tribu *f.* tribe

tricot *m.* knitting

tripes *f., pl.* tripe, entrails

triste *adj.* sad

tristesse *f.* sadness

tristounet(te) *adj., fam.* a little sad, gloomy

troisième *adj.* third

se tromper (**de**) to be mistaken (about), make a mistake

trompeté *adj.* trumpeted, hawked (about)

tronc *m.* trunk (*body*)

trôner to sit imposingly

tronqué *adj.* truncated

trop (**de**) *adv.* too much (of); too many (of)

trouble *m.* unrest; discord

troubler to muddy; to blur

trouille *f., fam.* stage fright; **crever de trouille** to be scared to death

trouvable *adj.* findable

trouver to find; to deem; to like; **se trouver** to be; to be located

truc *m., fam.* "thing"; something; *pl.* stuff

tu *pron., s., fam.* you

tuer to kill

tumultueux/euse *adj.* tumultuous

Tunisie *f.* Tunisia
turc *m.* Turkish (*language*);
    Turc (Turque) *m., f.* Turk (*person*)
type *m.* type; *fam.* guy; **journée-type**
    f. typical day
typique *adj.* typical
tyranniser to oppress, tyrannize

U

Ukrainien(ne) *m., f.* Ukrainian
    (*person*)
ultravitesse *f.* super-speed
un (une) *art., pron.* a; *adj.* one; **la une**
    f. front page (*of newspaper*);
    l'un(e) l'autre one another; **un(e)**
    autre another; **une fois** once; **une**
    fois par semaine once a week; **un**
    jour some day; **un peu** a little
uni *adj.* united; close; **Etats-Unis** *m.,*
    pl. United States; **Royaume-Uni**
    m. United Kingdom, Great
    Britain
uniformisation *f.* standardization
unilingue *adj.* monolingual
unique *adj.* only, sole; **fils** (*m.*)
    unique only son
uniquement *adv.* only, solely
s'unir to unite
unité *f.* unit; department, section;
    device
universel(le) *adj.* universal
universitaire *adj.* (of or belonging to
    the) university
urbain *adj.* urban, city
urbanisme *m.* city planning
usage *m.* use; usage
usé *adj.* worn out
usuel(le) *adj.* everyday, ordinary
usure *f.* usury (*excessive rate of interest*)
utile *adj.* useful
utilisateur/trice *m., f.* user
utilisation *f.* utilization, use
utiliser to use, utilize
utopie *f.* utopia

V

vacances *f. pl.* vacation; **passer des**
    vacances to spend one's vacation;
    prendre des vacances to take a
    vacation
vachement *adv., fam.* really, damned
vague *f.* (ocean) wave; fad

vaincre (*p.p.* **vaincu**) *irreg.* to
    vanquish, conquer
vaincu *p.p. of* **vaincre**; *adj.* conquered
vainquirent *p.s. of* **vaincre**
vainquit *p.s. of* **vaincre**
valable *adj.* valid, good
valet (*m.*) **de chambre** valet,
    manservant
valeur *f.* value; worth; **mettre en**
    valeur to emphasize, feature
valide *adj.* able-bodied; fit
valider to validate; to ratify
valise *f.* suitcase, bag; **faire**
    les valises to pack one's bags
valoir (*p.p.* **valu**) *irreg.* to be worth;
    to obtain, win; to cost; **faire**
    valoir to assert, enforce; **valoir**
    mieux to be better
valorisation *f.* valuing, value;
    valorisation boursière stock
    market value
valoriser to value; to enhance
valse *f.* waltz
valu *p.p. of* **valoir**
valurent *p.s. of* **valoir**
valut *p.s. of* **valoir**
vanter to praise, speak in praise of; **se**
    vanter de to boast about
variante *f.* variation
varié *adj.* varied
varier to vary
variété *f.* variety; *pl.* variety show;
    chanteur/euse (*m., f.*) **de variété**
    popular singer
vaste *adj.* vast; wide, broad
vecteur *m.* means; vector
vécu *p.p. of* **vivre**; *adj.* lived; real-life
vécurent *p.s. of* **vivre**
vécut *p.s. of* **vivre**
vedette *f.* star, celebrity
veille *f.* watch, vigil; the day (evening)
    before; eve; **lit** (*m.*) **de veille** cot
veiller to watch, be on the lookout
veilleur/euse *m., f.* watcher, keeper of
    the watch
vélo *m., fam.* bike
vendange *f.* grape harvest
vendre to sell
vendredi *m.* Friday
venir (*p.p.* **venu**) *irreg.* to come; **venir**
    de + *inf.* to have just (*done s.th.*)
vent *m.* wind; **moulin** (*m.*) **à vent**

    windmill
vente *f.* sale; selling; **être en tête des**
    ventes to be at the top of the
    charts
venu *p.p. of* **venir**; *adj.* arrived
vérifier to verify
véritable *adj.* true; real
verre *m.* glass; **fibre** (*f.*) **de verre**
    fiberglass; **verre mousseline**
    muslin glass
verrou *m.* bolt, bar (*lock*)
vers *prep.* around, about (*with time*);
    toward(s), to; about; *m.* line (*of*
    poetry)
verser to pour (in); to deposit (*to an*
    account); **verser une larme** to
    shed a tear
vert *adj.* green
vertu *f.* virtue
vestimentaire *adj.* pertaining to
    clothing
vêtement *m.* garment; *pl.* clothes,
    clothing; **vêtements** (*pl.*) **de**
    marque designer clothing
vêtu *p.p. of* **vêtir**; *adj.* dressed
veuf (veuve) *m., f.* widower, widow
vibrisse *f.* (cat's) whisker
victoire *f.* victory
vide *adj.* empty; *m.* emptiness;
    vacuum
vidéo *f., fam.* video (cassette); *adj.*
    video; **jeu** (*m.*) **vidéo** video game
vie *f.* life; **espérance** (*f.*) **de vie** life
    expectancy; **gagner sa vie** to earn
    one's living; **hygiène** (*f.*) **de vie**
    health habits; **mener sa vie** to
    lead one's life; **mode** (*m.*) **(style**
    [*m.*]) **de vie** lifestyle; **niveau** (*m.*)
    de vie living standard; **vie active**
    professional life; **vie amoureuse**
    love life; **vie scolaire** school life
vieillesse *f.* old age
vieillir to age
vietnamien(ne) *adj.* Vietnamese
vieux (vieil, vieille) *adj.* old
vif (vive) *adj.* lively, bright; **avoir les**
    nerfs à vif to have frayed nerves
villageois(e) *m., f.* villager
ville *f.* city; **centre-ville** *m.* downtown
vin *m.* wine
vingt *adj.* twenty
vingtaine *f.* about twenty

vinrent *p.s. of* **venir**
vint *p.s. of* **venir**
violon *m.* violin
virent *p.s. of* **voir**
virer (à) to change; to become
visage *m.* face
viser à to aim at
visite *f.* visit; **carte** (*f.*) **de visite** calling card; business card
visiter to visit (*a place*)
visiteur/euse *m., f.* visitor
visuel(le) *adj.* visual
vit *p.s. of* **voir**
vite *adv.* quickly, fast, rapidly
vitesse *f.* speed; **Train** (*m.*) **à grande vitesse (TGV)** French high-speed train
vitrine *f.* display window, store window
vivant *adj.* living; alive
vive... ! *interj.* hurrah for . . . !
vivo: en vivo in person
vivre (*p.p.* **vécu**) *irreg.* to live
vogue *f.* fashion, vogue
voie *f.* way, means; road; railroad track; **en voie de développement** developing (*country*)
voilà *prep.* there is/are
voile *m.* veil; **porter le voile** to wear the veil; *f.* sail; **faire de la voile** to sail, go sailing
voilé *adj.* veiled

voir (*p.p.* **vu**) *irreg.* to see
voire *adv.* even, indeed even
voisin(e) *m., f.* neighbor; *adj.* neighboring
voiture *f.* car, automobile
voix *f.* voice; **à *haute voix** out loud, aloud
vol *m.* flight; theft
voler to fly; to steal; **faire voler en éclats** to smash into pieces
volet *m.* (window) shutter
volontaire *m., f.* volunteer; *adj.* voluntary
volonté *f.* will; willingness
volontiers *adv.* gladly, willingly
vos *poss. adj., pl.* your
vote *m.* vote; **bureau** (*m.*) **de vote** polling place; **droit** (*m.*) **de vote** right to vote
voter to vote
votre *poss. adj., m., f.* your
vôtre(s) (le/la/les) *poss. pron., m., f.* yours; *pl.* your close friends, relatives
vouer to dedicate, consecrate
vouloir (*p.p.* **voulu**) *irreg.* to wish, want; to demand; **vouloir dire** to mean
voulu *p.p. of* **vouloir**; *adj.* desired, wished
voulurent *p.s. of* **vouloir**
voulut *p.s. of* **vouloir**

vous *pron.* you; yourself; to you; **chez vous** at your place; **vous-même** *pron.* yourself
voyage *m.* trip; **faire un voyage** to take a trip
voyager (nous voyageons) to travel
voyageur/euse *m., f.* traveler
vrai *adj.* true, real
vraiment *adv.* really, truly
vu *p.p. of* **voir**; *adj.* seen
vue *f.* view; panorama; sight; **à vue d'œil** at a quick glance; **en vue** displayed; in the public eye; **en vue de** with a view towards; **point** (*m.*) **de vue** point of view

W

W.C. *m. pl., fam.* toilet, restroom
wagon *m.* train car; **wagon-restaurant** *m.* dining car

X

xénophobie *f.* xenophobia, fear of strangers

Y

y *pron., adv.* there; **il y a** there is (are); ago
yaourt *m.* yogurt
yeux (*m. pl. of* **œil**) eyes; **à mes yeux** in my view

Credits

Photos

Page 2 Peter Menzel/Stock Boston; *7* Paul Almasy/Corbis; *13* John Elk III/Stock Boston; *18* David Simson/Stock Boston; *26* Agence Vu; *27 (top)* Rapho; *27 (bottom)* SIPA; *30 Sous L'oeil du maître, les paysans transportent gerbes et sacs de blé.* Miniature du XVIe siècle. Bibliothèque nationale, Paris.; *33 Les Paysans,* Louis Le Nain (1593-1648), Louvre, Paris. Giraudon/Art Resource; *39 Louis XIV,* Louvre, Paris, Giraudon/Art Resource; *40* Giraudon/Art Resource; *41* Giraudon/Art Resource; *42* Chad Ehlers/Stone; *46* R. Lucas/The Image Works; *62* Owen Franken; *68* Courtesy of Ann Williams-Gascon; *73* Michel Setboun/Corbis Sygma; *76* Lee Snider/The Image Works; *79* Beryl Goldberg; *80* Michael A. Dwyer/Stock Boston; *88* Philip and Karen Smith/Stone; *89* George Hunter/Stone; *94* B. Annebicque/Corbis Sygma; *110* Stephen Homer/First Light, Toronto; *114* Jean-Pierre Amet/Corbis Sygma; *118* Baverel/Lefranc/KIPA/Corbis Sygma; *124* Beryl Goldberg; *128* David Madison; *129* Bob Martin/Allsport; *140* Beryl Goldberg; *144* UPI/Corbis Bettmann; *150* Nadia Benchallal/Contact Press Images; *152* Nadia Benchallal/Contact Press Images; *156* Tom Craig/The Picture Cube; *160 (top) La Barque pendant l'inondation à Port Marly,* 1876. Musee d'Orsay, Paris. Giraudon/Art Resource; *160 (bottom) L'inondation à Port Marly.* Courtesy of The Fitzwilliam Museum, Cambridge; *161 Pont de Moret,* 1893. Musée d'Orsay, Paris. Giraudon/Art Resource; *166* Hugh Rogers/Monkmeyer Press Photo; *167* Robert Fried/Stock Boston; *172* Claudia Dhimitri/The Picture Cube; *174* John Sylvester/First Light, Toronto; *176* Eric A. Wessman/Stock Boston

Color Photographs

Versailles © Giraudon/Art Resource
Pont de Moret © Giraudon/Art Resource
La Barque © Giraudon/Art Resource
1998 © Pool Temps Sport/Corbis Sygma
Famille © Thierry Rousseau/Corbis Sygma
Restaurant © R.W. Jones/Corbis
Toulouse © Fabian Falcon/Stock Boston
Marrakech © Sean Sprague/Stock Boston
Rencontre à la française © Stuart Cohen/The Image Works

Realia

Page 5 Elle/Scoop; *14* © *Le Figaro* No. 0010312; *17* OCDE; *21* © 2000 *L'Express*/NYT Syndicate; *22* © J-P Couderc/*L'Express*; *23* © J-P Guilloteau/*L'Express*; *49* G. Mermet, *Francoscopie 1999* © Larousse-Bordas, 1998; *50* CREDOC, Centre de Recherche pour l'Etude et l'Observation des Conditions de Vie; *51(top)* ALDES, France *(bottom)* EUGENE-PERMA; *55* Ludwig/SIPA PRESS; *57* Banque de pauvres, illustration: Dominique Cordonnier; *66* Carrefour; *82* D. Pazery/E.M.S./Liaison Agency Inc.; *83* © J.C. Dupin/*L'Express*; *96 L'Express*; *98 L'Express*; *101* France Télécom Multimedia Services RCS, Paris; *104* Carl Walsh/AURORA; *105* Carl Walsh/AURORA; *106* N. Guidu/Gamma; *113(left)* Opus 64, *(right)* Claude Gassian; *119* © KIPA; *121 Francoscopie*; *131 L'Express*/NYT Syndicate; *135 Le Nouvel Observateur*; *136 Le Nouvel Observateur*; *143 Le Racisme expliqué à ma fille*, Tahar Ben Jelloun © Éditions Seuil, 1998; *168* © 2000 *L'Express*/NYT Syndicate

Literary Excerpts

Page 5 «Laurence Pollet: Sage-femme» © *Elle*/Sophie Le Poitevin; *11* «Scènes ordinaires de la vie d'un LEP» from *sale prof!* by Nicolas Revol, Éditions Fixot, 1999; *20* © 2000 *L'Express*/NYT Syndicate; *27 Le Nouvel Observateur*; *32 Les paysans français au XVIIe siècle* by Pierre Boubert, Hachette Livre, Département Hachette Référence, 1994; *38 La Vie quotidienne au temps de Louis XIV* by François Bluche © Hachette, 1984; *48* G. Mermet, *Francoscopie 1999* © Larousse-Bordas, 1998; *55* Extraits d'article d'Anne Crignon. © *Le Nouvel Observateur*; *65* «OGM : Les vrais risques, les nouveaux avantages» *Science Revue*, 2000; *72 Evidences invisibles: Américains et Français au quotidien* by Raymonde Carroll, © Editions du Seuil, 1997; *78* © 2000 *L'Express*/NYT Syndicate; *87* From *Journal de voyage au Canada* by Michel Tournier (Paris: Robert Laffont, 1984); *96* © 2000 *L'Express*/NYT Syndicate; *103* © 2000 *L'Express*/NYT Syndicate; *112 Le Nouvel Observateur*; *114 Label France*/Isabelle Spaak; *117* Olivier Boucreux; *127 L'Express*/NYT Syndicate; *134 Le Nouvel Observateur*; *143 Le Racisme expliqué à ma fille*, Tahar Ben Jelloun, © Éditions Seuil, 1998; *151 Télérama*; *159* «Sisley: le magicien de la lumière» *Match*/Scoop; *166* © 2000 *L'Express*/NYT Syndicate; *175* «L'Acadie ma seule patrie» by Clarence Comeau from *Acadie/Expérience* (Montreal: Edition Parti Pris, 1977)

About the Authors

Lucia F. Baker holds a Diplôme de Hautes Etudes from the Université de Grenoble and an M.A. from Middlebury College, and did graduate work at Radcliffe College and Yale University. She is retired from the University of Colorado (Boulder) where she taught French language courses and coordinated the Teaching Assistant Training Program, which includes methodology training and course supervision. Professor Baker received two Faculty Teaching Excellence awards and was honored by the Colorado Congress of Foreign Language Teachers for unusual service to the profession.

Ruth A. Bleuzé holds an M.A. in International Relations from the University of Pennsylvania and a Ph.D. in French from the University of Colorado (Boulder). She taught language, literature, history, and civilization at the University of Colorado (Boulder and Denver), Loretto Heights College, and Dartmouth College. She received a Graduate Student Teaching Excellence award and has been listed in *Who's Who in American Colleges and Universities*. Dr. Bleuzé is now director of training for Prudential Relocation Intercultural Services, a management consulting firm providing cross-cultural and language training.

Laura L. B. Border received her Ph.D. in French from the University of Colorado at Boulder, where she taught French language courses for many years. At Boulder she received the Graduate Student Teaching Excellence award. As an undergraduate at the Université de Bordeaux she studied French language, literature, and culture, and later taught English language and phonetics there. Dr. Border is now director of the Graduate Teacher Program at the Graduate School of the University of Colorado at Boulder.

Carmen Grace is the coordinator of *Collage, Cinquième édition*. She holds an M.A. in French from the University of Colorado at Boulder where she teaches literature, language, civilization, and methodology. At Boulder, she directed the first-year Teaching Assistant Program and now coordinates the Intermediate Language Program and supervises teaching certification candidates. Professor Grace has also taught English at the Université de Bordeaux. She has received a French Government Fellowship to the Sorbonne and the University of Colorado Teaching Excellence Award.

Janice Bertrand Owen received her Ph.D. in French Literature from the University of Colorado at Boulder. She teaches language and literature at the Boulder and Denver campuses. She has directed the University of Colorado Study Abroad Program in Chambéry, and has designed and taught an intensive course for secondary teachers of French in the Boulder Valley Schools.

Ann Williams-Gascon is professor of French at Metropolitan State College of Denver, where she teaches French language, literature, and culture. She regularly presents conference papers and writes on the teaching of culture. Dr. Williams-Gascon participated in the Summer Seminar on Contemporary French Culture sponsored by the French government; she received an Excellence in Teaching Award (Golden Key Honor Society) and the Young Educator Award (Colorado Congress of Foreign Language Teachers). Her Ph.D. is from Northwestern University, and she has a Diplôme d'Etudes Approfondies from the Université de Lyon II.